Die Realisierung der
Lissabon-Strategie

Beiträge zur europäischen Integration aus der FHVR Berlin
Band 8

Marina Horn

Die Realisierung der Lissabon-Strategie

Fachhochschule für Verwaltung und Rechtspflege Berlin
– University of Applied Sciences –

© 2007 Fachhochschule für Verwaltung und Rechtspflege Berlin
University of Applied Sciences, Alt-Friedrichsfelde 60, 10315 Berlin,
Telefon: (0 30) 90 21 40 05, Fax: (0 30) 90 21 40 06, www.FHVR-Berlin.de

Satz und Herstellung: Books on Demand GmbH, Norderstedt
Bezug durch den Buchhandel oder direkt durch:
Books on Demand GmbH, Gutenbergring 53, 22848 Norderstedt, www.bod.de

ISBN: 978-3-933633-92-7

Vorwort zur Publikationsreihe

In der vorliegenden Reihe „Beiträge zur europäischen Integration" werden herausragende wissenschaftliche Arbeiten publiziert, die aus den einschlägigen Forschungsaktivitäten an der FHVR Berlin und dem Netzwerk der mit ihr kooperierenden Hochschulen hervorgehen. Damit soll nicht allein die Vielfalt und Qualität der in diesem Rahmen geleisteten Forschung dokumentiert werden, damit wird auch beabsichtigt, die Diskurse um die zukünftige Gestalt Europas und die Funktion der Europäischen Union zu befördern. Der wissenschaftliche Streit und die öffentliche Debatte sind originäre Bestandteile der europäischen Kultur, das moderne Europa ist ein Ergebnis jahrzehntelanger Diskussions- und – manchmal auch quälender – Lernprozesse, an diesen Prozessen aktiv beteiligt zu sein, ist eine der vornehmsten Aufgaben unserer Zeit, und vermutlich ist das europäische Projekt heute mehr denn je auf die pointierte Mitwirkung der unabhängigen Wissenschaft, auf substantielle Reflektionen von Experten und Expertinnen der Praxis sowie auf das kompetente Engagement seiner Funktionsträger in Politik und Verwaltung angewiesen.

Nicht minder belangvoll ist die mögliche Rolle der vorliegenden Reihe bei der Europäisierung von Lehre und Studium: In diesem Sinne sollen die vorliegenden Publikationen zur verstärkten Thematisierung europäischer Inhalte in den Studiengängen der FHVR und zur besseren Verzahnung von Forschung und Lehre beitragen; denn für die meisten an der Ausbildung beteiligten Fachdisziplinen gilt, dass europäische Themen inzwischen zum genuinen Wissens- und Erkenntnisstand gehören. Europäisch vergleichende Analysen sind mittlerweile auf vielen Gebieten zu einem Standard des wissenschaftlichen Methodenkanons geworden und mit der Heterogenität der neuen Mitgliedstaaten wird ihre Bedeutung noch weiter wachsen. Sie sind ein geeignetes Mittel, um die vorhandene Vielfalt, die gemeinhin als inhärenter Reichtum des europäischen Kontinents gilt, in produktivem Sinne zu nutzen und voneinander zu lernen; sie können nicht nur das gegenseitige Verständnis füreinander vertiefen, sondern oft mehr noch zum besseren Begreifen der eigenen gesellschaftlichen Voraussetzungen beitragen.

Mit den in dieser Reihe publizierten Beiträgen geht es auch um die Integration von Wissenschaft und Praxis. Dabei sollen die Querverbindungen und Bezüge zwischen der akademischen Forschung und der politisch-administrativen Praxis mit dem übergreifenden Ziel gestärkt werden, die Legitimität und Effektivität staatlichen Handelns in – vorwiegend vergleichend – europäischer Perspektive zu diskutieren. Zum Einen sollen wissenschaftliche Auseinandersetzungen mit Problemen administrativer Praxis vorgelegt werden, die durch vergleichende Analysen auf Effektivitäts- und Effizienzpotenziale öffentlichen Handelns aufmerksam machen. Zum Anderen sollen mit den hier erscheinenden Publikationen die vielfach komplexen Rechtsgrundlagen und Verfahren europäischen Verwaltungshandelns transparenter gemacht und so implizit die europaspezifischen Kompetenzen der öffentlichen Akteure erweitert werden. Bei allen Klagen über die Komplexität des europäischen Normengeflechts ist die Verrechtlichung der zwischenstaatlichen Beziehungen gleichzeitig ein Markenzeichen des Integrationsprozesses, sie ist ein tragendes Fundament und ein Garant der gemeinsamen Zukunft. Allerdings ist bei der Umsetzung europäischen Rechts in nationalen, regionalen und lokalen Zusammenhängen in vielen Fällen keine starre Rechtsanwendung gefragt, sondern eine Anpassung der europäischen Rechtsvorschriften an die situativen Bedingungen, eine Interpretation im europäischen Geist und damit implizit eine Mitwirkung bei der ständigen Weiterentwicklung des rechtlichen Rahmens der europäischen Integration. So gesehen könnten die Beiträge auch dabei mithelfen, selbst die operative Ebene der öffentlichen Verwaltung zu einem konstruktiven Akteur des europäischen Integrationsprozesses zu machen.

Der Vielfalt der in dieser Reihe behandelten Themen sind nur wenige Grenzen gesetzt. Die Fundamente des symbolträchtigen europäischen Hauses sind in den letzten Jahren zwar zunehmend gefestigt worden: Mit der Erweiterung der EU nach Mittel- und Osteuropa wurde das Ende der Nachkriegsordnung und die Überwindung der historischen Teilung des Kontinents eingeläutet, mit der Einführung des Euro ist der wirtschaftliche Integrationsprozess und die Wirtschafts- und Währungsunion zu einem vorläufigen Höhepunkt geführt worden und mit dem vorliegenden Verfassungsentwurf tritt die Verrechtlichung der zwischenstaatlichen Beziehungen in eine neue Phase ihrer Entwicklung ein. Gleichzeitig geht der Prozess der europäischen Integration aber mit wachsender Dynamik voran und es stellen sich viele neue und alte, noch nicht bewältigte Herausforderungen: Der fortbestehende Globalisierungsdruck stellt das geschichtlich gewachsene europäische Gesellschaftsmodell permanent auf den Prüfstand, die im Zuge der Erweiterung der EU nach Mittel- und Osteuropa gewachsenen regionalen Disparitäten steigern die Komplexität des gemeinschaftlichen Regelungs- und Abstimmungsbedarfs, die notleidenden öffentlichen Haushalte, die Beschäftigungsprobleme und die demographische Entwicklung zwingen die europäischen Staaten zu einer rasanten Beschleunigung ihrer ökonomischen und sozialen Restrukturierungsprozesse, der sich verstärkende Migrationsdruck von außen fordert zu einer kontinuierlichen Auseinandersetzung mit der Spezifik europäischer Kultur- und Lebensformen heraus...

In groben Strichen ist der allgemeine Problemkreis der Beiträge damit skizziert, doch verdient zumindest ein Thema noch besonders Erwähnung zu finden: Die Entwicklung der deutsch-polnischen Kooperation stellt in politischer und kultureller Hinsicht vielleicht die größte Herausforderung der kommenden Jahre dar und im Rahmen ihrer Möglichkeiten wirken die FHVR Berlin und die Adam-Mickiewicz-Universität in Poznan bei der gemeinsamen Durchführung des Studiengangs Europäisches Verwaltungsmanagement aktiv an diesem Projekt mit. Die Zukunft

Europas hängt nicht allein von der Ausformung seiner rechtlichen Rahmenbedingungen ab, sondern ebenso von der Vertiefung der Zusammenarbeit zwischen den Institutionen und den wachsenden Bindungen zwischen den Menschen aus seinen verschiedenen Mitgliedstaaten. Trotz einer gemeinsamen Verfassung und trotz der symbolischen Kraft des Euro wird sich Europa weder als hoch verdichtetes Normengeflecht noch als gemeinsamer Wirtschafts- und Währungsraum auf Dauer halten. In diesem Sinne sollen die „Beiträge zur europäischen Integration" auch und gerade die grenzüberschreitende Auseinandersetzung um diesen Prozess unterstützen und im Ergebnis zur Bildung einer von seinen Bürgerinnen und Bürgern getragenen europäischen Zivilgesellschaft beitragen.

Prof. Dr. Erwin Seyfried
Wissenschaftlicher Leiter des Masterstudienganges
Europäisches Verwaltungsmanagement

Mit unendlichem Dank
meiner Mutter
Magdalene
und
Ralf
gewidmet
(sie waren und sind während
„meines lebenslangen Lernens"
immer für mich da).

Inhaltsverzeichnis

Kurzfassung

Die vorgelegte Masterarbeit befasst sich mit der Realisierung der Lissabon-Strategie und geht dabei auf die Bildungspolitik, insbesondere das lebenslange Lernen in Deutschland ein. Das Thema ist interdisziplinär zwischen der Europawissenschaft und der Politikwissenschaft angesiedelt. Aufgrund der Facettenvielfalt von Lissabon-Strategie und lebenslangem Lernen berührt es darüber hinaus u.a. rechtliche, ökonomische und pädagogische Aspekte. Diese werden allerdings lediglich in dem Maße behandelt, wie sie für die Bearbeitung des Themas notwendig sind. Im Vordergrund der Betrachtungen stehen,

- die europäische Bildungspolitik,
- die deutsche Bildungspolitik sowie
- die bildungspolitischen Auswirkungen auf den einzelnen Bürger.

Die derzeitige Situation kann damit beschrieben werden, dass Europa in zunehmendem Maße mit den Folgen der Globalisierung und den daraus resultierenden immer rascher verlaufenden Veränderungen in der Arbeitswelt sowie mit den demographischen Problemen konfrontiert wird. Der wirtschaftliche, technologische und arbeitsorganisatorische Strukturwandel hat zur Folge, dass erworbene Erfahrungen und Qualifikationen schneller veralten. Um diese Herausforderungen bewältigen zu können, wird der Ruf nach einer hochqualifizierten Erwerbsbevölkerung lauter. Die veränderten Anforderungen an das Bildungsverhalten der Menschen finden in den Schlagworten „Wissensgesellschaft" und „lebenslanges Lernen" ihren Ausdruck. Diese Erkenntnisse bilden die Basis der gemeinsamen Überlegungen der Staats- und Regierungschefs der EU-Mitgliedstaaten und münden im Jahre 2000 in der Formulierung der Lissabon-Strategie. Das erklärte Ziel besteht in der Realisierung eines wissensbasierten Raums. Die EU soll bis 2010 die dynamischste und wettbewerbsstärkste Region weltweit sein.

Bildung wirkt sich insgesamt positiv auf die Beschäftigung, die soziale Eingliederung und die aktive Teilnahme des Bürgers an der Gesellschaft sowie auf das Wachstum und die Produktivität einer Volkswirtschaft aus. Der einzelne Mensch ist der wesentliche Faktor einer neuen dynamischen wissensgesteuerten Gesellschaft und die Basis für die Gestaltung einer erfolgreichen Bewältigung der globalen Herausforderungen. Lebenslanges Lernen gilt als der Schlüssel für einen nachhaltigen Strukturwandel und damit für die Realisierung der Lissabon-Strategie. Die Bildungspolitik beeinflusst und prägt das Innovationspotenzial einer Gesellschaft entscheidend. Sie ist Motor für die Umsetzung von Konzepten in den EU-Mitgliedstaaten und die Triebkraft bei der Motivation des Individuums zur Teilnahme an Aktivitäten zum lebenslangen Lernen, die für das Erreichen der Lissabon-Ziele entscheidend ist.

1 Einführung

„Willst du ein Jahr wirken, so säe Korn.
Willst du zehn Jahre wirken, so pflege einen Baum.
Willst du hundert Jahre wirken, so erziehe einen Menschen."

chinesisches Sprichwort, Guanzi, um 645 v. Chr.

Dieses Zitat (Europäische Kommission, 2001, S. 3) beschreibt die nachhaltige Wirkung einer erfolgreichen Bildungspolitik, in deren Zentrum der einzelne Bürger[1] steht.

Die europäische Bildungspolitik ist für das Gelingen der Lissabon-Strategie wesentlich. Mit der Lissabon-Strategie haben sich die seinerzeit 15 europäischen Mitgliedstaaten in 2000 ein ambitioniertes Ziel gesetzt. Bis zum Ende des laufenden Jahrzehnts soll die EU zur wettbewerbsfähigsten und dynamischsten Wissensgesellschaft der Welt avancieren.

Aufgrund der fortschreitenden europäischen Integration, der internationalen Verflechtungen der Wirtschaft und des technologischen Wandels auf den nationalen und internationalen Arbeitsmärkten manifestieren sich zunehmend das Erfordernis einer grenzüberschreitenden europäischen Bildungsarbeit und die Öffnung der Bildungssysteme. Die Begriffe demographische Entwicklung, technologischer Wandel, globaler Wettbewerb und sozio-kulturelle Veränderungen umreißen die Herausforderungen für die nächsten Generationen zutreffend.

Die Menschen mit ihren Kenntnissen und Kompetenzen sind der Schlüssel für eine erfolgreiche wirtschaftliche Entwicklung in Europa. Der einzelne Mensch stellt eine „Humanressource" (Kohler, 1998, S. 25) dar. Seine Bildung ist der wichtigste „Rohstoff Europas" (Arentz, 2000, S. 86; Friedrich, 2004), das „Humankapital" (Straubhaar, 2004, S. 22) bzw. „intellektuelle Kapital" (Tippelt, 2003, S. 35) und gilt damit gemeinhin als Quelle der Wohlstandssicherung. Dies erscheint gerechtfertigt, zumal mit höheren Bildungsabschlüssen nachweislich die Arbeitslosenquote sowie die Wirtschafts- und Sozialkosten sinken. Eine Zunahme der durchschnittlichen Verweildauer der Bevölkerung im Bildungssystem um ein Jahr bewirkt ein zusätzliches Wirtschaftswachstum von kurzfristig 5% und langfristig von zusätzlich 2,5% (Zwischenbericht, 2004, S. 1). Die Bildung soll den einzelnen Bürger dazu befähigen, den gesellschaftlichen und wirtschaftlichen Wandel kontinuierlich und aktiv mitzu-

---

[1] Wenn im Text – soweit es sich nicht um wörtliche Zitate handelt – nur die maskuline Form verwendet wird, ist die weibliche Form regelmäßig eingeschlossen. Versuche, konsequent geschlechterneutral zu formulieren, führen zum Teil zur Unlesbarkeit des Textes.

gestalten. Daher steht sie im Zentrum von vielfältigen Maßnahmen, die im Zuge der Lissabon-Strategie entstanden sind. Das lebenslange Lernen ist in der Informationsgesellschaft von heute kaum aus der politischen Diskussion wegzudenken (Kaschel-Arnold, 2001, S. 132). Es ist für das Arbeiten in der Wissensgesellschaft unerlässlich und trägt wesentlich dazu bei, die Lissabon-Ziele zu erreichen.

Als Grundbestandteil des europäischen Gesellschaftsmodells wird dem lebenslangen Lernen[2] die höchste Priorität beigemessen, so dass hier verstärkt Investitionen getätigt werden sollen (Lissabon-Gipfel, 2000, Ziffer 29). Ein wesentliches Ziel lautet daher, einen europäischen Raum des lebenslangen Lernens zu schaffen (Presseerklärung, 2001; Europäische Kommission, 2001). Die Schaffung eines europäischen Raums, in dem das lebenslange Lernen im Zentrum steht, ist für das Erreichen der Lissabon-Ziele entscheidend. Daher lautet die erste These:

These 1:
Die Realisierung der Lissabon-Strategie hängt von der erfolgreichen Implementierung des lebenslangen Lernens in Europa ab. Trotz eingeschränkter bildungspolitischer Handlungskompetenzen kann die EU einen bedeutsamen Beitrag leisten.

Die Lissabon-Strategie kann nur dann verwirklicht werden, wenn alle EU-Mitgliedstaaten gemeinsam an deren Umsetzung arbeiten. Dazu ist an erster Stelle erforderlich, dass nationale Aktionspläne aufgestellt und mittels geeigneter Maßnahmen zeitnah umgesetzt werden. Jeder Mitgliedstaat, also auch Deutschland, ist für die Realisierung der Lissabon-Strategie unabdingbar. Daher lautet die zweite These:

These 2:
Deutschland kann in entscheidendem Maße zum Erfolg der Lissabon-Strategie beitragen. Je zügiger und konsequenter die nationalen Aktionsprogramme zum lebenslangen Lernen umgesetzt werden, desto eher kann die Lissabon-Strategie realisiert werden.

Um die Lissabon-Ziele zu verwirklichen, wird es weiterhin unerlässlich sein, dass alle EU-Mitgliedstaaten an dem gemeinsamen Projekt arbeiten und ihren Bürgern die Notwendigkeit des lebenslangen Lernens näher bringen. Es wird die dritte These aufgestellt:

---

[2] Innerhalb der Masterarbeit wird von „lebenslangem Lernen" gesprochen, sofern es sich nicht um wörtliche Zitate handelt. Es existieren ebenfalls die Schreibweise „Lebenslanges Lernen" bzw. der Ausdruck „lebensgleitendes Lernen" und, insbesondere in der deutschen Literatur, die abgekürzte Form „LLL".

These 3:
Jeder einzelne Bürger trägt zum Erfolg der Lissabon-Strategie bei. Dies setzt voraus, dass es für die Realisierung der Lissabon-Ziele daher zwingend notwendig ist, dass der Wunsch des Bürgers nach Teilnahme an Aktivitäten des lebenslangen Lernens dauerhaft, d.h. lebensbegleitend, geweckt wird.

Zur Halbzeit der Lissabon-Strategie ist es angezeigt, eine Bilanz zu ziehen: Wie stellt sich der derzeitige Stand des Lissabon-Prozesses dar? Sind einige Ziele erreicht worden? Welche Handlungskompetenzen besitzt die europäische Bildungspolitik mit Blick auf die Umsetzung der in Lissabon formulierten Ziele? Kann die deutsche Bildungspolitik trotz ihrer föderalen Struktur zur Realisierung der Lissabon-Strategie beitragen? Welche Bedeutung hat das lebenslange Lernen in Europa und in Deutschland? Warum ist die aktive Teilnahme des einzelnen europäischen Bürgers für den Erfolg der Lissabon-Strategie unerlässlich? Welche Möglichkeiten besitzt die Bildungspolitik, um das Individuum zum lebenslangen Lernen zu bewegen? Das Ziel der Masterarbeit ist es, darauf Antworten zu finden.

Um sich dem Thema zu nähern, wird zunächst die europäische Bildungspolitik betrachtet, in der das lebenslange Lernen eingebettet ist (Kap. 2). Daran anschließend wird das lebenslange Lernen in der Lissabon-Strategie dargestellt. Die Lissabon-Strategie wird erläutert und dargestellt, weshalb die Bildung und speziell das lebenslange Lernen für ihre Realisierung wesentlich ist (Kap. 3). Um beurteilen zu können, ob und auf welche Weise lebenslanges Lernen in Deutschland existiert, werden relevante bildungspolitische Maßnahmen nachvollzogen (Kap. 4). Die Masterarbeit schließt mit einer Schlussbetrachtung ab (Kap. 5). Die folgende Abbildung verdeutlicht noch einmal die Vorgehensweise:

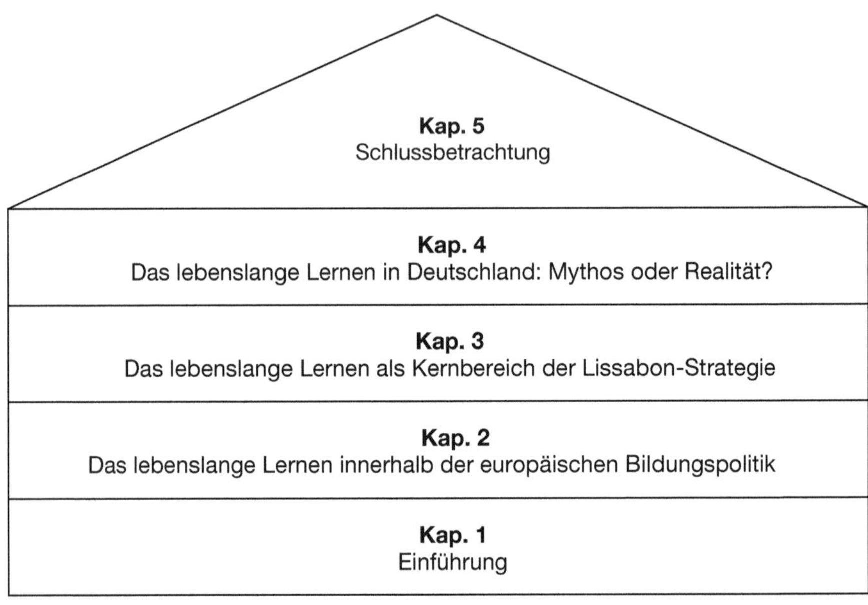

Abb. 1: Der Aufbau der Masterarbeit

2 Das lebenslange Lernen in der europäischen Bildungspolitik

Zweck des Kapitels ist die Betrachtung des lebenslangen Lernens in der europäischen Bildungspolitk. Kap. 2.1 beschreibt dazu die allgemeine Entwicklung der Bildungspolitk im geschichtlichen Verlauf. Kap. 2.2 beleuchtet die bildungspolitischen Handlungskompetenzen der Gemeinschaft. Das lebenslange Lernen wird aus Sicht der Bildungspolitik in Kap. 2.3 nachvollzogen. Die Ergebnisse der Darstellungen werden abschließend in Kap. 2.4 bewertet.

2.1 Der Entwicklungsverlauf der europäischen Bildungspolitik

Der Begriff „europäische Bildungspolitik" umfasst in der Regel multinationale Zielsetzungen mehrerer völkerrechtlicher Staatenverbindungen, die im Bildungsbereich in Europa oder in Teilen davon zusammenarbeiten (Koutras, 1998, S. 67). In der Literatur existiert eine Einteilung des Entwicklungsverlaufs der europäischen Bildungspolitk in vier Phasen (Hilpold, 1995, S. 31 ff.; Müller-Solger, Czysz, Petzold & Pfaff, 1997, S. 9–36). Die erste Phase (Kap. 2.1.1) ist durch beginnende bildungspolitische Aktivitäten gekennzeichnet. Diese werden in der zweiten Phase (Kap. 2.1.2) durch eine zunehmende bildungspolitische Zusammenarbeit und in der dritten Phase (Kap. 2.1.3) durch die Gründung von gemeinsamen Bildungsprogrammen verstärkt. In der vierten Phase wird die Zusammenarbeit konsolidiert (Kap. 2.1.4). Der Verlauf der Bildungspolitik wird abschließend bewertet (Kap. 2.1.5). Erwähnt sei, dass sich die Verfasserin bei ihrer Darstellung auf die für die Bearbeitung des Themas wesentlichen Ereignisse beschränkt. Die Untersuchung erhebt daher keinen Anspruch auf Vollständigkeit. Zur vertieften Behandlung des Themas sei verwiesen auf Hrbek (1994, S. 130–132); Hellmann (1997, S. 62–84); Müller-Solger et al. (1997, S. 9–36); Fechner (1994, S. 17–25) und Thiele (2000, S. 117–164).

2.1.1 Die Vorbereitung bildungspolitischer Aktivitäten

Die von 1957 bis 1967 verlaufende erste Phase der europäischen Bildungspolitik markiert ein aufblühendes Interesse an bildungspolitischen Aktivitäten.

2.1.1.1 Die Wirtschaftsgemeinschaft

Der am 25. März 1957 in Rom unterzeichnete Vertrag zur Gründung der EWG enthält keine Regelungen über eine gemeinsame europäische Bildungspolitik (Junker, 1997, S. 156). Die Gemeinschaft verfolgt primär wirtschaftliche Ziele. Dies wirkt sich auf den Bildungsbereich insoweit aus, als dass er vor allem ökonomischen Zwecken dient (Hölzle, 1994, S. 195; Fechner, 1994, S. 17; Renner-Loquenz, 1997, S. 1054). Eine Kompetenzübertragung auf zentrale europäische Einrichtungen steht in der Gründungszeit der Wirtschaftsgemeinschaft nicht zur Diskussion. Durch die fortschreitende Integration überschneiden sich vermehrt wirtschaftliche Fragen mit der (Finanz-)Politik und dem Bildungssektor (Ofenbach, 1994, S. 9). Dies hat zur Folge, dass Völkerrechtler kontrovers über das Problem diskutieren, ob und inwieweit sich die Gemeinschaft[3] bildungspolitisch betätigen darf (Maaß, 1978, S. 9; Hölzle, 1994, S. 20).

2.1.1.2 Der Artikel 128 EWGV

Mit Artikel 128 EWGV widmet sich erstmals eine Vertragsbestimmung der Berufsausbildung und sieht dafür eine gemeinsame Politik vor. Er hat folgenden Wortlaut:

„Auf Vorschlag der Kommission und nach Anhörung des Wirtschafts- und Sozialausschusses stellt der Rat in bezug auf die Berufsausbildung allgemeine Grundsätze zur Durchführung einer gemeinsamen Politik auf, die zu einer harmonischen Entwicklung sowohl der einzelnen Volkswirtschaften als auch des gemeinsamen Marktes beitragen kann" (Cludius, 1995, S. 9).

Die Vorschrift gilt noch heute als „Bildungs-Kompetenzartikel" der Gemeinschaft und als „Kernbestimmung" der europäischen Bildungspolitik (Maaß, 1978, S. 57; Renner-Loquenz, 1996, S. 1056 und 1059; Thiele, 2000, S. 121).

Am 2. April 1963 verabschiedet der Ministerrat den „Entschluss über die Aufstellung allgemeiner Grundsätze für die Durchführung einer gemeinsamen Politik der Berufsausbildung" (Entschluss, 1963). Mit dieser ersten Bildungsinitiative der Gemeinschaft soll die in Artikel 128 EWGV gestellte Aufgabe einer gemeinsamen Berufsbildungspolitik erfüllt werden (Maaß, 1978, S. 57–62; Renner-Loquenz,

---

[3]   Wenn im Folgenden von der Gemeinschaft gesprochen wird, ist regelmäßig von der EWG nach dem Vertrag zur Gründung der EWG vom 25. März 1957 (EWGV) und der EG nach dem Vertrag zur Gründung der EG vom 7. Februar 1992 (EGV) die Rede. Im ersten Fall handelt es sich um die Europäische Wirtschaftsgemeinschaft, im zweiten um die Europäische Gemeinschaft bzw. die Europäische Union (EU).

1996, S. 1055; Müller-Solger et al., 1997, S. 9). Der vierte Grundsatz des Entschlusses macht die beratende Rolle der Europäischen Kommission im Verhältnis zu Europäischem Rat und Mitgliedstaaten deutlich:

„Die Kommission kann dem Rat oder den Mitgliedstaaten im Einklang mit diesen allgemeinen Grundsätzen für die Verwirklichung der darin genannten Ziele im Rahmen des Vertrages geeignete Maßnahmen vorschlagen, die sich als erforderlich erweisen könnten."

Die Europäische Kommission unterbreitet dem Europäischen Rat Vorschläge, setzt dessen getroffenen Beschlüsse in Kraft und beaufsichtigt die Einhaltung der europäischen Verträge. Zudem besitzt sie das Recht, gegen Mitgliedstaaten, die das geltende Recht missachten, Klage zu erheben. Die Rolle und Aufgaben der Europäischen Kommission beschreibt Diedrichs (2002) ausführlich.

2.1.2   Die zunehmende bildungspolitische Zusammenarbeit

Die zweite Phase der europäischen Bildungspolitik, die von 1967 bis 1985 reicht, ist von einer engen zwischenstaatlichen Zusammenarbeit der Gemeinschaft geprägt.

2.1.2.1 Die Haager Gipfelkonferenz und ihre Folgen

Von der Gipfelkonferenz in Den Haag sind im Jahre 1969 entscheidende Impulse für die künftige Bildungspolitik auf Gemeinschaftsebene ausgegangen (Hölzle, 1994, S. 27; Müller-Solger et al., 1997, S. 16; BpB, 2005). Die Staats- und Regierungschefs der damaligen sechs Mitgliedstaaten Belgien, Frankreich, Deutschland, Italien, Luxemburg und die Niederlande erkennen die große Bedeutung der Bildung für die europäische Integration an (Hilpold, 1995, S. 44–45). Unter Punkt 4 des Schlusskommuniqués der Konferenz kommen sie überein, Europa „als eine ungewöhnliche Quelle der Entwicklung, des Fortschritts und der Kultur" zu erhalten (Haager-Gipfelkonferenz, 1969, S. 12). Dies hat den Ruf nach einer aktiven Bildungspolitik zur Förderung eines europäischen Bewusstseins verstärkt. Am 16. November 1971 findet erstmalig eine gemeinsame Sitzung der Bildungsminister in Brüssel statt. Es entsteht die erste Entschließung der „im Rat vereinigten Minister für Bildungswesen über die bildungspolitische Zusammenarbeit" (Entschließung, 1986, S. 9). Ihr folgt eine zweite Entschließung am 6. Juni 1974, bei der prioritäre Punkte der europäischen Bildungszusammenarbeit beschlossen werden (Maaß, 1978, S. 10; Müller-Solger et al., 1997, S. 16). Der Wortlaut kann unter Entschließung (1974) nachgelesen werden.

In der in Rede stehenden Phase wird das Bestreben deutlich, das gesamte Bildungswesen zur Sache der Gemeinschaft zu machen. Die Staats- und Regierungschefs sowie die Bildungsminister setzen sich über die in Kap. 2.1.1.1 angesprochenen Bedenken der Völkerrechtler hinweg und äußern ihren Willen, eine politische Gemeinschaft werden zu wollen (Europäische Kommission, 1982, S. 6–7). Um dieses Begehren zu prüfen, beauftragt die Europäische Kommission 1973 den ehemaligen belgischen Erziehungsminister Henri Janne mit der Erstellung einer Expertise über die „Grundzüge einer Bildungspolitik auf Gemeinschaftsebene. Der sogenannte „Janne-Bericht" (Europäische Kommission, 1973) kommt zu dem Ergebnis, dass die Aussichten für eine gemeinschaftliche Bildungspolitik sehr begrenzt seien. Erstmals wird die „europäische Dimension" im Unterricht einbezogen. Die Ergebnisse des Janne-Berichts dienen als Basis für alle späteren gemeinschaftlichen Programme und Beschlüsse im Bildungsbereich (Hölzle, 1994, S. 21).

In der zweiten Phase wird zudem ein Ausschuss für Bildungsfragen mit Vertretern der Mitgliedstaaten und der Europäischen Kommission als ständige Einrichtung mit regelmäßigen Treffen auf Ministerebene eingerichtet (Maaß, 1978, S. 10; Mikkel, 1993, S. 23–24; Hölzle, 1994, S. 29). Seine Entschließungen und Empfehlungen sind zwar nicht rechtsverbindlich, erweisen sich jedoch politisch als äußerst wirkungsvoll (Junker, 1997, S. 157). Zudem ist die „Entschließung des Rats und der im Rat vereinigten Minister für Bildungswesen vom 9. Februar 1976 mit einem Aktionsprogramm im Bildungsbereich" für eine verstärkte gemeinsame Bildungspolitik von wesentlicher Bedeutung. Wie im Janne-Bericht wird in dieser als „Aktionsprogramm 76" (Aktionsprogramm, 1976) bekannten Entschließung der Wunsch nach einer europäischen Dimension bekundet, die in die schulischen Grund- und Sekundarstufen in die Gemeinschaft integriert werden soll. Die Entschließung gilt als das bis dahin wichtigste Dokument der „supranationalen Zusammenarbeit" im Bildungsbereich (Hellmann, 1997, S. 65; Hölzle, 1994, S. 29). Als „Richtschnur für die zukünftige europäische Bildungspolitik" äußert sie den Willen zu einer Zusammenarbeit im Bildungsbereich (Hölzle, 1994, S. 34).

2.1.2.2 Die Gründung von Informationsnetzwerken

Die Initiativen der bildungspolitischen Zusammenarbeit verstärken sich in der zweiten Phase. 1973 wird eine Generaldirektion für Forschung, Wissenschaft und Bildung bei der Europäischen Kommission eingerichtet (Mickel, 1993, S. 21). In ihrem „Arbeitsprogramm für die Bereiche Forschung, Wissenschaft und Bildung" (Dahrendorf, 1973, S. 1–30) macht die Europäische Kommission deutlich, dass sie Bildungsfragen künftig nicht länger wirtschaftlichen Zwecken unterordnen will. Obwohl sich die Aufgabenverteilungen in der Folgezeit ändern, ist das Thema Bildung ein ständiger Arbeitsbereich der Kommission (Fechner, 1994, S. 36). Heute zeich-

22

net sich die Generaldirektion Bildung und Kultur verantwortlich (Generaldirektion Bildung und Kultur, 2005).

Ferner sind zwei Institutionen eingerichtet worden, deren bildungspolitischen Aktivitäten bis zur Gegenwart andauern. Zunächst gründet der Europäische Rat 1975 unter dem Namen Cedefop in Berlin ein Berufsbildungszentrum. Es fördert den Erfahrungs- und Wissensaustausch über Berufsbildungsfragen in den EU-Mitgliedstaaten, führt Kurse, Seminare und Modellvorhaben durch, koordiniert die Forschung, unterstützt innovative Projekte mit Modellcharakter und dient zur Dokumentation. Zudem forciert es die europäische Zusammenarbeit in der beruflichen Bildung (Hölzle, 1994, S. 51–54; Müller-Solger et al., 1997, S. 189; Münch, 2002, S. 150). Heute trägt das Cedefop vor allem zur Förderung des lebenslangen Lernens in Europa bei (Cedefop, 2005a). Beispielsweise hat die Institution 2003 eine Eurobarometer-Umfrage zum lebenslangen Lernen durchgeführt, auf die in Kap. 5 eingegangen wird. Später entsteht 1980 auf Initiative der Europäischen Kommission und der EU-Mitgliedstaaten eine Institution unter dem Namen Eurydice (Müller-Solger et al., 1997, S. 189; Eurydice, 2005a). Dabei handelt es sich um ein Informationsnetz für das Bildungswesen, das die Zusammenarbeit und ein besseres Verständnis der europäischen Bildungssysteme und -politiken fördern soll. Seit 1995 ist Eurydice zudem fester Bestandteil des Bildungsprogramms SOKRATES[4] (Kap. 2.1.4.3), dem gemeinschaftlichen Aktionsprogramm in der allgemeinen Bildung (Eurydice, 2005b).

2.1.3 Die Gründung von gemeinsamen Bildungsprogrammen

Von 1985 bis 1992 reicht die dritte Phase der europäischen Bildungspolitik. Sie gilt als Gründungsphase der ersten europäischen Bildungsprogramme und wird wesentlich von dem Gedanken „Europa der Bürger" bestimmt (Müller-Solger et al., 1997, S. 21). Obwohl der Begriff in den Gemeinschaftsverträgen nicht verwendet wird, prägt er das integrationspolitische Geschehen in Europa seit den 70er Jahren. Es steht die Zielsetzung im Vordergrund, dem Bürger Sinn und Zweck der in Europa ausgeübten Politiken zu vermitteln (Thiele, 1999, S. 99). Dazu ist das Engagement im Bildungsbereich verstärkt worden.

2.1.3.1 Die Idee

Durch die Auflegung von Bildungsprogrammen soll Europa jedem Bürger durch persönliche Erfahrungen näher gebracht werden. Bildungsprogramme sollen zu-

---

[4]   Die Schreibweise der Bildungsprogramme in Großbuchstaben innerhalb der Masterarbeit steht im Einklang mit den EU-Verordnungen der Bildungsprogramme.

dem dazu verhelfen, die europäische Integration voranzutreiben und die Grenzen zwischen den Staaten zu überwinden (Müller-Solger et al., 1997, S. 21). Als Rechtsgrundlage für die Schaffung von Bildungsprogrammen dient der in Kap. 2.1.1.2 beschriebene Artikel 128 EWGV (Renner-Loquenz, 1997, S. 1072). Ferner beziehen sie insbesondere die Feststellungen des Janne-Berichts (Kap. 2.1.2.1) ein (Hölzle, 1994, S. 2). Einen Überblick über die wesentlichen Bildungsprogramme findet sich in Anlage 1 (Kap. 2.1.4.1). Während Anlage 1.1 eine Übersicht über den Inhalt und die Rechtsgrundlagen der ersten und zweiten Generation der Bildungsprogramme gibt, informiert Anlage 1.2 über deren Laufzeit und Finanzausstattung. Aus den zu den Bildungsprogrammen ergangenen Beschlüssen wird deutlich, dass es sich bei den Bildungsprogrammen ausschließlich um Gemeinschaftsaktionen handelt, die nicht in das bestehende Recht der EU-Mitgliedstaaten eingreifen.

2.1.3.2 Der positive Impuls durch den EuGH

In der dritten Phase hat sich der EuGH verstärkt mit Fragestellungen zur Bildungspolitik zu befassen (Bardong, 1994, S. 66). Die sogenannte „Gravier-Entscheidung" gilt als das wichtigste Urteil zum Berufsbildungsrecht. Es bezieht erstmals Studenten in die europäische Rechtsprechung ein, sofern sie in einem anderen Land studieren und keine Rechte aus der Arbeitnehmerfreizügigkeit ableiten können (Fürst, 1999, S. 24). In diesem Urteil beschreibt der EuGH den Begriff der Berufsausbildung. Nach dem Gravier-Urteil (1985, Rs. 293/83) zählt dazu

„jede Form der Ausbildung, die auf eine Qualifikation für einen bestimmten Beruf oder eine bestimmte Beschäftigung vorbereitet oder die die besondere Befähigung zur Ausübung eines solchen Berufs oder einer solchen Beschäftigung verleiht (...) und zwar unabhängig vom Alter und Ausbildungsniveau der Schüler oder Studenten und selbst dann, wenn der Lehrplan auch allgemeinbildenden Unterricht enthält."

Seit dem sogenannten „Blaizot-Urteil" zählt der EuGH auch das Universitätsstudium zur Berufsausbildung (Blaizot-Urteil, 1988, Rs. 24/86).

In seinen weiteren Urteilsbegründungen führt der EuGH wiederholt den Artikel 128 EWGV (Kap. 2.1.1.2) an und macht deutlich, dass sich eine gemeinsame Bildungspolitik nur schrittweise entwickeln könne. Dazu sei eine verstärkte Zusammenarbeit der europäischen Institutionen und der Mitgliedstaaten notwendig. Da der EuGH die Klagen der Mitgliedstaaten wiederholt zurückweist und damit künftige Gemeinschaftsaktivitäten grundsätzlich befürwortet, löst er neue, den Bildungsbereich fördernde Impulse aus (Bardong, 1994, S. 68–69; Obenbach, 1994, S. 10). Seine integrationsfreundliche Rechtsprechung hat die heute bestehende europäische

Bildungspolitik ermöglicht (Fechner, 1994, S. 19). Hilpold (1995) und Wittkowski (1991, S. 39 ff.) fassen die bildungsrechtlichen Entscheidungen des EuGH zusammen.

2.1.4 Die Stärkung der bildungspolitischen Zusammenarbeit

Die vierte und gegenwärtige Phase der europäischen Bildungspolitik beginnt mit dem Inkrafttreten des Maastrichter Vertrages.

2.1.4.1 Die Unterzeichnung des Maastrichter Vertrages

Mit der Rolle der Bildungspolitik in der EU vor und nach der Unterzeichnung des Maastrichter Vertrages am 7. Februar 1992 haben sich im Laufe der Zeit eine Vielzahl von Autoren befasst (z.B. Deutscher Bildungsdienst, 1988, S. 4–8; Berggreen-Merkel, 1992, S. 465–468; Höllinger, 1992, S. 3–5; Hochbaum, 1993, S. 19–37; Feuchthofen, 1994, S. 73–85; Wrobel, 1994, S. 297–305; Fritsch, 1998, S. 44–98). Der Maastrichter Vertrag wird als das Ereignis bezeichnet, das für den Beginn einer neuen Epoche in der europäischen Bildungspolitik ursächlich ist (Jüttner, 1993, S. 5; Hochbaum, 1993, S. 19; Bardong, 1994, S. 73; Mitter, 1994, S. 63–82; Renner-Loquenz, 1997, S. 1062). Diese Annahme liegt u.a. darin begründet, dass die europäische Bildungspolitik im Maastrichter Vertrag erstmals gesetzlich verankert wird. Obwohl bildungspolitische Fragen nicht prioritär behandelt werden, zeichnet sich eine weitere Konsolidierung der Zusammenarbeit ab. Die Gemeinschaft erhält breitere Kompetenzen und Zuständigkeiten innerhalb der Bildungspolitik. Artikel 3 EGV wertet die Bildung auf, indem er sie in den Rang einer Gemeinschaftsaufgabe hebt (Feuchthofen, 1994, S. 74). Seitdem sind Gemeinschaft und Mitgliedstaaten für die Umsetzung von Bildungszielen gemeinsam verantwortlich (Hrbek, 2000, S. 95).

2.1.4.2 Die Artikel 126 und 127 EGV

Das vertragliche Fundament der Bildungspolitik bilden die neu eingeführten Artikel 126 und 127 EGV. Die vollständigen Gesetzestexte liefert Läufer (1999, S. 134–136). Die Aufnahme des Bildungsziels in die Präambel des Amsterdamer Vertrages, nach dem die Gemeinschaft „auf einen möglichst hohen Wissensstand ihrer Völker" hinwirken soll, stärkt das bildungspolitische Interesse (Läufer, 1999, S. 55). Mit der Einführung des Artikels 126 EGV erhält die Gemeinschaft in der allgemeinen Bildung neue Handlungsspielräume (Kraus, 2002, S. 206). Dazu zählen u.a. der Aufbau der europäischen Dimension im Unterrichtswesen, die Förderung der Mobilität von Studenten, Lehrkräften und die Zusammenarbeit von Bildungseinrichtungen (Bardong, 1994, S. 73–74; Hellmann, 1997, S. 76). Zwar darf die Gemeinschaft die Tätigkeit der Mitgliedstaaten lediglich ergänzen. Gleichwohl bezieht sich dies auf sämtliche Ebenen des Bildungswesens, d.h. auf die Grundschule, höhere Schule, Hochschule, Berufsschule etc. (Renner-Loquenz, 1997, S. 1066). Artikel 127 EGV regelt die Zuständigkeiten der Gemeinschaft in der beruflichen Bildung. Deren bisherige Tätigkeit, die Förderung von Mobilität und Zusammenarbeit, wird künftig erweitert. Insbesondere soll sie dazu beitragen, dass die Wiedereingliederung durch Ausbildung und Umschulung erleichtert wird. Ferner wird der Austausch von Informationen und Erfahrungen durch gemeinschaftliche Bildungsprogramme intensiviert, um die gemeinsame Basis im Bildungsbereich zu erweitern (Bardong, 1994, S. 74–75; Renner-Loquenz, 1997, S. 1067–1068). In dem am 1. Mai 1999 in Kraft getretenen Vertrag von Amsterdam werden die Artikel 126 und 127 unverändert übernommen. Durch die Einfügung weiterer Artikel werden sie lediglich zu den heute gültigen Artikeln 149 und 150 EGV umbenannt. Beide Artikel treten an die Stelle von Artikel 128 EWGV, der gestrichen wird. Während Artikel 127 EGV mit der beruflichen Bildung den Bereich des Artikels 128 EWGV abdeckt, führt die Verankerung der allgemeinen Bildung in Artikel 126 EGV zu einer Erweiterung der gemeinschaftlichen Handlungskompetenzen. Deren Umfang wird in Kap. 2.2 untersucht. Durch die Neuregelung werden die Grenzen der gemeinschaftlichen Rechte im Bildungsbereich klar gezogen und es gibt erstmals eine fundierte Entscheidungs- und Handlungsermächtigung der Gemeinschaft im Bildungsbereich (Thiele, 1999, S. 153). Neben dem Maastrichter Vertrag wird die bildungspolitische Zusammenarbeit auf Gemeinschaftsebene durch das nachfolgende Ereignis in der vierten Phase verstärkt.

2.1.4.3 Die Neustrukturierung der Bildungsprogramme

Die Bildungsprogramme, die 1994 insgesamt auslaufen (Kap. 2.1.3.1; Anlagen 1.1 und 1.2), werden auf Basis der mit dem Maastrichter Vertrag neu eingeführten Artikel 126 bzw. 127 EGV verändert weitergeführt. Die Neustrukturierung soll eine größere Überschaubarkeit und verbesserte Kohärenz der gemeinschaftlichen Aktionsprogramme bewirken. Seit 1995 existieren lediglich drei große Rahmenprogramme, die alle bisherigen Bildungsprogramme vollständig integrieren. Dies hat zu einer Vereinfachung geführt, da die Aktionsbereiche und Projekte der vormaligen Bildungsprogramme aus Anlage 1.1 und 1.2 seit 1995 in den neuen Programmen LEONARDO DA VINCI, SOKRATES und JUGEND zusammengefasst und unter einem Dach fortgeführt werden. Dadurch sollen Synergieeffekte künftig bestmöglich ausgeschöpft werden. Die Laufzeit der drei Programme beträgt nach ihrer Neuauflegung zunächst fünf Jahre. Eine Beschreibung der Bildungsprogramme nach ihrer Neustrukturierung, speziell über deren Inhalt und Rechtsgrundlagen, liefert Anlagen 1.3. Ihre Finanzausstattungen und Laufzeiten werden in Anlage 1.4 dargestellt. Es fällt auf, dass die seitens der Gemeinschaft zur Verfügung gestellten finanziellen Mittel im Laufe der Zeit stark gestiegen sind und insgesamt mehr als 1,6 Mrd. ECU betragen. Die derzeit bestehenden Bildungsprogramme mit der Laufzeit von 2000 bis 2006 fasst Anlage 1.5 zusammen. Die Auswertung zeigt, dass die drei Schwerpunktbereiche allgemeine und berufliche Bildung sowie die Förderung der Jugendlichen im Blick bildungspolitischer Interessen stehen. Um sie zu fördern, ist eine vertiefte Zusammenarbeit zwischen EU (und hier speziell der Europäischen Kommission) mit den Mitgliedstaaten erforderlich.

2.1.5 Bewertung

Die Ausführungen haben gezeigt, dass die Wurzeln der europäischen Bildungspolitik bis in Gründungszeit der EWG zurückreichen (Kap. 2.1.1). Die Bildung hat zu dieser Zeit lediglich instrumentellen Charakter. Sie dient der Realisierung der übrigen, primär wirtschaftlichen Ziele des EWGV. Insgesamt ist festzuhalten, dass sich die Gemeinschaft in der Vergangenheit durchaus mit Bildungsfragen befasst. Allerdings findet die Bildung nicht als selbständiger Politikbereich Eingang in die Römischen Verträge vom 25. März 1957, sondern ist vielmehr ein Teilaspekt vertraglich festgelegter Gemeinschaftsziele und -politiken. Eigenständige bildungspolitische Aktivitäten der Gemeinschaft finden lediglich in geringem Umfang statt. In dieser frühen Phase übernimmt die Europäische Kommission die Funktion eines Initiativorgans für die Durchführung einer gemeinsamen Bildungspolitik. Zudem wird die besondere Stellung des Europäischen Rats deutlich. In der zweiten Phase (Kap. 2.1.2) wird der Grundstein für eine verstärkte bildungspolitische Zusammenarbeit gelegt. Die Bildungsminister treffen wesentliche Entscheidungen, es wird ein Bildungsausschuss eingerichtet sowie die Institutionen Cedefop und Eurydice zur Verstärkung der Zusammenarbeit ins Leben gerufen. Der Wille zu einer verstärkten Zusammenarbeit manifestiert sich durch die Gründung von gemeinsamen Bildungsprogrammen in der dritten Phase (Kap. 2.1.3). Hier wird sichtbar, dass die Höhe der Finanzvolumina kontinuierlich ansteigt. Die Zusammenarbeit der Gemeinschaft kann durch die begünstigende Haltung des EuGH vertieft werden. Die zunehmende Konsolidierung der gemeinschaftlichen Zusammenarbeit entfacht eine in der Bildungspolitik der Gemeinschaft zuvor nicht gekannte Dynamik. Die vierte Phase (Kap. 2.1.4) lässt eine Festigung der bildungspolitischen Zusammenarbeit und eine Aufwertung des Bildungsbereichs erkennen, die insbesondere auf zwei Ereignisse zurückzuführen ist. Zum einen werden die Entscheidungs- und Handlungskompetenzen der Gemeinschaft durch die erstmalige Verankerung in den Artikeln 126 und 127 des Maastrichter Vertrages erweitert. Die allgemeine Bildung wird in den Zuständigkeitsbereich der Gemeinschaft aufgenommen. Zum anderen erhält die Bildung durch die Lissabon-Strategie, wie in Kap. 3 gezeigt wird, besonderes Gewicht.

Obwohl die Römischen Verträge Bildungsfragen nicht behandeln, kann konstatiert werden, dass sich die europäische Bildungspolitik im Laufe der Zeit schrittweise zu einem eigenständigen Politikfeld entwickelt hat. Hier steht die rege und sich stetig vertiefende Zusammenarbeit der Mitgliedstaaten im zentralen Mittelpunkt. Der These 1 (Kap. 1), nach der die Gemeinschaft trotz eingeschränkter bildungspolitischer Handlungskompetenzen zum Erfolg des lebenslangen Lernens und der Realisierung der Lissabon-Strategie beitragen kann, kann generell zugestimmt werden. Ihre Tätigkeit wird ihr grundsätzlich umso besser gelingen, je intensiver sie mit den Mitgliedstaaten bildungspolitisch zusammenarbeiten wird. Im Folgenden steht die Frage im Raum, welche Möglichkeiten die Gemeinschaft allgemein besitzt, um von ihren neuen Zuständigkeiten Gebrauch zu machen.

2.2   Die gemeinschaftlichen Handlungskompetenzen

Durch die erstmalige Verankerung von Regelungen über eine eigenständige Bildungspolitik im Maastrichter Vertrag erhält die Gemeinschaft in der allgemeinen und beruflichen Bildung neue Zuständigkeiten. Es soll eruiert werden, welchen Beitrag die europäische Bildungspolitik zur Realisierung der Lissabon-Strategie grundsätzlich leisten kann. Die Frage nach den gegenwärtigen Handlungskompetenzen ist insbesondere mit Blick auf These 1 (Kap. 1) interessant. Die rechtlichen Bestimmungen sind Gegenstand von Kap. 2.2.1. Welche Aktionsmöglichkeiten die Gemeinschaft besitzt, beschreibt Kap. 2.2.2. Kap. 2.2.3 bewertet die gemeinschaftlichen Zuständigkeiten.

2.2.1   Die rechtlichen Bestimmungen

Um beurteilen zu können, welche Möglichkeiten die Gemeinschaft besitzt, um die Realisierung der Lissabon-Strategie voranzutreiben, werden Art und Umfang der gemeinschaftlichen Handlungskompetenzen einer näheren Betrachtung unterzogen. Grundsätzlich obliegt die Umsetzung der gemeinschaftlichen Aufgaben dem Europäischen Parlament, dem Rat, der Europäischen Kommission, dem EuGH sowie dem Europäischen Rechnungshof (Artikel 7 Abs. 1 EGV). Unterstützt werden die Europäische Kommission und der Europäische Rat von einem Wirtschafts- und Sozialausschuss sowie dem Ausschuss der Regionen (Artikel 7 Abs. 1 EGV). Für bildungspolitische Zielsetzungen formuliert Artikel 3 Bu. q EGV u. a. den Auftrag, „einen Beitrag zu einer qualitativ hoch stehenden allgemeinen und beruflichen Bildung" in den Mitgliedstaaten zu leisten. Damit beschränkt sich die gemeinschaftliche Handlungskompetenz auf folgende Aspekte:

- Die Gemeinschaft darf lediglich einen Beitrag leisten, jedoch keine eigenständige Bildungspolitik entwerfen oder durchführen (Artikel 3 Bu. q EGV).
- Sie fördert die Zusammenarbeit unter den Mitgliedstaaten.
- Sie „unterstützt" bzw. „ergänzt" die Tätigkeit der Mitgliedstaaten (Artikel 149 Abs. 1 EGV; Artikel 150 Abs. 1 EGV).

Die Gemeinschaft hat die Pflicht, die Verantwortung der Mitgliedstaaten für die Lehrinhalte und die Gestaltung des Bildungssystems sowie die Vielfalt der Kulturen und Sprachen „strikt" zu achten (Artikel 149 Abs. 1 und Artikel 150 Abs. 1 EGV). Damit darf sie sowohl bei der allgemeinen (Artikel 149 EGV) als auch bei der beruflichen Bildung (Artikel 150 EGV) lediglich unterstützend tätig werden.

2.2.2   Die bildungspolitischen Aktionsmöglichkeiten

Um den Widerstand der einzelnen Mitgliedstaaten zu vermeiden, muss die Gemeinschaft bei bildungspolitischen Aktivitäten mit Bedacht agieren. Gleichwohl kann sie auf vielfältige eigenständige bildungspolitische Aktionsmöglichkeiten zurückgreifen. Dazu zählen Bildungsprogramme, wie beispielsweise die in Anlage 1.5 beschriebenen Bildungsprogramme LEONARDO DA VINCI, SOKRATES und JUGEND. Sie sollen das lebenslange Lernen sowie die Zusammenarbeit innerhalb der Gemeinschaft stärken (Kap. 3.5.1.5). Zur Herstellung der Transparenz kann die Gemeinschaft vergleichende Daten innerhalb des Benchmarking durch das Cedefop und das Eurydice zur Verfügung stellen (Kap. 2.1.2.2). Die Intensität der Förderung des lebenslangen Lernens wird durch die Höhe der bereitgestellten finanziellen Mittel durch die Gemeinschaft bestimmt (Kraus, 2002, S. 208–209). Verfolgt die Europäische Kommission den Zweck, Diskussionen in den Mitgliedstaaten über das lebenslange Lernen zu entfachen, kann sie beispielsweise durch Memoranden, Grünbücher bzw. Weißbüchern oder Mitteilungen initiativ werden (Strohmeier, 1994, S. 47). Daneben sind programmatische Aktionen der Gemeinschaft möglich, z.B. die Erklärung des Jahres 1996 zum Europäischen Jahr des lebensbegleitenden Lernens. Dies hat dazu geführt, dass das Thema in Europa insgesamt populärer wird. Weiterhin kann die Gemeinschaft bindende Beschlüsse in Form von Verordnungen oder Richtlinien erlassen (Kraus, 2002, S. 208–209). Mit welchen Maßnahmen die Europäische Kommission und der Europäische Rat das lebenslange Lernen in Europa unterstützt haben, wird in Kap. 2.3.3.1 betrachtet. Es ist zu beachten, dass der Rat grundsätzlich die Option besitzt, nach Artikel 149 Abs. 4 EGV bzw. nach Artikel 150 Abs. 4 EGV Empfehlungen für die allgemeine bzw. die berufliche Bildung auszusprechen. Dies ist jeweils nach Anhörung des Wirtschafts- und Sozialausschusses sowie des Ausschusses der Regionen auf Vorschlag der Europäischen Kommission möglich. Für die allgemeine und die berufliche Bildung gilt das Mitentscheidungsverfahren gemäß Artikel 251 EGV. Darin sind das Europäische Parlament und der Rat gemeinsam Gesetzgeber. Ein Gesetz kann nur dann zustande kommen, wenn beide Organe diesem zustimmen. Sie können die Vorschläge der Europäischen Kommission scheitern lassen (Fabian, 2000, S. 31). Vereinfacht dargestellt entscheidet im Mitentscheidungsverfahren der Rat mit qualifizierter Mehrheit über einen Vorschlag der Europäischen Kommission nach Stellungnahme des Europäischen Parlaments und vorheriger Anhörung des Wirtschafts- und Sozialausschusses sowie des Ausschusses der Regionen. Das Zusammenwirken der Organe im Bildungsbereich illustriert Anlage 2.

2.2.3   Bewertung

Durch Artikel 149 EGV (ex-Artikel 126 EGV) erhält die Gemeinschaft erstmals einen ausdrücklichen Handlungsauftrag für die Gestaltung des Bildungswesens. Jedoch bleiben ihre Handlungskompetenzen auch nach Inkrafttreten des Maastrichter Vertrages beschränkt; und zwar auf die Förderung der Zusammenarbeit der Mitgliedstaaten im Bildungsbereich und Unterstützung bzw. Ergänzung der Tätigkeiten der Mitgliedstaaten. Strohmeier (1994, S. 46–62); Cludius (1995) und Fürst (1999) befassen sich mit den Handlungskompetenzen der Gemeinschaft vertieft. Die für die Gestaltung ihrer Bildungssysteme zuständigen Mitgliedstaaten besitzen die Möglichkeit, Kompetenzen im Rahmen von Einzelermächtigungen auf die Gemeinschaft zu übertragen. Der zusätzliche Handlungsspielraum steckt den Rahmen ab, in dem die Gemeinschaft bildungspolitisch aktiv werden darf. Bei der Umsetzung ihrer Maßnahmen wird die Gemeinschaft umso erfolgreicher sein, je größer der Umfang bildungspolitischer Entscheidungs- und Handlungsermächtigungen ist, den ihr die Mitgliedstaaten zubilligen (Thiele, 2000, S. 117). Dies gilt im besonderen Maße für die Realisierung der Lissabon-Strategie, die Gegenstand der Betrachtung in Kap. 3 ist. Gemäß der in Kap. 1 aufgestellten These 1, kann die Gemeinschaft ihren positiven bildungspolitischen Einfluss geltend machen und die Implementierung lebenslangen Lernens in den einzelnen Mitgliedstaaten vorantreiben. Dies wird ihr jedoch nur dann gelingen, wenn die einzelnen Mitgliedstaaten bereit sind, auf ihre bildungspolitische Vormachtstellung teilweise zu verzichten. Zudem müssen sie gegenüber den Vorschlägen und Empfehlungen der Gemeinschaft offen sein und gewillt, sie mittels praktischer Maßnahmen umzusetzen.

Zusammenfassend kann konstatiert werden, dass der Maastrichter Vertrag die Bildungspolitik erstmals als festen Aufgabenbereich der Gemeinschaft definiert. Im Vergleich zu dem vage formulierten Artikel 128 EWGV (Kap. 2.1.1.2) sorgen die neuen bildungspolitischen Vorschriften zu einer deutlich verbesserten Normenklarheit. Zwar leitet die Einführung der Artikel 126 und 127 EGV durch den Maastrichter Vertrag bzw. die gleichlautenden Artikeln 149 und 150 EGV durch den Amsterdamer Vertrag eine neue Etappe in der Bildungspolitik ein. Jedoch avanciert Europa auch danach zu keiner Bildungsgemeinschaft. Ungeachtet ihrer begrenzten Bildungsbefugnisse muss festgestellt werden, dass die Gemeinschaft zu einer qualitativ hochwertigen Entwicklung der Bildung in Europa beiträgt sowie den Mitgliedstaaten fördernd und unterstützend zur Seite stehen kann. Damit kann der in Kap. 1 aufgestellten in These 1 grundsätzlich zugestimmt werden. Fraglich ist, ob und in welchem Umfang die Gemeinschaft ihre Handlungskompetenzen im Rahmen der Lissabon-Strategie und zur Implementierung des lebenslangen Lernens in Europa ausschöpft. Dies wird Gegenstand der Untersuchungen im Kap. 3.5 sein. Vordringlich ist eine Betrachtung des Konzepts lebenslanges Lernen, die nachfolgend vorgenommen wird.

2.3 Das lebenslange Lernen aus bildungspolitischer Perspektive

Der Zweck des vorliegenden Kapitels besteht in der Darstellung des Entwicklungsverlaufs des lebenslangen Lernens. Der Begriff wird zunächst definiert (Kap. 2.3.1). Das Konzept findet seinen Ursprung in den 70er Jahren in den Arbeiten des Europarats, der OECD und der UNESCO (Kap. 2.3.2) und wird in den 90er Jahren konkretisiert (Kap. 2.3.3). Der Entwicklungsverlauf wird am Ende des Kapitels bewertet (Kap. 2.3.4).

2.3.1 Die Bestimmung des Begriffs

Zunächst wird auf die Problematik einer Begriffsbestimmung eingegangen. Als Grundlage für die weiteren Untersuchungen dient die darauf folgende Arbeitsdefinition.

2.3.1.1 Die Problematik

Der Versuch, die Bedeutung des lebenslangen Lernens mittels einer aussagekräftigen Definition zu erklären, erweist sich auch nach intensivem Literaturstudium als äußerst schwierig. Aufgrund seiner alltagssprachlichen Interpretierbarkeit verleitet der Begriff zu einem unreflektierten Gebrauch und lässt sich augenscheinlich beliebig mit Inhalten füllen. Daher stellt lebenslanges Lernen einen eher „diffusen" Terminus dar (Alheit & Dausien, 2002, S. 365; Düchs, 2004, S. 91). Es existieren u.a. Termini wie „lebenslanges Lernen", „lebensbegleitendes Lernen", „lifelong learning", „recurrent education", „permanent education." Die äußerst regen Diskussionen in der Fachwelt handeln vor allem von Bildungssysteme in allgemeiner und spezieller Form (z.B. Dohmen, 1996a, b; Williamson, 1998; Gerlach, 2000; Achtenhagen & Lempert, 2000) sowie über eine veränderte Haltung zum Lernen und Lehren aus pädagogischer Sicht (z.B. Dominicé, 1990; Kade & Seitter,

1996; Alheit, 1999; Walther & Stauber, 1999; Brödel, 2003; Pfromm, 2004). Die folgenden Untersuchungen beschränken sich der Themenstellung folgend auf den bildungspolitischen Aspekt.

2.3.1.2 Eine Arbeitsdefinition

Das Studium der EU-Dokumente beweist, dass keine allgemeingültige Begriffsklärung für das lebenslange Lernen existiert. Die Europäische Kommission kommt zu dem Schluss, dass die „Definitionen zum großen Teil informell und pragmatisch gehalten und eher maßnahmeorientiert sind, als dass begriffliche Klarheit angestrebt oder juristische Termini zugrunde gelegt würden" (Memorandum, 2000, S. 10). Zudem hat es den Anschein, als sei der Begriff nach seiner Wiederentdeckung in den 90er Jahren (Kap. 2.3.3), „schnell und ohne weiteres Nachfragen als selbstverständlich übernommen" worden (Eurydice, 2000, S. 12). Einen Einblick in die Vielseitigkeit des Begriffs und die Unterschiedlichkeit der Definitionen gibt die Auswahl an Beispielen in Anlage 3. Aufgrund der Uneinheitlichkeit der Begriffsbestimmungen soll die folgende Arbeitsdefinition als Basis für die weitere Betrachtung dienen:

Das lebenslange Lernen stellt einen vom Kindes- bis zum Erwachsenenalter während kontinuierlichen Lernprozess aus persönlichen, sozialen und beruflichen Gründen dar, von dem jeder jetzt oder in Zukunft erwerbstätige europäische Bürger erfasst wird und, je nach Alter, einen auf die Erwerbstätigkeit vorbereitenden bzw. erhaltenden Zweck dient und dazu sämtliche Lernebenen innerhalb oder außerhalb der Bildungssysteme (d.h. formales, nicht-formales und informelles Lernen) einbezieht.

Lebenslanges Lernen stellt eine Querschnittsaufgabe dar, die nach Auffassung der Europäischen Kommission innerhalb der europäischen Bildungspolitik höchste Priorität genießt (Mitteilung, 2000, S. 25; vgl. Kap. 3.5.1.2). Um die steigende Bedeutung lebenslanges Lernen innerhalb der europäischen Bildungspolitik nachvollziehen zu können, dient die folgende Beschreibung des Entwicklungsverlaufs.

2.3.2 Die Initiatoren der 70er Jahre

Die Idee des lebenslangen Lernens wird zeitgleich mit den bildungspolitischen Überlegungen der 60er und 70er (Kap. 2.1) Jahre geboren. Zu dieser Zeit zeichnet sich ab, dass die Bildungsanstrengungen, die sich bis dato auf die Schule und Ausbildung beschränken, nicht ausreichen. Mit lebenslangem Lernen befassen sich vor allem der Europarat, die UNESCO und die OECD, über die Anlage 4 informiert.

Obwohl sich die erwähnten Organisationen allgemein mit Bildungsfragen befassen, verfolgt jede spezifische Ansatzpunkte und Interessen. Welche dies sind, wird nachfolgend gezeigt.

2.3.2.1 Die Arbeiten des Europarats

Der Europarat (Anlage 4.1) veröffentlicht 1970 die Abhandlung „permanent education" (Europarat, 1970), in der er sich mit dem Thema lebenslanges Lernen konzeptionell auseinandersetzt. Sein in 1971 folgendes Werk „Permanent Education" (Europarat, 1971) „Fundamentals for an Integrated Educational Policy" fasst seine Ergebnisse aus den 60er und 70er Jahren zusammen. Darin betont der Europarat bereits, dass die „Individuen, die selbstverantwortlich ihren Lernprozess gestalten sollen, im Mittelpunkt des Bildungssystems stehen" (Europarat, 1971, S. 13). Seine Veröffentlichung aus dem Jahre 1971 dient als Basis für fünfzehn weitere, im Auftrag des Europarats durchführte Studien und Gutachten (Kraus, 2001, S. 59).

Insgesamt überträgt der Europarat die Eigenverantwortung für die Bildung auf den Einzelnen. Dabei stellt er jedoch die Persönlichkeitsentfaltung des Lernenden in den Vordergrund.

2.3.2.2 Die Arbeiten der OECD

Seit ihrer Gründung 1961 beschäftigt sich die OECD (Anlage 4.2) intensiv mit bildungspolitischen Fragen (Schütze, 1995, S. 2). Allerdings steht sie der Bildung ambivalent gegenüber. Aus ihrer Sicht besitzt Bildung auf der einen Seite einen funktionalen Wert, da sie das Wirtschaftswachstum fördert. Damit unterliegt sie einem ökonomischen Zweck. Auf der anderen Seite vertritt die OECD die Auffassung, dass Bildung zweckfrei sein muss, um zum allgemeinen Wohlstand beitragen zu können. Damit darf sie keinen Zielsetzungen – also auch keinen ökonomischen – unterliegen (Papadopoulos, 1996, S. 14). In ihrem im Jahre 1973 publizierten Dokument „Recurrent Education. A Strategy for Lifelong Learning" plädiert die OECD dafür, jedem Bürger ein Leben lang freien Zugang zu Bildungsangeboten zu gewähren. Die Publikation löst grundlegende Diskussionen über das lebenslange Lernen aus, die Papadopoulos (1996, S. 131–140) näher beschreibt.

Die OECD verfolgt mit dem Konzept des lebenslangen Lernens zwar grundsätzlich ökonomische Ziele. Jedoch soll dies – und hier stimmt sie mit dem Europarat überein – nur erreicht werden, solange die freie Entfaltung des einzelnen Bürgers gewahrt bleibt. Dies macht deutlich, wie die OECD ihre ökonomischen und humanitären Vorstellungen in ihrer Arbeit vereint.

2.3.2.3 Die Arbeiten der UNESCO

1971 erteilt die UNESCO einem unabhängigen internationalen Gremium unter
dem Vorsitz des ehemaligen französischen Premier- und Bildungsministers Edgar
Faure den Auftrag, eine „kritische Bilanz der Bildungssituation weltweit zu ziehen
und politische Leitlinien und Prioritäten für eine Strukturreform zu finden" (Nacke
& Dohmen, 1996, S. 156). Die Ergebnisse werden in dem sogenannten „Faure-Bericht" in der Abhandlung „Learning to be. The world of education today and tomorrow" bzw. in der deutschen Fassung „Wie wir leben" veröffentlicht (Faure-Bericht,
1972; 1973). Darin verbindet sich mit Lernen erstmals die Idee eines Prozesses,
der ein Leben lang währt. Damit rückt das lebenslange Lernen als fundamentaler
Ansatz in das öffentliche Interesse (Gerlach, 2000, S. 83). Die Gedanken münden
in einer Bildungskonzeption, in der alle Formen des Lernens (formal, nicht-formal, informell) miteinander verknüpft werden (Gerlach, 2000, S. 15). Angemerkt
sei, dass sich Gerlach (2000, S. 26–57) sowie Kraus (2001, S. 74–81) ausführlich
mit den inhaltlichen Aussagen des Faure-Berichts befassen. Vier Jahre nach dessen
Veröffentlichung gibt die UNESCO eine Empfehlung zum lebenslangen Lernen
ab, die sich speziell auf die Erwachsenenbildung/Weiterbildung bezieht. Obwohl
sich die Empfehlung auf diesen Teilaspekt des lebenslangen Lernens beschränkt,
gilt sie als das bedeutendste Dokument der UNESCO zum lebenslangen Lernen
(Knoll, 1996, S. 134). Da er der Bildungsdiskussion über lebenslanges Lernen
wichtige Impulse verleiht, wird der Faure-Bericht allgemein als das bedeutendste
UNESCO-Dokument zu diesem Thema betrachtet (Kallen, 1996, S. 20; Gerlach,
2000, S. 14).

Grundsätzlich befasst sich die UNESCO mit ähnlichen Aufgaben wie der Europarat (Kraus, 2001, S. 15; Anlagen 4.1 und 4.3). Ebenso wie dieser stellt sie die
Persönlichkeitsentfaltung des Einzelnen ins Zentrum des Interesses. Jedoch verfolgt die UNSECO stärker als der Europarat das Ziel, mit lebenslangem Lernen
die Zusammenarbeit zu stärken (Anlage 4.3). Im Gegensatz zur OECD unterliegt
ihr Interesse am lebenslangen Lernen damit weniger ökonomischen Zwecken. So
kann die UNESCO maßgeblich zur bildungspolitischen Zusammenarbeit in Europa
beitragen.

2.3.3   Die Konkretisierung in den 90er Jahren

Die 90er Jahre sind geprägt von einem verstärkten Interesse am lebenslangen Lernen in Europa. Dies spiegelt sich in den beginnenden Aktivitäten der Europäischen
Kommission sowie der Renaissance des Themas nach beinahe 25 Jahren Unterbre-
chung in einer neuerlichen Tätigkeit des Europarats, der OECD und der UNESCO
wider. Diese Entwicklungen führen zu einer Konkretisierung des Konzepts.

2.3.3.1 Die Beiträge der Europäischen Kommission und des Europäischen Rats

Die Europäische Kommission befasst sich mit lebenslangem Lernen erstmals in den 90er Jahren. Hier wird ihre Arbeit insbesondere von zwei Weißbüchern markiert. Das erste Weißbuch aus dem Jahre 1993, das unter dem Namen „White Paper on growth, competitiveness, and employment: The challenges and ways forward into the 21st century" wird, behandelt das Thema ausschließlich aus der wettbewerbspolitischen bzw. makroökonomischen Perspektive. Da Europa insbesondere hinter dem amerikanischen Wirtschafts- und Beschäftigungswachstum zurückbleibt, müssen in Europa mehr Wachstum, Wettbewerb und Beschäftigung erreicht werden. Das zweite Weißbuch „Lehren und Lernen. Auf dem Weg zur kognitiven Gesellschaft" aus dem Jahre 1995 stellt die arbeitsmarktpolitische Bedeutung der Bildung heraus. Lebenslanges Lernen wird als „wirksames Mittel zur Bewältigung des Beschäftigungsproblems" bei einer hohen Arbeitslosigkeit gesehen (Weißbuch, 1995, S. 5). Nach Auffassung der Europäischen Kommission werde die „kognitive Beziehung", d.h. „die Einstufung jedes Einzelnen nach seinem Wissen und seiner Kompetenz" die Struktur der europäischen Gesellschaften künftig stärker prägen (Weißbuch, 1995, S. 7). Bildung stelle einen wesentlichen Faktor bei der Schaffung von „Identität, Zugehörigkeit, sozialem Aufstieg und persönlicher Entwicklung" dar. Durch die „in institutionellen Bildungssystemen, im Unternehmen oder im informellen Rahmen erworbene allgemeine und berufliche Bildung gestaltet der Einzelne seine Zukunft und sichert seine Entfaltung" (Weißbuch, 1995, S. 6). Das zweite Weißbuch der Europäischen Kommission wird für das lebenslange Lernen zum bildungspolitischen Hauptbezugspunkt in Europa (Eurydice, 2000, S. 11). Es hat eine besondere Wirkung, da es die Diskussionen über die praktische Umsetzung des Konzepts verstärkt und eine breite Öffentlichkeit erreicht.

Darüber hinaus bekundet die Europäische Kommission ihr Interesse am lebenslangen Lernen und erklärt das Jahr 1996 zum „Europäischen Jahr des lebenslangen Lernens" (Beschluss zum Europäischen Jahr, 1995). Gezielte Aktionen mit unterschiedlichen Themen sollen dem europäischen Bürger lebenslanges Lernen näher bringen. Dazu zählen nach Artikel 2 des Beschlusses u.a. die Bedeutung einer hochwertigen Allgemeinbildung, die Förderung einer beruflichen Qualifikation für alle Jugendlichen, die Motivierung der Bürger zur Teilnahme an allgemein- und berufsbildenden Maßnahmen, die Förderung einer besseren Zusammenarbeit zwischen den Einrichtungen der allgemeinen und beruflichen Bildung mit der Wirtschaft sowie die Förderung der europäischen Dimension der Allgemeinbildung und der beruflichen Erst- und Weiterbildung (Beschluss zum Europäischen Jahr, 1995). Zusätzlich finden allgemeine und themenbezogene Veranstaltungen sowie Studien und Umfragen statt. Die Bandbreite der durchgeführten Einzelaktionen macht den Umfang lebenslangen Lernens deutlich, der trotz seiner Fülle nicht ausreicht, lebenslanges Lernen in seiner Gesamtheit zu erfasse. Im Europäischen Jahr des lebenslangen Lernens 1996 werden von insgesamt etwa 4.000 eingereichten Anträgen ca. 550 Projekte mit insgesamt 8 Mio. ECU gefördert (Krug, 1997, S. 52).

Neben der Europäischen Kommission erkennt der Europäische Rat einen verstärkten Einfluss einer sich kontinuierlich weiterentwickelnden Informationsgesellschaft. Da einmal erlangtes Wissen schneller veraltet, bedarf es einer ständigen Ergänzung und Aktualisierung. Aus diesem Grund sieht sich der Europäische Rat veranlasst, Schlussfolgerungen über eine „Strategie für lebensbegleitendes Lernen" zu formulieren. Ihr Wortlaut kann unter Strategie (1996) eingesehen werden.

2.3.3.2 Der Beitrag des Europarats

Wird die Arbeit des Europarats zum lebenslangen Lernen in den letzten vier Jahrzehnten beurteilt, kann mit Kraus (2001, S. 59) festgestellt werden, dass seine maßgeblichen Beiträge aus den 70er Jahren stammen. Die frühen Ideen des Europarats haben wesentlich zur Entwicklung des Konzepts in Europa beigetragen. Insbesondere die in Kap. 2.3.3.2 beschriebenen Veröffentlichungen aus 1970 und 1971 sind für seine bildungspolitischen Aktivitäten in der Folgezeit grundlegend. So initiiert der Europarat am 10./11. Oktober 1997 in Straßburg das Projekt „Education for Democratic Citizenship" (EDC). Im Rahmen des EDC wird der Frage nachgegangen, welche Werte und Fähigkeiten einen Menschen zum aktiven, demokratischen Bürger werden lassen, der bereit ist, seine erworbenen Fähigkeiten an andere Mitbürger weiterzugeben (Europarat, 2005a). Die Erziehung zu einem demokratischen Bürger soll sich dabei auf alle bestehenden Lernformen (formal, nicht-formal, informell) sowie auf mehrere Lebensphasen eines Menschen erstrecken (Bîrzéa, 2000, S. 15). Da der Lernprozess im EDC ein Leben lang andauert, erhält lebenslanges Lernen einen hohen Stellenwert (Europarat, 2005b).

2.3.3.3 Der Beitrag der OECD

Nach ihrer Veröffentlichung zum lebenslangen Lernen im Jahre 1973 (Kap. 2.3.2.2) hat sich die OECD lange Zeit nicht öffentlich zu diesem Thema geäußert. Für manche Beobachter daher überraschend, profiliert sie sich 1996 als Wortführerin bei der Entwicklung einer umfassenden Politik zum lebenslangen Lernen (Dohmen, 1997, S. 13). Das vierte Treffen des OECD Bildungsausschusses auf Ministerebene findet unter dem Motto „Making Lifelong Learning a Reality for All" statt (Gerlach, 2000, S. 102). Die Beratungen der OECD erhalten einen besonderen Akzent, da sie jeden Bürger in das Konzept einbeziehen. Diese Idee greift die OECD in ihrer Veröffentlichung „Lifelong Learning for All" auf und formuliert die folgenden Ziele:

36

Die Fortentwicklung eines jeden Bürgers während und außerhalb der Arbeitszeit, die Förderung von Produktivität, Wirtschaftswachstum und eines sozialen Lebens innerhalb der Gemeinschaft sowie die Stärkung des sozialen Zusammenhalts und der demokratischen Werte (OECD, 1996, S. 15). In ihrem Dokument setzt sich die OECD mit lebenslangem Lernen wissenschaftlich fundiert auseinander (OECD, 1996, S. 123–161 und S. 163–185). Erwähnt sei, dass die Ergebnisse Gerlach (2000, S. 102–114) und Kraus (2001, S. 98–15) beschreiben.

2.3.3.4 Der Beitrag der UNESCO

Beinahe 25 Jahre nach Veröffentlichung des Faure-Berichts (Kap. 2.3.2.3) beauftragt die UNESCO ein internationales Gremium mit der Erstellung eines Bildungsberichts. Die Ergebnisse erscheinen 1996 in der englischen Sprache. Die Veröffentlichung der deutschsprachigen Fassung von 1997 „Lernfähigkeit. Unser verborgener Reichtum" wird dem damaligen Kommissionsvorsitzenden Jacques Delors nach, als „Delors-Bericht" bekannt (Delors Bericht, 1996; 1997). Der Delors-Bericht stellt lebenslanges Lernen als eine wesentliche Antriebskraft der künftigen modernen Gesellschaften heraus. Als „Kontinuum des Lernens" entfaltet es sich im Verlauf des eigenen Lebens und werde von der gesamten Gesellschaft einbezogen (Delors-Bericht, 1997, S. 85–98). Der Delors-Bericht weckt insgesamt großes Interesse. Er wird in mehr als 40 Sprachen übersetzt und auf zahlreichen Konferenzen diskutiert (Eurydice, 2000, S. 10). Wie der Faure-Bericht, fokussiert der Delors-Bericht auf eine vielseitige Entwicklung des Menschen im Sinne seiner Persönlichkeitsentfaltung. Beschäftigungspolitische Aspekte werden lediglich sekundär behandelt. Es wird herausgestellt, dass der Fortschritt der Menschheit weniger vom Wirtschaftswachstum abhängen wird als von den Fähigkeiten der Menschen. Das Wachstum der Kompetenzen wird die Menschen befähigen, die künftige wirtschaftliche Entwicklung rational steuern zu können (Dohmen, 1997, S. 12). Dies führt dazu, dass lebenslanges Lernen verstärkt als eine globale Herausforderung betrachtet werden muss, denen sich die nationalen Bildungssysteme zu stellen haben.

2.3.4 Bewertung

Die Darstellung des chronologischen Verlaufs macht deutlich, dass die Wurzeln lebenslangen Lernens, vor allem durch die Dokumente des Europarats, der OECD und der UNESCO, bis in die 70er Jahre zurückverfolgt werden können. Hier steht insbesondere die Entwicklung eines Konzepts im Vordergrund, bei dem die Persönlichkeitsentfaltung des Bürgers im Vordergrund steht. Ca. 25 Jahre später kristallisieren sich Mitte der 90er Jahre wirtschaftliche bzw. beschäftigungspolitische Motive als Triebkräfte der thematischen Betrachtung des Konzepts heraus. Obwohl

die 70er Jahre nach Meinung von Alheit & Dausien (2002, S. 569) „allenfalls be-
scheidene bildungspolitische Initiativen auf der Ebene der nationalen Regierungen"
ausgelöst haben, darf ihre Bedeutung nicht unterschätzt werden. Es kann vielmehr
Krug (2002, S. 33) zugestimmt werden, der betont, dass erst die Arbeit der internationalen Organisationen in den 70er das Interesse am lebenslangen Lernen geweckt
haben. Dies gilt sowohl für die Entwicklung des Konzepts als auch – wie die Lissabon-Strategie beweist (Kap. 3) – für die aktuelle europäische Bildungspolitik. Die
ersten Veröffentlichungen aus den 70er Jahren basieren zum Teil auf mehr als zehn
Jahre gesammelte Erkenntnisse der internationalen Organisationen. Sie haben eine
verstärkte Diskussion über das lebenslange Lernen entfacht und das Konzept durch
eigene Ideen nachhaltig geprägt. Damit zeigt die Darstellung insgesamt, dass die
internationalen Organisationen einen Grundstein für die Popularität des Konzepts
in den 70er Jahren, aber auch für dessen Fortentwicklung in den 90er Jahren gelegt
haben. Es fällt auf, dass die frühen Vorstellungen des Europarats heute aktueller
denn je sind. So wird seine 1971 formulierte Idee, den Menschen in das Zentrum
des Bildungswesens zu stellen, beinahe 30 Jahre später auf dem Gipfel in Lissabon (Kap. 3.2.2) aufgegriffen. Hier bezeichnet der Europäische Rat den einzelnen
Menschen als das „wichtigste Gut" (Lissabon-Gipfel, 2000, Ziffer 24).

Es wird in Zukunft darauf ankommen, den Wunsch des einzelnen Bürgers, wie
in These 3 (Kap. 1) angenommen, nach Teilnahme an den Aktivitäten des lebenslangen Lernens zu fördern. Ob die Bildungspolitik dies sichergestellt, wird
nachfolgend untersucht.

3 Das lebenslange Lernen als Kernbereich der Lissabon-Strategie

Zweck des Kapitels ist die Betrachtung der Lissabon-Strategie. Dazu richtet sich der Blick zunächst auf ihre Entstehung (Kap. 3.1). Sodann werden die Lissabon-Ziele beleuchtet (Kap. 3.2). Es schließt sich eine Darstellung der Offenen Methode der Koordinierung (Kap. 3.3), der Erläuterung des Status quo der Realisierung (Kap. 3.4), eine Untersuchung der gemeinschaftlichen Initiativen nach dem Lissabon-Gipfel sowie ein vorläufiges Fazit (Kap. 3.5) an.

3.1 Die Entstehung der Lissabon-Strategie

In diesem Kapitel steht die Frage nach dem Grund für die Formulierung der Lissabon-Strategie im Raum. Dazu werden das wirtschaftliche Umfeld zur Zeit ihrer Entstehung (Kap. 3.1.1) und die Herausforderungen (Kap. 3.1.2) im Jahr 2000 betrachtet. Das Kapitel schließt mit einer Bewertung ab (Kap. 3.1.3).

3.1.1 Die Ausgangssituation

Als sich die Staats- und Regierungschefs der EU-Mitgliedstaaten zum Lissabon-Gipfel in 2000 versammeln, scheint die europäische Wirtschaft am Anfang eines goldenen Zeitalters zu stehen. Es herrscht eine Phase der Euphorie, die aus einem lang anhaltenden Konjunkturaufschwung und den höchsten Wachstumsraten seit nahezu einem Jahrzehnt rührt und u.a. von dem „Boom" der sog. „New Economy" angetrieben wird (Murray & Wanlin, 2005). Zudem geht die Arbeitslosigkeit zurück. Europa hat mit der Wirtschafts- und Währungsunion begonnen, einem ökonomisch welthistorischen Experiment. Trotz aller wirtschaftlichen Erfolge blicken die europäischen Regierungen in die USA, deren Wirtschaftsleistung die heimische bei weitem übertrifft. Zudem ist ein von Asien ausgehender wachsender Wettbewerbsdruck festzustellen (Die Bundesregierung, 2004, S. 9). Es herrscht die Überzeugung, dass Europa amerikanische Produktivitätszuwächse erleben könne. Daher werden traditionelle politische Differenzen beiseite geschoben und ein langfristig ausgerichtetes wirtschaftliches Reformprogramm auf die Agenda gesetzt (Murray, 2003, S. 1). Die Rahmenbedingungen scheinen günstig, da die „besten makroökonomischen Perspektiven seit einer ganzen Generation" herrschen (Lissabon-Gipfel, 2000, Ziffer 3). Dabei wird die EU mit den im Folgenden beschriebenen Herausforderungen konfrontiert.

3.1.2   Die Herausforderungen

Das günstige wirtschaftliche Umfeld in Europa birgt Chancen und Risiken. Die Staats- und Regierungschefs identifizieren die folgenden zwei Herausforderungen (Lissabon-Gipfel, 2000, Ziffern 1 und 2). Dies sind:

(1) Der „Quantensprung", der aus der Globalisierung und den Herausforderungen einer neuen wissensbasierten Wirtschaft resultiert und sich auf „jeden Aspekt des Alltagslebens der Menschen" auswirkt,
(2) die „raschen und immer schneller eintretenden Veränderungen" (in der Arbeitswelt aufgrund des aktuellen wirtschaftlichen, technologischen und arbeitsorganisatorischen Strukturwandels, Anm. d. Verf.), die ein schnelles Handeln der EU zur Nutzung der daraus resultierenden Chancen erforderlich machen.

Um sich diesen aktuellen Herausforderungen stellen zu können, wird eine tiefgreifende Umgestaltung der europäischen Wirtschaftssysteme notwendig. Diese soll im Einklang mit den Wertvorstellungen, dem Gesellschaftsmodell sowie der zum 1. Mai 2004 geplanten Osterweiterung stehen. Es herrscht Einigkeit darüber, dass ein klares, strategisches Ziel formuliert werden muss, das Wissensinfrastrukturen aufbaut, Innovationen und Wirtschaftsreformen fördert und eine Modernisierung der Sozialschutz- und Bildungssysteme sicherstellt (Lissabon-Gipfel, 2000, Ziffern 1 und 2).

3.1.3   Bewertung

Wie die Darstellung zeigt, bietet die wirtschaftliche Situation, in der sich Europa zur Zeit der Entstehung der Lissabon-Strategie befindet, ein für gemeinsame europäische Vorhaben äußerst günstiges Umfeld. In allen Mitgliedstaaten herrscht eine euphorische Stimmung, die den gemeinsamen Willen bekräftigt, durch ein vereintes strategisches Vorgehen auf dem bisherigen Erfolg aufzubauen und weitere wirtschaftliche Höhen zu erklimmen. Zudem ist deutlich geworden, dass die Lissabon-Strategie die Folge eines Entwicklungsprozesses ist, bei dem die Globalisierung und die ständigen Veränderungen in der Arbeitswelt im Mittelpunkt stehen. Die folgenden Lissabon-Ziele stellen die Antwort der EU dar, mit der sie auf die beschriebenen Herausforderungen reagiert.

3.2   **Die Lissabon-Ziele**

Im vorliegenden Kapitel wird zunächst das strategische Ziel vorgestellt (Kap. 3.2.1). Es folgt eine Präsentation der Bildungsziele (Kap. 3.2.2). Die Bedeutung des lebenslangen Lernens für die Lissabon-Strategie wird anschließend beschrieben (Kap. 3.2.3). Das Kapitel schließt mit einer Bewertung (Kap. 3.2.4).

3.2.1 Das strategische Ziel

Am 22./23. März 2000 findet eine Sondertagung der Staats- und Regierungschefs der seinerzeit 15 EU-Mitgliedstaaten in Lissabon statt. Als Antwort auf die in Kap. 3.1.2 beschriebenen Herausforderungen setzt der Europäische Rat ein strategisches Ziel, das bis zum Jahre 2010 verwirklicht werden soll (Lissabon-Gipfel, 2000, Ziffer 5)

„das Ziel, die Union zum wettbewerbsfähigsten und dynamischsten wissensbasierten Wirtschaftsraum in der Welt zu machen – einem Wirtschaftsraum, der fähig ist, ein dauerhaftes Wirtschaftswachstum mit mehr und besseren Arbeitsplätzen und einem größeren sozialen Zusammenhalt zu erzielen."

Es fällt auf, dass die Ziele denen gleichen, die die Europäische Kommission 1993 in ihrem ersten Weißbuch aufzeigt (Kap. 2.3.3.1). Auch in 2000 bleibt Europa hinter dem Wirtschafts- und Beschäftigungswachstum der USA zurück. Daher muss es darum gehen, mehr Wachstum, Wettbewerb und Beschäftigung zu erreichen. Ihre Pfeiler, Wirtschaftswachstum/Wettbewerbsfähigkeit und sozialer Zusammenhalt, werden auf der Tagung in Stockholm am 23./24. März 2001 um den Aspekt der Nachhaltigkeit ergänzt (Stockholm-Gipfel, 2001, S. 11). Hier wird beschlossen, die Strategie für nachhaltige Entwicklung im Juni 2001 auf dem Gipfel in Göteburg anzunehmen und in die Lissabon-Strategie mit folgender Intention zu integrieren:

Eine „nachhaltige Entwicklung, also die Erfüllung der Bedürfnisse der derzeitigen Generation, ohne dadurch die Erfüllung der Bedürfnisse der künftigen Generationen zu beeinträchtigen, ist ein grundlegendes Ziel der Verträge." Dazu sind die Wirtschaft-, Sozial- und Umweltpolitik so zu gestalten, dass sie sich gegenseitig verstärken (Stockholm-Gipfel, 2001, Ziffer 20).

Dies zu erreichen, erfordert eine Vielzahl von Maßnahmen mit unterschiedlichen Zielen, die auf dem Gipfel in Lissabon thematisiert werden. Einen Überblick über sämtliche Lissabon-Ziele gibt Anlage 5. Der Umfang der in Anlage 5 aufgeführten Ziele ist aufgrund der Breite der Lissabon-Strategie verständlich. Um die Vielzahl der formulierten Ziele zu systematisieren und beurteilen zu können, werden sie in Anlage 5.1 nach qualitativem und in Anlage 5.2 nach quantitativem Inhalt eingeteilt. Im Folgenden werden die auf dem Lissabon-Gipfel konkret formulierten Bildungsziele vorgestellt.

3.2.2 Die Bildungsziele

Der Europäische Rat erkennt in der Modernisierung der Bildungssysteme ein probates Mittel und formuliert sechs Ziele. Die Schaffung des Europäischen Hochschulraums ist ein weiteres Lissabon-Ziel.

3.2.2.1 Die sechs Ziele der Schlussfolgerungen des Lissabon-Gipfels

Zur Realisierung der Lissabon-Strategie planen die Mitglieds- und Regierungschefs ein Bündel sich gegenseitig beeinflussender Reformen mit einer Vielzahl von Zielen (Lissabon-Gipfel, 2000, Ziffern 8–34). Der einzelne Bürger steht als „das wichtigste Gut" im Zentrum der Lissabon-Strategie (Lissabon-Gipfel, 2000, Ziffer 24). Er soll befähigt werden, mit den immer rascher eintretenden Veränderungen im Arbeitsleben Schritt halten zu können. Für den Bildungsbereich gelten insbesondere die folgenden sechs Ziele, die bis spätestens 2010 erreicht werden sollen (Lissabon-Gipfel, 2000, Ziffer 26):

1) erhebliche Erhöhung der Pro-Kopf-Investitionen in die Humanressourcen pro Jahr,
2) die Zahl der 18- bis 24-Jährigen, die die Sekundarstufe-I nicht abgeschlossen haben und weder ein Studium noch eine Ausbildung absolvieren, bis zum Jahr 2010 um die Hälfte zu verringern,
3) Schulen und Ausbildungszentren einen Internet-Zugang zu verschaffen und dafür Sorge zu tragen, dass sie sich schrittweise zu lokalen, für allen zugängliche Mehrzweckzentren entwickeln,
4) Festlegung von Grundkompetenzen für lebenslanges Lernen,
5) bis Ende 2000 die Mittel festlegen, die die Mobilität von Studenten, Lehrern, Ausbildern und Forschern unter optimaler Nutzung bestehender Gemeinschaftsprogramme (LEONARDO DA VINCI, SOKRATES, JUGEND aus Anlage 1.5; Anm. d. Verf.) fördern sowie Hindernisse beseitigen und eine größere Transparenz bei der Anerkennung von Abschlüssen sowie Studien- und Ausbildungszeiten gewährleisten und Maßnahmen zu ergreifen, um die Hindernisse, die der Mobilität von Lehrern entgegenstehen, bis 2002 abzubauen und die Mobilität für qualifizierte Lehrer interessant zu machen;
6) einen einheitlichen europäischen Standardlebenslauf zu konzipieren, der auf freiwilliger Basis zur Förderung der Mobilität beiträgt und u.a. Arbeitgebern bei der Beurteilung der erworbenen Kenntnisse hilft.

3.2.2.2 Die Förderung des europäischen Hochschulraums

Das Bemühen um eine verstärkte europäische Zusammenarbeit im Bildungssektor erhält mit der Unterzeichnung der Bologna-Erklärung im Jahre 1999 eine neue Dynamik. Mit dem Begriff „Bologna-Prozess" wird das Ziel assoziiert, bis zum Jahr 2010 einen europäischen Hochschulraum zu verwirklichen (Berggreen-Merkel, 2004, S. 461). Die Schaffung eines europäischen Hochschulraums wird angestrebt, um durch den stärkeren Zusammenschluss das vorhandene Wissenspotenzial optimal nutzen zu können. Es sei erwähnt, dass Abb. 3 in Kap. 3.5.1.4 die Stellung des Hochschulraums im europäischen Wissensraum verdeutlicht. Die europäischen Hochschulen sollen sich in einem internationalen Wettbewerb um „die besten Köpfe" bewähren. Obwohl der Bologna-Prozess nicht ausdrücklich als Lissabon-Ziel aufgeführt wird, stellt er in der Lissabon-Strategie einen wichtigen Aspekt dar (Wissenschaftliche Dienste, 2005, S. 1). Dass er in den Lissabon-Prozess eingebunden ist, beweist u.a. die folgende Aussage der Europäischen Kommission in einer Mitteilung aus dem Jahre 2003, in der sie über die Rolle der Universitäten im „Europa des Wissens" wie folgt spricht (Mitteilung, 2003, S. 1–2):

„Die EU braucht also ein intaktes, blühendes Hochschulwesen, und die europäischen Universitäten müssen exzellente Leistungen erbringen: Nur so ist es möglich, die Prozesse, auf die sich die Wissensgesellschaft stützt, zu optimieren und das strategische Ziel zu erreichen, das der Europäische Rat auf seiner Tagung von Lissabon festgelegt hat: (…) Auf seiner Tagung in Barcelona unterstrich der Europäische Rat diese Forderung nach Exzellenz, indem er festlegte, dass die europäischen Bildungssysteme bis 2010 zu einer ‚weltweiten Qualitätsreferenz' werden sollen."

In einem gemeinsamen Zwischenbericht des Europäischen Rats und der Europäischen Kommission über die weiteren Schritte zur Erreichung der Lissabon-Ziele bemerken diese zudem, dass die Rolle der Hochschulbildung in der Lissabon-Strategie über die mit der Bologna-Erklärung eingeleiteten Reformen hinausgehe (Zwischenbericht, 2004, S. 13). Dabei sei das Hochschulwesen als Teil der beruflichen Bildung (vgl. „Blaizot-Urteil", Kap. 2.1.3.2) für das Erreichen der Lissabon-Ziele elementar. Aufgrund seiner Bedeutung für die Lissabon-Strategie soll der Bologna-Prozess daher dargestellt werden.

Der Bologna-Prozess findet seinen Ursprung in der sogenannten „Sorbonne-Deklaration", bei der sich die Bildungsminister aus Deutschland, Frankreich, Italien und dem Vereinten Königreich am 25. Mai 1998 in Paris das Ziel setzen, die Zusammenarbeit im Hochschulbereich zu verbessern (BMBF, 2005b). Ihr Wortlaut kann unter Sorbonne-Erklärung (1998) eingesehen werden. Dieser Initiative schließen sich weitere Staaten an. Am 19. Juni 1999 kommt es zur Unterzeichnung der sogenannten „Bologna-Erklärung" durch 29 europäische Staaten. Ihr Wortlaut kann unter Bologna-Erklärung (1999) abgerufen werden. Die Bologna-Erklärung sieht die Schaffung eines europäischen Hochschulraums bis 2010 vor. Die Tatsache, dass zu diesem Zweck gemeinsame Ziele vereinbart werden, macht sie zu einem wesentlichen Element der bildungspolitischen Zusammenarbeit auf dem Weg zu einem wissensbasierten Wirtschaftsraum in Europa (BMBF, 2003; BMBF, 2005b). Als wichtigste Bedingung für die Schaffung eines europäischen Hochschulraums werden die Harmonisierung der Studienarchitektur und der Abbau der vorhandenen Hindernisse bei der akademischen Mobilität identifiziert. Obwohl die Mobilität seit dem Ende der 80er Jahren gestiegen ist, bestehen weiterhin Probleme bei der Kompatibilität zwischen den nationalen Hochschulsystemen Europas. Hier setzt der Bologna-Prozess an, der die Reibungsverluste durch Harmonisierung der Studienarchitektur beseitigen soll (Haug, 2000). In der Bologna-Erklärung postulieren die Bildungsminister die folgenden sechs Ziele (Bologna-Erklärung, 1999, S. 3–4):

1) Die Einführung eines Systems leicht verständlicher und vergleichbarer Abschlüsse, auch die Einführung des Diplomzusatzes (Diploma Supplement),
2) die Einführung eines zweistufigen Systems von Studienabschlüssen mit zwei wesentlichen Hauptzyklen: einen bis zum ersten Abschluss (undergraduate) und einen nach dem ersten Abschluss" (graduate),
3) die Einführung eines Leistungspunktesystems (nach dem ECTS-Modell) zur Förderung der Mobilität von Studenten,
4) die Förderung der Mobilität durch Beseitigung von Hemmnissen,
5) die Förderung der europäischen Zusammenarbeit bei der Qualitätssicherung sowie
6) die Förderung der europäischen Dimension im Hochschulbereich.

Die erzielten Fortschritte mit Blick auf den Bologna-Prozess werden innerhalb einer turnusmäßigen Überprüfung im Abstand von zwei Jahren auf gesonderten Konferenzen bilanziert (Bologna-Erklärung, 1999, S. 4–5). Die erste Folgekonferenz findet mit bereits 33 europäischen Unterzeichnerstaaten am 19. Mai 2001 in Prag statt. An der zweiten nehmen mehr als 40 europäische Staaten teil (BMBF, 2003). Die dritte findet am 19./20. Mai 2005 in Bergen (Norwegen) statt. Über die Ergebnisse und den Inhalt der Folgekonferenzen informiert Anlage 6. Insgesamt wird deutlich, dass lebenslanges Lernen für die Schaffung eines europäischen Hochschulraums wesentlich ist. Für das Erreichen der Lissabon-Ziele ist der Bologna-Prozess von entscheidender Bedeutung.

3.2.3 Das lebenslange Lernen als prioritäres Lissabon-Ziel

Mit der folgenden Aussage belegt die Europäische Kommission den Stellenwert des lebenslangen Lernens für die Realisierung der Lissabon-Strategie:

„Eine wesentliche Komponente dieser Strategie ist lebenslanges Lernen, das nicht nur zur Steigerung von Wettbewerbsfähigkeit und Beschäftigungsfähigkeit beiträgt, sondern auch für die soziale Eingliederung, den Bürgersinn und die persönliche Entwicklung des Einzelnen von Belang ist" (Europäische Kommission, 2005c).

Es soll festgelegt werden, welche neuen Grundfertigkeiten durch das lebenslange Lernen vermittelt werden müssen, um das in Kap. 3.2.2.1 genannte vierte Bildungsziel der Lissabon-Strategie, die Festlegung von Grundkompetenzen für lebenslanges Lernen, zu erreichen. Angesichts der Herausforderungen aus Kap. 3.1.2 wird besonderer Wert auf das Erlernen von Fremdsprachen, die IT-Fertigkeiten, das Vermitteln der technologischen Kultur, den Unternehmergeist und die sozialen Fähigkeiten gelegt (Lissabon-Gipfel, 2000, Ziffer 26). Lebenslanges Lernen als Herzstück der Lissabon-Strategie muss im europäischen Gesellschaftsmodell aufgewertet werden. Es stellt nach Auffassung der Staats- und Regierungschefs einen der vier strategischen „Kernbereiche" (Lissabon-Gipfel, 2000, Ziffer, 29) dar. Europäischer Rat sowie Europäische Kommission werden aufgefordert, zur Realisierung des lebenslangen Lernens beizutragen. Dies soll geschehen durch

„Aufwertung des lebenslangen Lernens als Grundbestandteil des europäischen Gesellschaftsmodells, indem unter anderem Vereinbarungen zwischen den Sozialpartnern über Innovation und lebenslangem Lernen gefördert werden, indem die positive Wechselwirkung von lebenslangem Lernen und Anpassungsfähigkeit durch flexible Arbeitszeiten und den Wechsel von Ausbildung und Beschäftigung nutzbar gemacht wird und indem eine europäische Auszeichnung für besonders progressive Unternehmen eingeführt wird (Lissabon-Gipfel, 2000, Ziffer, 29)."

Zudem soll der Fortschritt der Zielerreichung anhand von zu schaffenden Benchmarks im Rahmen der in Kap. 3.3 beschriebenen Offenen Methode der Koordinierung kontinuierlich überprüft werden.

3.2.4 Bewertung

Nach dem ersten Weißbuch der Europäischen Kommission aus dem Jahr 1993 (Kap. 3.2.1) sind die Schlussfolgerungen des Lissabon-Gipfels das zweite Beispiel eines tatsächlich grundlegenden und richtungsweisenden Textes zu einer allgemeinen Bildungspolitik (Le Magazine, 2001, S. 1). Da hier erstmals in der Geschichte Bildungsfragen als wichtigste Punkte der Agenda behandelt werden, ist der Lissabon-Gipfel in 2000 für die europäische Bildungspolitik von besonderer Bedeutung (Le Magazine, 2000, S. 5). Es wird deutlich, dass die Lissabon-Strategie (Kap. 3.2.1) verstärkte Investitionen in die Bildung der Menschen erfordert. Die Bildung und Ausbildung, das Arbeiten in der Wissensgesellschaft sowie die aktive Beschäftigungspolitik gewinnen an Bedeutung.

Obwohl die Bologna-Erklärung (Kap. 3.2.2.2) als Lissabon-Ziel explizit anerkannt ist, sei auf folgende Besonderheit hingewiesen. Trotz inhaltlicher Übereinstimmung der Ziele ist es grundsätzlich möglich, dass beide Prozesse (sowohl aus der Bologna-Erklärung als auch aus der Lissabon-Strategie resultierend) unterschiedliche Wirkungen entfalten (Seifert, 2004, S. 6). Dies rührt daher, dass die Bologna-Erklärung sowohl von EU-Mitgliedstaaten als auch von Nicht-EU-Mitgliedstaaten unterstützt wird. Im Gegensatz dazu beschränkt sich die Lissabon-Strategie auf die EU-Mitgliedstaaten. Die Konsequenz ist, dass zur Umsetzung der Lissabon-Strategie das Recht nach dem EGV angewandt wird, also hier vor allem die Artikel 149 und 150 EGV (Kap. 2.2). Dies beinhaltet die Möglichkeit, dass nach dem Subsidiaritätsprinzip gemäß Artikel 5 EGV das supranationale Recht vor nationalem Recht angewendet werden könnte. Diese Möglichkeit besteht im Falle des auf völkerrechtlicher Ebene wirkenden Bologna-Prozesses nicht. Hier bedarf es einer Transformation in nationales Recht. Die zu ergreifenden Maßnahmen werden im Bologna-Prozess damit ausnahmslos im Einklang mit dem Willen der Mitgliedstaaten stehen.

Die nähere Betrachtung der qualitativen und quantitativen Ziele aus Anlage 5 macht insgesamt deutlich, dass die Lissabon-Strategie nahezu alle Formen der wirtschaftlichen und sozialen Tätigkeit der EU-Mitgliedstaaten betrifft und in alle Politikbereiche eingreift. Die Fülle an Zielen erweckt den Eindruck, als handele es sich um eine Sammlung bzw. eine Aufzählung von künftigen Absichtserklärungen. Es fällt auf, dass auf dem Lissabon-Gipfel in 2000 überwiegend qualitative Ziele (Anlage 5.1) vorgegeben werden, die der Europäische Rat in der Folgezeit teilweise durch quantitative Vorgaben (Anlage 5.2) ergänzt und konkretisiert. Der Europäische Rat nennt zwar die Ziele, jedoch existieren weder Katalog noch Prioritätenliste, aus denen die Gewichtung der Ziele hervorgeht. So bleibt die Rangfolge der künftigen Handlungsschwerpunkte offen. Auch wird nur in Ausnahmefällen vorgegeben, bis zu welchem Zeitpunkt ein bestimmtes Ziel erreicht sein soll. Da die Wahl der Mittel zur Realisierung der Lissabon-Ziele den Mitgliedstaaten obliegt, können sie frei entscheiden, für welches Ziel zuerst nationale Programme entwickelt werden sollen. Durch welche Methode die EU den Fortschritt der Zielerreichung überprüft, wird nachfolgend beschrieben.

3.3   Die Offene Methode der Koordinierung

Zur Prüfung des jeweils erreichten Entwicklungsstandes der Lissabon-Strategie greift die EU auf die sogenannte „Offene Methode der Koordinierung" zurück, die zunächst allgemein vorgestellt wird (Kap. 3.3.1). Es folgt eine Betrachtung der praktischen Umsetzung (Kap. 3.3.2) sowie eine Bewertung des Verfahrens (Kap. 3.3.3).

3.3.1   Eine Begriffsbestimmung

Vor dem Hintergrund der in Kap. 3.1.2 dargelegten Herausforderungen werden in der EU neue Regierungsformen erprobt, um die europäische Bildungspolitik effektiver zu gestalten (Kaiser & Prange, 2005, S. 162). Für die Lissabon-Strategie steht dabei die Frage im Vordergrund, wie der jeweils erreichte Fortschritt überwacht und bewertet werden kann. Dazu haben sich die Staats- und Regierungschefs auf ein Instrument geeinigt, das als „Offene Methode der Koordinierung" (OMK) Eingang in die Schlussfolgerungen findet (Lissabon-Gipfel, 2000, Ziffer 7). Der Europäische Rat ist für die Leitung und Koordinierung des Verfahrens zuständig. Dazu hält er in jedem Frühjahr eine Tagung über Wirtschafts- und Sozialfragen ab und zeichnet sich verantwortlich für die Umsetzung der Lissabon-Ziele und zugleich für die Initiierung der erforderlichen Maßnahmen in den Mitgliedstaaten. Die Stellung des Europäischen Rats wird dadurch gestärkt. Eine rechtliche Verbindlichkeit bzw. eine konkrete vertragliche Rechtsgrundlage für das Verfahren gibt es nicht (Berggreen-Merkel, 2001, S. 142). Mangels Legaldefinition sei folgende Beschreibung der OMK aus dem Weißbuch der Europäischen Kommission von 2001 angeführt.

„Die ‚offene Koordinierungsmethode' wird fallweise angewandt. Sie fördert die Zusammenarbeit, den Austausch bewährter Verfahren sowie die Vereinbarung gemeinsamer Ziele und Leitlinien von Mitgliedstaaten, die manchmal wie im Falle der Beschäftigung und der sozialen Ausgrenzung durch Aktionspläne von Mitgliedstaaten unterstützt werden. Diese Methode beruht auf einer regelmäßigen Überwachung der bei der Verwirklichung dieser Ziele erreichten Fortschritte und bietet den Mitgliedstaaten die Möglichkeit, ihre Anstrengungen zu vergleichen und aus den Erfahrungen der anderen zu lernen" (Weißbuch, 2001, S. 28).

Es wird deutlich, dass ein Aspekt der Offenheit des Verfahrens in der Auswahl der Instrumente liegt. Es gibt keine eindeutig festgelegte Methode, nach der die Lissabon-Strategie realisiert werden soll. Daher kann die EU auf mehrere Elemente bei der praktischen Umsetzung, wie nachfolgend gezeigt wird, zurückgreifen.

3.3.2 Die praktische Umsetzung

Die OMK soll den Mitgliedstaaten eine Hilfe bei der schrittweisen Entwicklung ihrer eigenen Politiken sein und innerhalb eines Leitlinienprozesses ablaufen. Sie umfasst

1) die Festlegung von gemeinsamen Leitlinien mit einem Zeitplan für die kurz-, mittel- und langfristigen Ziele,
2) die Bestimmung von quantitativen und qualitativen Indikatoren und Benchmarks,
3) die Umsetzung dieser Leitlinien in die nationale und regionale Politik sowie
4) die regelmäßige Überwachung und Bewertung des Prozesses mit dem Ziel des gegenseitigen Lernens (Lissabon-Gipfel, 2000, Ziffer 37).

Die Umsetzung des Verfahrens gestaltet sich wie folgt. Die Europäische Kommission entwickelt Strukturindikatoren, die Auskunft über die Beschäftigungs- und Innovationssituation sowie über die Wirtschaftsreformen und den sozialen Zusammenhalt in Europa geben. Anhand der Strukturindikatoren evaluiert die Europäische Kommission einmal jährlich den jeweils erreichten Stand und fasst ihre Ergebnisse in einem sogenannten „Synthesebericht" (auch „Strategiepapier" bzw. „Frühjahrsbericht", Anm. d. Verf.) zusammen (Lissabon-Gipfel, 2000, Ziffer 36). Der Bericht ist Basis für das darauffolgende Gipfel-Treffen des Europäischen Rats, auf dem er analysiert wird und als Grundlage künftiger Handlungsempfehlungen dient.

Für die Überprüfung der Lissabon-Strategie hat es zunächst 117 Strukturindikatoren mit 28 Hauptzielen und 120 untergeordneten Zielen gegeben. Das daraus resultierende Berichterstattungssystem (Monitoring) der 25 Mitgliedstaaten hat dazu geführt, dass die insgesamt 300 abgefassten Berichte „kaum gelesen" werden (Europäische Kommission, 2005a). Als Vorbereitung für die Frühjahrstagung 2005 des Europäischen Rats (Kap. 3.4.4) ist die Zahl der Strukturindikatoren erstmals auf insgesamt 13 verdichtet worden. Um welche es sich dabei handelt, kann der Übersicht in Anlage 7 entnommen werden.

3.3.3 Bewertung

Angelehnt an den Leitlinienprozess in der Beschäftigungspolitik (Artikel 129 EGV) ist die OMK (Kap. 3.3.1) als eine Zwischenform supranationaler Rechtsetzung und intergouvernementaler Zusammenarbeit konzipiert worden (Giering & Metz, 2004, S. 3). Die von der Europäischen Kommission aufgestellten Strukturindikatoren sowie das Monitoringsystem (Kap. 3.3.2) stellen die Elemente der OMK dar, auf die der Europäische Rat auf seiner Frühjahrstagung 2005 zur Halbzeitbewertung der Lissa-
48

bon-Strategie zurückgreift (Kap. 3.4). Im weiteren Verlauf wird gezeigt, dass die für die Überwachung des Zielfortschritts der Lissabon-Strategie vorhandenen Bewertungskriterien in Form von Benchmarks, Indikatoren etc. weiter verbessert werden müssen. Dies beweist der Appell des Europäischen Rats in seinem Memorandum (Kap. 3.5.1.2) sowie die Handlungsempfehlungen der Sachverständigen (Kap. 3.4.3.2), nach denen die OMK verfeinert bzw. effizienter gestaltet werden soll. Bereits vorhandene Verfahren werden, wie in Kap. 3.5.1.4 gezeigt wird, stetig fortentwickelt.

Insgesamt sind die Grenzen der Zuständigkeiten innerhalb der OMK oftmals nicht eindeutig. Seitdem sie Eingang in die Schlussfolgerung des Lissabon-Gipfels findet und fester Bestandteil der Lissabon-Strategie ist, sind die Kontrollmöglichkeiten der EU auf supranationaler Ebene gestärkt worden. Als problematisch erweist sich oftmals die Frage nach dem Umfang, in dem die Gemeinschaft in die hoheitlichen Rechte der Mitgliedstaaten im Bildungsbereich eingreifen darf. Dies hat eine intensive, zum Teil kritisch geführte Diskussion in der jüngeren Literatur entfacht. Zur Vertiefung des Themas sei auf De la Porte & Pochet (2000); De la Porte (2002a, b); Berggreen-Merkel (2001, S. 142); Linsenmann & Meyer (2002); Armstrong & Kenneth (2003); Bauer & Knöll (2003); Ostheim & Zohlnhöfer (2003); Overdevest (2002); Hill (2002); Régent (2002); Radaelli (2003); Kaiser & Prange (2005) verwiesen.

Zusammenfassend stellt die OMK ein Verfahren dar, das die effiziente und wirksame Durchführung der geplanten Maßnahmen in den Mitgliedstaaten auf europäischer Ebene sicherstellt. Die mangelnde Kompetenz der Gemeinschaft zum Erlass von Harmonisierungsmaßnahmen betreffend Inhalt und Struktur der europäischen Bildungssysteme (Kap. 2.2) kann sicherlich als eine Ursache dafür betrachtet werden, dass die OMK auf dem Lissabon-Gipfel ins Leben gerufen wird.

3.4   Der gegenwärtige Stand der Realisierung

In diesem Kapitel steht die Frage nach dem derzeitigen Stand der Lissabon-Strategie im Vordergrund. Dazu werden die veränderte Wirtschaftslage (Kap. 3.4.1) und der Status quo der 15 Mitgliedstaaten anhand wesentlicher ökonomischer Strukturindikatoren (Kap. 3.4.2) untersucht. Es folgt eine Betrachtung der Ergebnisse des Berichts der hochrangigen Sachverständigengruppe (Kap. 3.4.3) sowie die Halbzeitbewertung von Europäischer Kommission und Europäischem Rat anlässlich des Gipfels im März 2005 (Kap. 3.4.4). Eine Bewertung schließt das Kapitel ab (Kap. 3.4.5).

3.4.1 Die veränderte Wirtschaftslage

Die EU hat sich im März 2000 ehrgeizige Ziele gesteckt. Die zu diesem Zeitpunkt vorherrschende Euphorie ist zwischenzeitlich von einem tiefgreifenden Pessimismus abgelöst worden. Fünf Jahre nach dem Lissabon-Gipfel kann ein Bild gezeichnet werden, das kaum gegensätzlicher sein könnte als zu der in Kap. 3.1.1 beschriebenen Ausgangssituation der Lissabon-Strategie. Die Hoffnungen auf Wachstum durch die New Economy sind durch den Crash an den Weltbörsen zunichte gemacht worden. Dabei währten die Konsequenzen des Platzens der „dot.com" Blase in Europa zudem länger als in den USA (Murray & Wanlin, 2005, S. 1). Es folgen die Terroranschläge des 11. September 2001 in New York und 11. März 2004 in Madrid (sowie am 7. Juli 2005 in London, Anm. d. Verf.) sowie eine Reihe von Bilanzskandalen, der Krieg im Irak und der Anstieg der Ölpreise (Die Bundesregierung, 2004, S. 2). Trotz dieser Ereignisse bestehen Anzeichen zum verhaltenen Optimismus bezüglich der Umsetzung der Lissabon-Strategie (Blanchard, 2004, S. 1). Seit 2000 ist eine Vielzahl von richtungsweisenden Entscheidungen auf den Weg gebracht und ein dichtes Geflecht von Zielvereinbarungen, Leitlinienprozessen und Berichtssystemen in nahezu allen Tätigkeitsbereichen der EU entwickelt worden. Deren gegenwärtige Wirkung wird nachfolgend untersucht.

3.4.2 Der derzeitige Stand der Umsetzung

Neben der Sachverständigengruppe (Kap. 3.4.3) und der Europäischen Kommission sowie dem Europäischen Rat (Kap. 3.4.4) hat sich eine Vielzahl von Untersuchungen mit der Frage des erreichten Stands mit Blick auf die Lissabon-Ziele beschäftigt (u.a. Blanke & Lopez-Claros, 2004; Bailly, 2004; European Growth Task Force, 2004; Pricewaterhouse Coopers, 2004; European Policy Centre, 2004; Caesar, Lammers & Scharrer, 2005). Sie kommen übereinstimmend zu dem Ergebnis, dass die Mehrzahl der EU-Mitgliedstaaten hinter den USA (aber auch Südkorea, Indien, China und Japan) zurückgeblieben ist.

Derzeit liegen die durchschnittlichen Ausgaben für Forschung und Entwicklung (F&E) des Brutto-Inlandsprodukts (BIP) in der EU 1% unter dem 3%-Ziel. Eine Ausnahme bilden Finnland mit 3,4% und Schweden mit 4,3%, die sogar das BIP der USA mit 2,8% übertreffen (Kok-Bericht, 2004, S. 54–56). Die Beschäftigungsquote beweist, dass der Großteil der EU-Mitgliedstaaten die Lissabon-Ziele nicht erreicht. Lediglich einige Länder liegen über dem 70%-Ziel bzw. knapp darunter. Beispielsweise Dänemark mit 75,1%, die Niederlande mit 73,5%, Schweden mit 72,9%, das Vereinigte Königreich mit 71,8% und Österreich mit 69,2%. Beim Vergleich der BIP wird deutlich, dass die seinerzeit 15 Mitgliedstaaten ca. 30% unter dem der USA liegen. Dies gilt jedoch nicht für alle Länder gleichermaßen. Zehn Mitgliedstaaten übertreffen den Durchschnitt der EU-15. Dies sind Luxemburg, Irland, Dänemark, Österreich, die Niederlande, Großbritannien, Belgien, Schweden, Frankreich und Finnland (Kok-Bericht, 2004, S. 54 ff.). Die EU-Erweiterung zum 1. Mai 2004 hat den Abstand auf durchschnittlich 40% steigen lassen, da überwiegend „arme Länder mit einer Gemeinschaft reicher Länder" vereinigt werden (Breuss, 2005b, S. 137). Inwieweit diese Aussage kritiklos übernommen werden darf, wird Gegenstand der Untersuchung des Kap. 4.1.3 sein. Die nachfolgende Tabelle 1 stellt den derzeitigen Stand mit Blick auf die wesentlichen wirtschaftlichen Daten dar. Ergänzend dazu sei auf Anlage 8 verwiesen, die den derzeitigen Stand illustriert.

	Ziele bis 2010	Status quo der EU-15
Wirtschaftswachstum (in %)	3	2000-2005 = 2
BIP pro Kopf	Abstand zu USA verringern	EU = 72% von USA
Wachstum, Arbeitsproduktivität	Abstand zu USA verringern	EU = 0,5%-1% USA = 2%
Beschäftigungsquoten Insgesamt Frauen 15-64 Jahre Altersgruppe 55-64 Jahre	 70% 50% 60%	 64,4% 55,6% 40,1%
Gesamtausgaben für F&E (in % des BIP)	3	2

Tab. 1: Der aktuelle Stand (betrachtet werden die seinerzeit 15 EU-Mitglied-staaten vor der Erweiterung am 1. Mai 2004 im EU-Durchschnitt), Quellen: Eigene Darstellung in Anlehnung an Breuss (2005a, S. 12); Europäische Kommission (2004); Kok-Bericht (2004, S. 56ff.); Anlagen 8.1 – 8.7.

3.4.3 Der Bericht der hochrangigen Sachverständigengruppe

Die Staats- und Regierungschefs beauftragen auf dem Frühjahrsgipfel 2004 eine hochrangige Sachverständigengruppe damit, bis zum 1. November 2004 einen Bericht zu erstellen. Darin sollen Maßnahmen für eine stimmige Strategie aufgezeigt werden, mit denen die Lissabon-Ziele erreicht werden können (Brüssel-Gipfel, 2004, Ziffer 48). Ferner sollen Aussagen zum Status quo der Lissabon-Strategie getroffen werden. Den Vorsitz der Sachverständigengruppe nimmt der ehemalige niederländische Ministerpräsidenten Wim Kok ein. Der sogenannte „Kok-Bericht" dient als Vorbereitung der Halbzeitbewertung des Europäischen Rats im März 2005. Nachfolgend werden das Urteil der Sachverständigen Strategie und die Handlungsempfehlungen erläutert.

3.4.3.1 Das Urteil

Die Sachverständigengruppe stellt heraus, dass die Argumente, die für eine Umsetzung der Lissabon-Strategie sprechen, dringlicher denn je seien. Zum einen habe sich die Wachstumslücke im Vergleich zu Nordamerika und Asien weiter vergrößert. Zum anderen werde Europa mit einer doppelten Herausforderung konfrontiert – einem geringen Bevölkerungswachstum bei gleichzeitiger Überalterung (demographisches Problem). Obwohl seit 2000 beim Übergang zu einer wettbewerbsfähigen Wissensgesellschaft Fortschritte erzielt worden seien, um den Weg zu Wachstum, Arbeitsplatzbeschaffung, sozialem Zusammenhalt und Umweltschutz zu ebnen, kommt der Kok-Bericht (2004) zu einem ernüchternden Ergebnis. Die Umsetzung der Lissabon-Strategie sei bislang „enttäuschend" verlaufen. Die Gruppe führt die folgenden Gründe für eine schleppende Umsetzung der Lissabon-Ziele an:

- Die Entwicklungen und Ereignisse in und außerhalb Europas seit 2000, die sich auf die Wirtschaften der EU-Mitgliedstaaten insgesamt negativ ausgewirkt haben (Kap. 3.4.1),
- die nicht vorhandene Entschlossenheit der EU und der Mitgliedstaaten zu politischem Handeln und dem Mangel, die Umsetzung der erforderlichen Reformen mit Nachdruck voranzutreiben,
- eine defizitäre Koordinierung bei der Umsetzung,
- eine Vielzahl von Zielen, die sich zum Teil widersprechen und deren Prioritäten nicht klar sind (Kap. 3.2.4).

Die Verwirklichung der Lissabon-Strategie sei trotz des vorhandenen Zeitverlusts nicht unrealistisch. Jedoch führte keine Einzelmaßnahme zum Erfolg und es müssten „*alle*" gemeinsam tätig werden (Kok-Bericht, 2004, S. 6, HIO).

3.4.3.2 Die Handlungsempfehlungen der Sachverständigen

Die Sachverständigengruppe hebt fünf Politikbereiche hervor, die für die Realisierung der Lissabon-Strategie von wesentlicher Bedeutung sind (Kok-Bericht, 2004, S. 21–42):

1) Die Verwirklichung der Wissensgesellschaft,
2) die Vollendung des Binnenmarkts und die Förderung des Wettbewerbs, insbesondere mit Blick auf die (Finanz-)Dienstleistungen,
3) die Schaffung eines günstigen Klimas für Wirtschaft und Unternehmen,
4) der Aufbau eines anpassungsfähigen und integrativen Arbeitsmarkts und

5) die Zusammenarbeit der Mitgliedstaaten für eine ökologisch nachhaltige
Zukunft.

Ausführlich gehen die Sachverständigen auf die in Kap. 3.3. beschriebene OMK ein.
Sie unterbreiten die folgenden konkreten Vorschläge (Kok-Bericht, 2004, S. 7):

- Der Europäische Rat soll weiterhin die Führung bei der Umsetzung des Lissabon-Prozesses übernehmen. Dazu ist auf der Frühjahrstagung des Europäischen
Rats in 2005 eine „klare Botschaft" auszusenden.
- Die Mitgliedstaaten haben die Aufgabe, transparente nationale Aktionspläne zu
entwickeln, um sich selbst zu verpflichten und zur Kohärenz und Konsistenz der
Maßnahmen beizutragen. Die nationalen Parlamente, Bürger und Sozialpartner
sind einzubeziehen („Reformpartnerschaften"). Darüber hinaus sollen die Mitgliedstaaten einen nationalen Verantwortlichen für den Lissabon-Prozess benennen.
- Der Europäischen Kommission obliegt die Überwachung des Lissabon-Prozesses. Dazu muss sie regelmäßig über diesen berichten, ihn der Öffentlichkeit
vermitteln und durch eine kohärente Politik unterstützen. Sie hat eine jährliche
Rangfolgentabelle über die Fortschritte mit Blick auf die Strukturindikatoren
(Kap. 3.3.2; Anlage 7) und Ziele (Kap. 3.2, Anlage 5) aufzustellen.
- Das Europäische Parlament soll die Umsetzung der Maßnahmen aktiver unterstützen und kontrollieren. Vorgeschlagen wird die Gründung eines ständigen
Ausschusses zur Lissabon-Strategie (Kok-Bericht, 2004, S. 47).
- Die Europäischen Sozialpartner haben die Verantwortung, aktiv an der Umsetzung
der Lissabon-Strategie mitzuarbeiten (Kok-Bericht, 2004, S. 7).

Die Sachverständigen rufen die Mitgliedstaaten auf, der Europäischen Kommission bis Ende 2005 erste nationale Aktionsprogramme vorzulegen. Die Europäische Kommission erstellt dazu einen Bericht, der Grundlage der Tagung des
Europäischen Rats im Frühjahr 2006 sein wird (Kok-Bericht, 2004, S. 46).

Insgesamt werden im Kok-Bericht zwar Ziele für jeden der aufgeführten Politikbereiche formuliert, jedoch keine Wege aufgezeigt, wie diese erreicht werden können.
Der Kok-Bericht (2004, S. 22–43) nennt zwar wesentliche Sektoren der Wissensgesellschaft (Informationsgesellschaft, Forschung, Bildung – bei der die Förderung
des lebenslangen Lernens für alle gefordert wird – Humankapital). Jedoch bietet er
keine Lösungsvorschläge, wie diese im Sinne der Realisierung der Lissabon-Strategie sinnvoll genutzt werden sollen. Der Kok-Bericht dient als Basis für die folgende
Halbzweitbewertung.

3.4.4 Die Halbzeitbewertung von Europäischer Kommission und Europäischem Rat

Am 28. Januar 2005 befasst sich die Europäische Kommission in einem Beitrag für die Halbzeitbewertung der Lissabon-Strategie vorrangig mit Aspekten der wirtschaftlichen, sozialen und ökologischen Erneuerung (Beitrag der Kommission, 2005). Sie ergänzt ihre Tätigkeit und bewertet den Stand der Lissabon-Strategie zur Halbzeit in einer Mitteilung an den Europäischen Rat (Mitteilung, 2005). Die Arbeiten der Europäischen Kommission dienen gemeinsam mit dem Kok-Bericht (Kap. 3.4.3) als Grundlage für den Gipfel des Europäischen Rats, der zwei Monate später stattfindet.

Insgesamt kommt die Europäische Kommission zu dem Ergebnis, dass die Realisierung der Lissabon-Ziele ohne den Beitrag der Mitgliedstaaten nicht erreicht werden könne. Europa müsse durch eine gesteigerte Produktivität und Beschäftigung wettbewerbsfähiger gemacht werden. Die Schwerpunkte Wachstum und Arbeitsplätze stellen Kommissionspräsident José Manuel Barroso und der Vizepräsident und Kommissar für Industrie- und Unternehmenspolitik Günter Verheugen in der Mitteilung für die Frühjahrstagung des Europäischen Rats am 2. Februar 2005 heraus. Die Europäische Kommission legt einen „erneuerten Lissabon-Aktionsplan" (Mitteilung, 2005, S. 5) mit folgenden drei wesentlichen Zielen vor:

1) Stärkung der Anziehungskraft Europas für Investoren und Arbeitskräfte,
2) Wissen und Innovation für Wachstum,
3) mehr und bessere Arbeitsplätze schaffen (Mitteilung, 2005, S. 5–8).

Die Europäische Kommission empfiehlt dem Europäischen Rat, eine „Partnerschaft für Wachstum und Arbeitsplätze" (Mitteilung, 2005, S. 10) zu gründen. Die Schwerpunkte, die sie identifiziert, macht die folgende Aussage des Kommissionspräsidenten José Manuel Barroso in 2005 deutlich:

Die Europäische Kommission empfiehlt, die Aufgaben und Zuständigkeiten klarer zu verteilen (Mitteilung, 2005, S. 9). Insgesamt plädiert sie für eine Priorisierung der Ziele mit Gewicht auf die Themen Wachstum und Beschäftigung.

Wie bereits erwähnt, findet am 22./23. März 2005 in Brüssel der Gipfel des Europäischen Rats statt, in dessen Zentrum die Halbzeitbewertung der Lissabon-Strategie steht. Der Europäische Rat kommt ebenso wie die Sachverständigengruppe und die Europäische Kommission zu dem Schluss, dass die Bilanz der Lissabon-Strategie „uneinheitlich" sei und es „Schwachstellen und deutliche Rückschläge" gebe (Brüssel-Gipfel, 2005a, S. 1 Ziffer 4). Er weist darauf hin, dass „unverzüglich neue Impulse" zur Belebung der Lissabon-Strategie erforderlich seien. Zudem müssten

54

Abb. 2: Die Neuausrichtung der Lissabon-Strategie
Quelle: Europäische Kommission (2005a)

die Prioritäten künftig auf die zentralen Zielsetzungen „Wachstum und Beschäftigung" gerichtet werden (Brüssel-Gipfel, 2005a, S. 1 Ziffer 5). Auf Basis der Vorschläge von Europäischer Kommission und Sachverständigengruppe beschließen die Staats- und Regierungschefs die notwendigen politischen Schritte. Auf dem Frühjahrsgipfel 2005 werden die Weichen für eine Neuausrichtung der Lissabon-Strategie gestellt, die der Europäische Rat mit den Worten „Neubelebung" der Lissabon-Strategie und „Partnerschaft für Wachstum und Beschäftigung" beschreibt (Brüssel-Gipfel, 2005a, S. 1). Er begründet dies wie folgt:

Europa müsse „die Grundlagen seiner Wettbewerbsfähigkeit erneuern, sein Wachstumspotenzial sowie seine Produktivität erhöhen und den sozialen Zusammenhalt stärken, indem es vor allem auf Wissen, Innovation und Erschließung des Humankapitals setzt" (Brüssel-Gipfel, 2005a, S. 1 Ziffer 5).

Die Staats- und Regierungschefs erkennen im lebenslangen Lernen eine „unerlässliche Bedingung für die Verwirklichung der Lissabonner Ziele" (Brüssel-Gipfel, 2005a, S. 7 Ziffer 34). Die Mitgliedstaaten werden daher aufgefordert, lebenslanges Lernen „zu einem Angebot für alle Menschen in Schulen, Unternehmen und Haushalten" und insbesondere für die Beschäftigten in den kleinen und mittleren Unternehmen zu machen. Daher müssen die Leitlinien der Europäischen Kommission (Leitlinien, 2005) zügig angenommen werden (Brüssel-Gipfel, 2005a, S. 7 Ziffer 34).

Der u.a. von der Sachverständigengruppe ausgesprochenen Empfehlung (Kap. 3.4.3.2) zum Verfahren der OMK (Kap. 3.3) kommt der Europäische Rat nach und nennt konkrete Ansatzpunkte für die künftige Verbesserung der Politikgestaltung. Zur Straffung des Lissabon-Prozesses sieht er die umgehende Einführung eines dreijährigen Zyklus vor (Brüssel-Gipfel, 2005a, S. 8 Ziffer 39). Am Beginn des dreijährigen Zyklus legt die Europäische Kommission dem Europäischen Rat das in Kap. 3.3.2 beschriebene Strategiepapier, mit dem sie anhand der in Anlage 7 dargestellten Strukturindikatoren den jeweiligen Stand des Lissabon-Prozesses bewertet. Der dreijährige Zyklus soll mit Vorschlägen für ein künftig verbessertes Verfahren enden. Über eine mögliche Kurskorrektur entscheidet der Europäische Rat auf Grundlage des Strategiepapiers der Europäischen Kommission, das sie ihm auch zum Abschluss des Zyklus vorlegt (Brüssel-Gipfel, 2005a, S. 9 Ziffer 40). Erwähnt sei, dass die Europäische Kommission für den ersten Dreijahrszyklus 2005 bis 2008 bereits ein Paket integrierter Leitlinien zur Förderung von Wachstum und Beschäftigung in Europa verabschiedet hat. Darin fordert sie ausdrücklich die Steigerung der Investitionen in Humankapital sowie die Etablierung von wirksamen Strategien des lebenslangen Lernens (Leitlinien, 2005, S. 34). Über den dreijährigen Zyklus hinaus wird das jährlich erstellte Strategiepapier der Europäischen Kommission künftig regelmäßig auf den Frühjahrsgipfeln des Europäischen Rats erörtert (Brüssel-Gipfel, 2005a, S. 8 Ziffer 39).

Neben dem dreijährigen Zyklus spricht sich der Europäische Rat für die Einführung eines nationalen Lissabon-Koordinators aus. Er hat die Aufgaben, die innerstaatliche Koordinierung in den Mitgliedstaaten sicherzustellen und auf Probleme bei der Umsetzung der nationalen Reformprogramme hinzuweisen (Brüssel-Gipfel, 2005a, S. 8 Ziffer 39c). Zudem soll das Berichtswesen gebündelt werden und nationale Reporte künftig in einem Dokument erfasst werden. Das erste Dokument dieser Art ist im Herbst 2006 vorzulegen (Brüssel-Gipfel, 2005a, S. 8 Ziffer 39c, d). Im Gegensatz zu der in Kap. 3.3.2 beschriebenen Situation verspricht dies eine Verbesserung des Verfahrens, da es dadurch insgesamt effizienter gestaltet wird.

Insgesamt stellt der Europäische Rat auf seiner Frühjahrstagung 2005 drei wesentliche Pfeiler der Lissabon-Strategie heraus:

1) Die Förderung des Wissens und der Innovation als Triebkräfte eines dauerhaften Wachstums,
2) die Verbesserung der Attraktivität des europäischen Wirtschaftsraums für Investitionen und Arbeit und
3) die Steigerung von Wachstum und Beschäftigung im Dienste des sozialen Zusammenhalts.

3.4.5 Bewertung

Angesichts des ernüchternden Resultats der Halbzeitbilanz könnte der Schluss gezogen werden, dass die Umsetzung der Lissabon-Strategie fehlgeschlagen sei.

Es werden Stimmen laut, die davon sprechen, dass das angekündigte „Reformfeuerwerk" ausgeblieben (Hausmann, 2005), die Umsetzung der Lissabon-Strategie „vorerst" (Handelsblatt, 2004), „offensichtlich" (EuroMemorandum Group, 2004) oder „grandios" (Türk, 2005) gescheitert sei bzw. die Lissabon-Strategie vollständig „ins Leere" laufe (Frankfurter Allgemeine, 2004a).

Trifft dies tatsächlich zu? Es ist richtig, dass die Zeit drängt, den in Lissabon in 2000 initiierten Reformprozess mit Nachdruck voranzutreiben. Dies haben jedoch der Europäische Rat sowie die Europäische Kommission spätestens seit Vorlage des Kok-Berichts (Kap. 3.4.3) erkannt und auf dem Frühjahrsgipfel 2005 zum Ausdruck gebracht. Hier werden erstmals Schwerpunkte gesetzt. Angesichts der Fülle an Zielen und der Breite der Lissabon-Strategie erscheint dies, wie bereits in Kap. 3.2.4 dargelegt, sinnvoll. Die nationalen Aktionsprogramme müssen sich künftig verstärkt der Frage stellen, ob sie geeignet sind, das Wachstum und die Beschäftigung in ihrem Land zu fördern. Dabei rückt der in Göteburg 2001 ausdrücklich als Lissabon-Ziel erklärte Aspekt der Nachhaltigkeit (Kap. 3.2.1) in den Hintergrund. Zum Zeitpunkt des Gipfels ist unklar, in welcher Form dieses Thema künftig behandelt wird. Zur Klärung dieser Frage soll die sogenannte „Erklärung über die Leitprinzipien der nachhaltigen Entwicklung" beitragen, die im Anschluss an den Gipfel entwickelt werden soll (Brüssel-Gipfel, 2005a, S. 10 Ziffer 42). Es fällt zudem auf, dass die Formulierung, der „wettbewerbsfähigste" und „dynamischste" Wirtschaftsraum weltweit werden zu wollen (Kap. 3.2.1) einer moderaten Formulierung gewichen ist.

Die Halbzeitbewertung hat der EU eine Gelegenheit geboten, aus den bisherigen Erfahrungen seit 2000 Lehren zu ziehen. Diese Chance hat sie ergriffen und das künftige Verfahren insgesamt effizienter gestaltet. Mit der Einführung des Dreijahrszyklus kann das Verfahren gestrafft und für die Zukunft strategisch effektiv ausgerichtet werden. Diese Wirkung wird durch die Bündelung des Berichtswesens verstärkt. Ferner erscheint die Einführung eines nationalen Verantwortlichen sinnvoll. Damit können Probleme bei der Umsetzung von Programmen in den Mitgliedstaaten schneller erkannt und behoben werden. Es kann daher festgestellt werden, dass im Frühjahr 2005 wichtige Weichen für die Zukunft der Lissabon-Strategie gelegt werden. Mit ihrer Neuausrichtung sind ihr damit erstmals entscheidende Impulse verliehen worden. Es bleibt abzuwarten, welche Wirkungen die eingeleiteten Maßnahmen haben werden.

Um nachvollziehen zu können, welche Initiativen die Gemeinschaft nach dem Lissabon-Gipfel zum lebenslangen Lernen ergriffen hat, dient die folgende Untersuchung.

3.5   Die Initiativen der EU nach dem Lissabon-Gipfel

Neben den internationalen Organisationen, die sich in der Entstehungszeit mit dem lebenslangen Lernen in Europa (Kap. 2.3) vertieft beschäftigen, entwickeln sich die Europäische Kommission und der Europäische Rat nach dem Lissabon-Gipfel zu entscheidenden Triebkräften. Lebenslanges Lernen wird regelmäßig auf den Gipfel-Treffen des Europäischen Rats thematisiert. Zudem unterstreicht eine Vielzahl in kurzer Zeit veröffentlichter EU-Dokumente die Bedeutung des Themas (Kap. 3.5.1). Ferner befassen sich die internationalen Organisationen weiterhin mit der Materie (Kap. 3.5.2). Ob die ergriffenen Maßnahmen der Umsetzung des lebenslangen Lernens förderlich sind wird abschließend beurteilt (Kap. 3.5.3).

3.5.1   Die bildungspolitischen Aktivitäten der Gemeinschaft

Die Lissabon-Strategie wird durch den Gipfel von Feira vorangetrieben. Ferner leisten die Veröffentlichungen der Europäischen Kommission und des Europäischen Rats zur Realisierung des lebenslangen Lernens ihren Beitrag. Sie sind Motor für die bildungspolitischen Diskussionen zur Umsetzung des Konzepts in den Mitgliedstaaten. Die wesentlichen Dokumente beschreibt das vorliegende Kapitel.

3.5.1.1 Der Europäische Rat von Feira

Kurz nach dem Lissabon-Gipfel, am 19./20. Juni 2000, tagt der Europäische Rat in Feira. Hier werden die Mitgliedstaaten, der Europäische Rat und die Europäische Kommission aufgefordert, effiziente Vorschläge für die praktische Umsetzung der Lissabon-Ziele zu unterbreiten. Sie sollen „im Rahmen ihrer Zuständigkeiten kohärente Strategien und praktische Maßnahmen zur Förderung des lebenslangen Lernens für alle" entwickeln (Feira-Gipfel, 2000, Ziffer 33).

Dieses Ereignis ist relevant, da der Europäische Rat diesen Auftrag zum ersten Mal nach dem Lissabon-Gipfel erteilt und er seine Aufforderung auf den folgenden Gipfeln beständig erneuert. Da er sich dann explizit auf die hier geäußerte Bitte bezieht, erscheint der Hinweis auf den Feira-Gipfel angebracht.

3.5.1.2 Das Memorandum über lebenslanges Lernen

Mit dem „Memorandum über das lebenslange Lernen" (nachfolgend „Memorandum") kommt die Europäische Kommission der auf dem Feira-Gipfel geäußer-
58

ten Bitte um Entwicklung von kohärenten Strategien und praktischen Maßnahmen (Kap. 3.5.1.1) nach (Memorandum, 2000, S. 3). Das Memorandum ist ein am 30. Oktober 2000 veröffentlichtes Arbeitsdokument der Kommissionsdienststellen. Darin wird der Lissabon-Gipfel als „richtungsweisend für die künftige Politik der Europäischen Union" und den Weg „ins Zeitalter des Wissens" beschrieben.

Mit der Veröffentlichung des Memorandums wird das Ziel verfolgt, eine europaweite Diskussion über eine umfassende Strategie zur Implementierung des lebenslangen Lernens auf privater und institutioneller Ebene zu entfachen (Memorandum, 2000, S. 3). Jeder Mensch solle „selbst gewählte, offene Lernwege" einschlagen können (Memorandum, 2000, S. 9). Es werden drei grundlegende Kategorien „zweckmäßiger Lerntätigkeiten" (formales, nicht-formales und informelles Lernen) erläutert. Das individuelle Lernen über die Lebenszeit sowie die „Komplementarität von formalen, nicht-formalen und informellen Lernen" charakterisieren den Begriff „lebensumspannendes ‚Kontinuum' des Lernens" (Memorandum, 2000, S. 9–10). Um dies zu erreichen, bedürfe es einer effektiven Zusammenarbeit auf allen Ebenen der (Aus-)Bildungssysteme.

Das Memorandum plädiert für die Schaffung eines europäischen Hochschulraums im Sinne des Bologna-Prozesses (Kap. 3.2.2.2). Eine Änderung der Hochschulsysteme müsse den freien Zugang zu den Universitäten für breite Kreise sichern. Die Förderung der Mobilität, u.a. durch LEONARDO DA VINCI und SOKRATES (Anlage 1.5) sei bedeutsam (Memorandum, 2000, S. 25). Zur Transparenz von Befähigungsnachweisen könne z.B. das Cedefop (Kap. 2.1.2.2) beitragen (Memorandum, 2000, S. 40). Basierend auf den Erfahrungen des Europäischen Jahres des lebenslangen Lernens 1996 (Kap. 2.3.3.1) werden die folgenden sechs Grundbotschaften identifiziert (Memorandum, 2000, S. 12–23):

1) Neue Basisqualifikationen für alle,
2) höhere Investitionen in die Humanressourcen,
3) Innovationen in den Lehr- und Lernmethoden,
4) Bewertung des Lernens,
5) Umdenken in Berufsberatung und Berufsorientierung,
6) das Lernen den Lernenden räumlich näher bringen.

Die einzelnen Botschaften werden detailliert erörtert, Ziele separat dargelegt und Hinweise gegeben, an welchen Punkten die praktische Umsetzung des lebenslangen Lernens ansetzen muss. Zudem wird die Bedeutung von Zielvorgaben und die Festlegung von geeigneten Benchmarks für eine effektive Durchführung der OMK (Kap. 3.3) herausgestellt (Memorandum, 2000, S. 12–23). Nach Aussage des Memorandums gebe es zwar einige Indikatoren, die in das Verzeichnis der Strukturindikatoren des jährlichen Syntheseberichts aufgenommen worden seien. Es existierten jedoch keine, die dem Anspruch in „der ganzen Tragweite lebenslangen Lernens" genügten (Memorandum, 2000, S. 24). Diese seien jedoch für eine angemessene Überwachung einer „unstreitbar komplexen Realität" notwendig (Memorandum, 2000, S. 42). Der folgende an die Mitgliedstaaten gerichtete Appell unterstreicht den Stellenwert lebenslangen Lernens:

„Lebenslanges Lernen ist nicht mehr bloß ein Aspekt von Bildung und Berufsbildung, vielmehr muss es zum Grundprinzip werden, an dem sich Angebot und Nachfrage in sämtlichen Lernkontexten ausrichten. Im kommenden Jahrzehnt müssen wir diese Vision verwirklichen. Alle in Europa lebenden Menschen – ohne Ausnahme – sollten gleiche Chancen haben, um sich an die Anforderungen des sozialen und wirtschaftlichen Wandels anzupassen und aktiv an der Gestaltung von Europas Zukunft mitzuwirken" (Memorandum, 2000, S. 3).

Von besonderer Bedeutung ist das Memorandum, weil es die Förderung der aktiven Staatsbürgerschaft („acitve citizenship") und die Beschäftigungsfähigkeit als wesentliche Ziele des lebenslangen Lernens ausdrücklich unterstreicht (Memorandum, 2000, S. 6). Hier ist eine deutliche Abkehr der Europäischen Kommission von ihrer Auffassung zu erkennen, die sie in ihrem zweiten Weißbuch vertritt. Darin betrachtet sie lebenslanges Lernen als Teil der Bildung ausschließlich aus einem beschäftigungspolitischen Blickwinkel (Kap. 2.3.3.1).

Seit Veröffentlichung des Memorandums sind „lifelong learning" und „active citizenship" zentrale Begriffe der EU-Bildungspolitik, (Düchs, 2004, S. 91). Ferner wird erneut die Bedeutung von Bildungsprogrammen betont, da vor allem die bildungspolitische Zusammenarbeit für die praktische Umsetzung des lebenslangen Lernens unabdingbar ist (AUE, 2001, S. 90–91). Darüber hinaus stellt das Memorandum die Bedeutung des lebenslangen Lernens heraus, das sie als „Querschnittsaufgabe" hervorhebt (Memorandum, 2000, S. 25). Damit ist lebenslanges Lernen künftig in sämtlichen Aktionen der Gemeinschaft und bei allen politischen Entscheidungen zu beachten. Um es Wirklichkeit werden zu lassen, ruft die Europäische Kommission die Mitgliedstaaten auf, einen „bürgernahen Konsultationsprozess" im Anschluss an das Memorandum einzuleiten, an dem alle „Schlüsselakteure" des lebenslangen Lernens zu beteiligen sind (Memorandum, 2000, S. 27). Die Ergebnisse des Konsultationsprozesses bilden die Basis für die nachfolgende Mitteilung.

3.5.1.3 Die Mitteilung der Europäischen Kommission

Am 21. November 2001 nimmt die Europäische Kommission die Mitteilung „Einen europäischen Raum des lebenslangen Lernens schaffen" (nachfolgend „Mitteilung") an. Damit erfüllt sie ihren Auftrag aus Feira (Kap. 3.5.1.1), praktische Vorschläge zur Umsetzung lebenslangen Lernens zu unterbreiten (Mitteilung, 2001, S. 10). Die Mitteilung leistet damit „einen wichtigen Beitrag zur Verwirklichung des in Lissabon gesetzten strategischen Zieles" (Europäische Kommission, 2001).

Es werden die folgenden sechs „Bausteine" lebenslangen Lernens genannt (Mitteilung, 2001, S. 12–16):

1) Im gesamten Bildungswesen partnerschaftlich arbeiten,
2) Erkenntnisse über die Lernnachfrage sammeln,
3) Angemessene Mittelausstattung,
4) den Zugang zu Bildungsangeboten verbessern,
5) eine Lernkultur schaffen,
6) ein Höchstmaß an Qualität anstreben.

Nach Auffassung der Europäischen Kommission sind dies die Bausteine, die die Mitgliedstaaten benötigen, um die in Feira (Kap. 3.5.1.1) geforderten kohärenten Strategien entwickeln zu können (Mitteilung, 2001, S. 10). Neben den Grundbotschaften werden nach Auswertung der Rückmeldungen aus dem Konsultationsprozess des Memorandums (Kap. 3.5.1.2) sowie der aktuellen EU-Politik die künftigen sechs Aktionsschwerpunkte identifiziert.

1) Bewertung des Lernens,
2) Information, Beratung und Orientierung,
3) Zeit und Geld in Lernen investieren,
4) Lernende und Lernangebote zusammenführen,
5) Grundqualifikationen,
6) Innovative Pädagogik (Mitteilung, 2001, S. 11–15).

Die Aktionsschwerpunkte basieren auf den in Kap. 3.4.1.2 beschriebenen sechs Grundbotschaften des Memorandums. Sie werden in der Mitteilung nunmehr als „Schlüsselbotschaften" bezeichnet (Mitteilung, 2001, S. 4, 15).

Erwähnenswert ist zudem, dass die Europäische Kommission erstmals den Begriff „Wissensgesellschaft" definiert. Eine Wissensgesellschaft ist die „Gesellschaft, deren Prozesse und Verfahren auf der Erzeugung, Verbreitung und Anwendung von Wissen" basiert (Mitteilung, 2001, Anhang II, Glossar, S. 35). Danach handelt es sich bei einer Wissensgesellschaft um keinen Zustand, sondern vielmehr um einen Prozess. Eine Wissensgesellschaft in einem Endzustand kann niemals erreicht werden. Vielmehr impliziert dieser Begriff, einer Gesellschaft zu vermitteln, sich lebensbegleitend neues Allgemein- bzw. Fachwissen durch lebenslanges Lernen anzueignen. Dem lebenslangen Lernen misst die Europäische Kommission daher die höchste Bedeutung bei Realisierung der Lissabon-Strategie zu. Sie bezeichnet es als „Schlüsselelement zur Erreichung des strategischen Ziels von Lissabon" (Mitteilung, 2001, S. 3). Drei Monate nach der Mitteilung wird das Arbeitsprogramm 2010 veröffentlicht.

3.5.1.4 Das Arbeitsprogramm 2010

Am 14. Februar 2002 haben der Europäische Rat und die Europäische Kommission ein „Detailliertes Arbeitsprogramm zur Umsetzung der Ziele der Systeme der allgemeinen und beruflichen Bildung in Europa" (nachfolgend „Arbeitsprogramm") gemeinsam angenommen. Es gibt drei Veröffentlichungen mit identischem Wortlaut:

1) im Februar 2002 durch den Europäischen Rat (Arbeitsprogramm, 2002a),
2) im Juni 2002 im Amtsblatt der Europäischen Gemeinschaften (Arbeitsprogramm, 2002b) sowie
3) in Form einer Broschüre der Europäischen Kommission (Arbeitsprogramm, 2002c), die den europäischen Wissensraum – im Gegensatz zu den beiden vorgenannten Veröffentlichungen – wie folgt veranschaulicht:

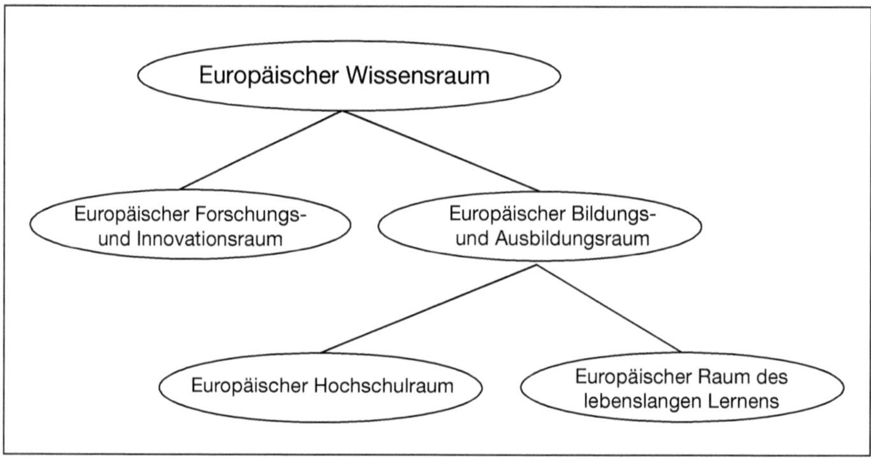

Abb. 3: Der europäische Wissensraum
Quelle: Arbeitsprogramm (2002c, S. 15)

Das Arbeitsprogramm behandelt Bildung und Ausbildung aus dem Blick des lebenslangen Lernens; und zwar von den Grundfertigkeiten bis zur Berufs- und Hochschulausbildung. Es nennt wichtige Instrumente, die bei einer Messung der Fortschritte und des Leistungsvergleichs in und außerhalb Europas geeignet erscheinen. Dies sind Indikatoren, Richtwerte, der Vergleich bewährter Verfahren, die regelmäßige Beobachtung, Evaluierung etc. Sie müssen so angelegt sein, dass sie auf sämtliche Lernprozesse aller Beteiligten angewendet werden können (Arbeitsprogramm, 2002b, S. 5). Die OMK (Kap. 3.3) gilt für die allgemeine und berufliche Bildung gleichermaßen. Erwähnt sei, dass der Europäische Rat die für das Arbeitsprogramm geltenden Indikatoren in seinen „Schlussfolgerungen vom 5. Mai 2003 über europäische Durchschnittsbezugswerte für allgemeine und berufliche Bildung (Benchmarks)" beschreibt (Benchmark, 2003). Das Arbeitsprogramm verfolgt die nachstehenden drei strategischen Ziele:

1) Erhöhung der Qualität und Wirksamkeit der Systeme der allgemeinen und beruflichen Bildung in der EU (Arbeitsprogramm, 2002b, S. 7),
2) erleichterter Zugang zur allgemeinen und beruflichen Bildung für alle (Arbeitsprogramm, 2002b, S. 11) sowie
3) Öffnung der Systeme der allgemeinen und beruflichen Bildung gegenüber der Welt (Arbeitsprogramm, 2002b, S. 13).

Von diesen Zielen ausgehend belegen insgesamt dreizehn Teilziele das breite Spektrum der allgemeinen und beruflichen Bildung. Eines besteht in der Stärkung der europäischen Zusammenarbeit (Arbeitsprogramm, 2002c, S. 16) und kann insbesondere über die gemeinsamen Bildungsprogramme (Kap. 2.1.3) erreicht werden. Daher sollen die Mobilität und Anerkennung der Qualifikationen ausgebaut werden, u.a. durch Partnerschaften im Hochschulbereich im Sinne des Bologna-Prozesses (Kap. 3.2.2.2) und durch SOKRATES (Kap. 2.1.4.3). Vorab sei erwähnt, dass der gemeinsame Zwischenbericht des Europäischen Rats und der Kommission (Kap. 3.5.1.7) über die Realisierung der gesetzten Ziele informiert. Der Chronik folgend sei zunächst die Entschließung vorgestellt.

3.5.1.5 Die Entschließung des Europäischen Rats

In seiner „Entschließung vom 27. Juni 2002 zum lebensbegleitenden Lernen" (nachfolgend „Entschließung") stellt der Europäische Rat die Bedeutung von allgemeiner und beruflicher Bildung sowie von lebenslangem Lernen wie folgt heraus:

„Allgemeine und berufliche Bildung sind unentbehrlich für die Förderung des sozialen Zusammenhalts, ein aktives Staatsbürgertum, ein erfülltes Privat- und Berufsleben sowie für die Anpassungs- und Beschäftigungsfähigkeit. Lebensbegleitendes Lernen erleichtert die uneingeschränkte Mobilität der europäischen Bürger und ermöglicht die Verwirklichung der Ziele und Vorstellungen der Länder der Europäischen Union, nämlich wohlhabender, wettbewerbsfähiger, toleranter und demokratischer zu werden. Jeder sollte die Möglichkeit erhalten, sich durch lebensbegleitendes Lernen die Kenntnisse anzueignen, die er benötigt, um als aktiver Staatsbürger an der Wissensgesellschaft und am Arbeitsleben teilnehmen zu können" (Entschließung, 2002, S. 1).

Der Europäische Rat weist darauf hin, dass der Zugang zu lebenslangem Lernen weiterhin für viele Bürger verschlossen sei (Entschließung, 2002, S. 2). Zudem beschreibt er lebenslanges Lernen (Anlage 3). Er hebt positiv die Bedeutung hervor, die die Mitteilung (Kap. 3.5.1.3) dem lebenslangem Lernen beimisst (Entschließung, 2002, S. 4). Für die Umsetzung des Konzepts seien die dort genannten Bausteine und Aktionsschwerpunkte von wesentlicher Bedeutung. Lebenslanges Lernen werde insbesondere durch die Gemeinschaftsprogramme SOKRATES und LEONARDO DA VINCI und JUGEND (Anlage 1.5) gefördert (Entschließung, 2002, S. 2). Der Europäische Rat fordert eine stärkere Einbindung aller Bürger (Entschließung, 2002, S. 3 Ziffer 8). Das lebenslange Lernen solle durch „Aktionen und Politiken" im Rahmen der „Europäischen Beschäftigungsstrategie" und des „Aktionsplans für Qualifikation und Mobilität" unterstützt werden (Entschließung, 2002, S. 2).

Der Europäische Rat ruft die Mitgliedstaaten erneut zur Entwicklung von kohärenten Strategien im Sinne von Feira auf (Kap. 3.5.1.1). Hier sollen vor allem „die Sozialpartner, die Zivilgesellschaft sowie die örtlichen und regionalen Behörden" einbezogen werden (Entschließung, 2002, S. 1). Ferner müsse die Zusammenarbeit bei der Anerkennung von Qualifikationen im Sinne des Bologna-Prozesses (Kap. 3.2.2.2) verstärkt werden (Entschließung, 2002, S. 3 Ziffer 3).

3.5.1.6 Die Erklärung von Kopenhagen

Mit der gemeinsamen „Erklärung von Kopenhagen" vom 29./30. November 2002 leisten die Bildungsminister und die Europäische Kommission einen wichtigen Beitrag zur Umsetzung des lebenslangen Lernens (Kopenhagen-Erklärung, 2002). Es geht um die Stärkung der europäischen Dimension, der Transparenz sowie der Anerkennung von Fähigkeiten und Qualifikationen. Die Bildungsminister und die Europäische Kommission sprechen sich für eine verstärkte bildungspolitische Zusammenarbeit auf allen Lernebenen (d.h. bei formaler bzw. nicht-formaler Bildung sowie beim lebenslangen Lernen) aus und definieren konkrete Themenfelder und Umsetzungsschritte. Eine verstärkte europäische Zusammenarbeit soll vor allem die Bedingungen für lebenslanges Lernen verbessern. Dazu sind die allgemeine und berufliche Erstausbildung dringend miteinander zu verknüpfen. Die erreichten Fortschritte werden am 14. Dezember 2004 in Maastricht auf einer Folgekonferenz diskutiert und die Prioritäten in einem Kommuniqué (Maastricht-Kommuniqué, 2004) festgelegt (BMBF, 2005b).

3.5.1.7 Die allgemeine und berufliche Bildung 2010

Das Dokument „Allgemeine und berufliche Bildung 2010 – Die Dringlichkeit von Reformen für den Erfolg der Lissabon-Strategie – Gemeinsamer Zwischenbericht des Rats und der Kommission über die Maßnahmen im Rahmen des detaillierten Arbeitsprogramms zur Umsetzung der Ziele der Systeme der allgemeinen und beruflichen Bildung in Europa" (nachfolgend „Zwischenbericht") vom 16. Februar 2004 gibt Aufschluss über die Umsetzung des in Kap. 3.5.1.4 dargelegten Arbeitsprogramms. Zudem wird der Fortschritt der Lissabon-Ziele (Kap. 3.2) untersucht, um den erreichten Stand bewerten zu können. Zur Beurteilung werden u.a. die Fortschritte der Realisierung des Aktionsplans zur Mobilität (Empfehlung, 2001), die Entschließung des Rats (Kap. 3.5.1.5), die Umsetzung der Kopenhagener Erklärung (Kap. 3.5.1.6), die verstärkten und besseren Investitionen in die Humanressourcen (Mitteilung, 2002), die Mitteilungen über die Rolle der Hochschulen im Europa des Wissens (Mitteilung, 2003a) und des Berufs des Forschers im Europäischen Forschungsraum (Mitteilung, 2003b) sowie die Bildungsentwicklung der EU im globalen Vergleich überprüft (Zwischenbericht, 2004, S. 9). Der Beurteilung liegen damit die entscheidenden Elemente des europäischen Wissensraums (Abb. 3) zugrunde, die für die Realisierung der Lissabon-Strategie maßgeblich sind. Die Ergebnisse dienen der Tagung des Europäischen Rats im 25./26. März 2004 in Brüssel (Zwischenbericht, 2004, S. 1).

Ebenso wie die in Kap. 3.5.1.5 dargestellte Entschließung des Europäischen Rats (Entschließung, 2002, S. 1) stellt der Zwischenbericht die Bedeutung der allgemeinen und beruflichen Bildung als „maßgebliches Element der Lissabon-Strategie" heraus (Zwischenbericht, 2004, S. 7). Die allgemeine und berufliche Bildung präge „die Schaffung und die Weitergabe von Wissen" und „das Innovationspotenzial einer Gesellschaft" maßgeblich und wirke entscheidend auf die dabei entstehende „neue dynamische Situation" (Zwischenbericht, 2004, S. 2). Die Entschließung macht das Erfordernis deutlich, Humankapital aufzubauen und die Umsetzung des lebenslangen Lernens aus Gründen der Beschäftigungspolitik sowie der Realisierung der Lissabon-Ziele verstärkt zu unterstützen. Es müsse „mehr und effizienter in Humankapital" investiert werden (Zwischenbericht, 2004, S. 10). Es seien eine Abstimmung von verschiedenen Gebieten (berufliche Bildung, lebenslanges Lernen, Mobilität bzw. Hochschulwesen), die Beachtung des Arbeitsprogramms 2010 (Kap. 3.5.1.4) und die Dynamik der Zusammenarbeit notwendig. Für „das Europa des Wissens" sei das Hochschulwesen als Schnittstelle zwischen Forschung, Bildung und Innovation (Abb. 3) von entscheidender Bedeutung. Mit dem Berliner Kommuniqué (Anlage 6) seien zwar „erhebliche Fortschritte" erzielt und Prioritäten bis 2010 zur Beschleunigung des Prozesses gesetzt worden (Zwischenbericht, 2004, S. 12). Zur Realisierung der Lissabon-Strategie müssten jedoch u.a. die Synergieeffekte im europäischen Hochschul-

und Forschungsraum verstärkt sowie weitere Reformen im universitären Bereich durchgeführt werden (Zwischenbericht, 2004, S. 13). Der Europäische Rat nennt Schwerpunktbereiche, die er als die „drei Schlüssel zum Erfolg" bezeichnet (Zwischenbericht, 2004, S. 22–30):

1) Konzentration der Reformen und Investitionen auf die für die Wissensgesellschaft wichtigsten Bereiche,
2) lebenslanges Lernen Realität werden lassen,
3) ein Europa der allgemeinen und beruflichen Bildung schaffen.

Zudem zeigt der Zwischenbericht konkrete Vorschläge zur Umsetzung der drei Schwerpunktbereiche auf. Lebenslanges Lernen erfordere eine „radikale Umsetzung von wirklich umfassenden, kohärenten und abgestimmten Strategien, die dem europä-ischen Kontext Rechnung tragen" (Zwischenbericht, 2004, S. 24). Alle Bürger müssten „Schlüsselkompetenzen" zur Schaffung eines offenen, attraktiven und für jedermann zugänglichen Lernumfeldes erwerben (Zwischenbericht, 2004, S. 24–26).

3.5.2 Die Beiträge der internationalen Organisationen

Die Tätigkeiten des Europarats, der OECD sowie der UNESCO sind für das lebens-lange Leben nach dem Lissabon-Gipfel weiterhin von hoher Bedeutung. Dies wird u.a. dadurch deutlich, dass der Europäische Rat in seiner Entschließung (2002, S. 3 Ziffer 6) die Europäische Kommission ausdrücklich ersucht, die Zusammenarbeit mit ihnen „bei der Ausarbeitung von Politiken und konkreten Maßnahmen" auf dem Gebiet des lebenslangen Lernens zu verstärken und bei der Umsetzung des Arbeitsprogramms (Kap. 3.5.1.4) intensiv einzubeziehen. Darüber hinaus legen die Artikel 149 Abs. 3 und 150 Abs. 3 EGV ausdrücklich fest, dass die EU die Zu-sammenarbeit mit den internationalen Organisationen zu fördern hat. Die folgende Darstellung zeigt die wesentlichen Aktivitäten der internationalen Organisationen zum lebenslangen Lernen nach dem Lissabon-Gipfel exemplarisch auf.

3.5.2.1 Die Aktivitäten des Europarats

Im Jahre 2002 empfiehlt der Europarat den Mitgliedstaaten, das lebenslange Lernen verstärkt in die Hochschulbildung zu integrieren. Damit plädiert er für eine engere Verknüpfung von lebenslangem Lernen und Bologna-Prozess (Kap. 3.2.2.2). Das Individuum soll durch geeignete Maßnahmen im universitären Bereich animiert und befähigt werden, sich den veränderten Arbeitsmarktforderungen zu stellen und aktiv in der Zivilgesellschaft beteiligen zu können (Europarat, 2002). Diese Forde-rung steht in Einklang mit seiner Tätigkeit im Rahmen der EDC (Kap. 2.3.3.2), die

66

ihn dazu veranlasst, 2005 zum „European Year of Citizenship through Education"
zu proklamieren (Europarat, 2005a).

3.5.2.2 Die Aktivitäten der OECD

Im Jahre 2001 befasst sich die OECD mit dem Thema der Finanzierung. Auf einem Ministertreffen wird die Bedeutung des lebenslangen Lernens betont, das als
„Investition in die Zukunft" begriffen werden müsse (OECD, 2001a, S. 7). Zwei
Jahre später wird lebenslanges Lernen als zentrale Strategie für den Übergang in
die Wissensgesellschaft herausgestellt. Es sei erforderlich, zeitlich und finanziell
begrenzte Ressourcen für das Lernen Erwachsener zu mobilisieren (OECD, 2003,
S. 81). Die entstehenden Kosten sollten unter der öffentlichen Hand, der Privatwirt-
schaft und dem Individuum aufgeteilt werden. Auf welche Weise beschreibt sie in
ihrem Bericht (OECD, 2003).

Einen weiteren wesentlichen Beitrag stellt der von der OECD veröffentlichte Bericht „Das Lernen lernen. Voraussetzungen für Lebensbegleitendes Lernen" dar.
Darin befasst sich die Organisation mit den Ergebnissen der internationalen Schulleistungsstudie PISA-Studie aus 2000. Es soll herausgefunden werden, ob Schüler verschiedener Länder Eigenschaften besitzen, die für das lebenslange Lernen
grundlegend sind (Artelt; Baumert; Julius-McElvany & Peschar, 2004, S. 80). Die
Ergebnisse sind Anhaltspunkte für die Gestaltung der Bildungssysteme, die Schüler beim lebenslangen Lernen effektiv unterstützen sollen (Artelt et al., 2004, S. 3).
Insgesamt stellen die Untersuchungen der OECD ein wichtiges Fundament für die
Feststellungen der Europäischen Kommission dar. So greift diese in ihrer in Kap.
3.5.1.3 dargestellten Mitteilung auf die Analyse der OECD zur Bildungspolitik von
2001 zurück (Mitteilung, 2001, S. 36).

Zudem hat die OECD vor der Frage, inwiefern lebenslanges Lernen nicht nur als Leit-
bild propagiert, sondern von der Bevölkerung auch tatsächlich praktiziert wird, ein
Projekt „The Role of National Qualifications Systems in Promoting Lifelong Learning" (OECD, 2001b) initiiert. Kern des Projekts ist zu ermitteln, inwiefern sich die
Strukturen der unterschiedlichen nationalen Bildungssysteme fördernd oder hem-
mend auf den Prozess des lebenslangen Lernens auswirken (Krewerth, 2004, S. 5).

3.5.2.3 Die Aktivitäten der UNESCO

Wie in Kap. 2.3.3.4 dargelegt, stellt die UNESCO das lebenslange Lernen in ihren
Veröffentlichungen der 70er Jahre in den zentralen Mittelpunkt (Kraus, 2001, S.
73–74). Gleichwohl trägt sie nach dem Lissabon-Gipfel zu der Fortentwicklung des

Themas bei. Sie publiziert ihre Ergebnisse als Berichte bzw. Studien und organisiert fachlich fundierte Konferenzen und stellt lebenslanges Lernen zur Diskussion (Tuijnman & Boström, 2002, S. 94). Darüber hinaus bietet ihre Internetplattform die Möglichkeit des intensiven Austauschs (UNESCO, 2005).

3.5.4 Bewertung

Die Übersicht von Dokumenten der EU, die eine veränderte Bedeutung des lebenslangen Lernens offenbaren, ließe sich weiter fortsetzen. Die Aufführung der EU-Dokumente ist nicht abschließend (weitere Veröffentlichungen finden sich u.a. unter Europäische Kommission, 2005 b; c). Für die Darstellung eines sich zunehmend konkretisierenden Entwicklungsprozesses, erscheint diese Auswahl jedoch ausreichend. Es ist deutlich geworden, dass die Entwicklung des lebenslangen Lernens in Europa seit dem Lissabon-Gipfel mit derjenigen der 70er Jahre und der 90er Jahren nicht verglichen werden kann. Die Europäische Kommission führt das wieder aufblühende Interesse an lebenslangem Lernen in den 90er Jahren vorwiegend auf „das Bestreben, Beschäftigungsfähigkeit und Anpassungsfähigkeit der Bürgerinnen und Bürger zu verbessern angesichts einer hohen strukturellen Arbeitslosigkeit, von der die am schlechtesten Qualifizierten am stärksten betroffen sind" zurück (Memorandum, 2000, S. 10).

Seit 2000 nimmt lebenslanges Lernen in den EU-Dokumenten einen hohen Stellenwert ein und es werden verstärkt für eine Umsetzung erforderliche Ansatzpunkte herausgearbeitet. Durch den Lissabon-Gipfel erfährt der Begriff eine immer stärkere Verbreitung und Bedeutung. Mit dem Memorandum (Kap. 3.5.1.2) werden die bis dahin lediglich allgemein formulierten Ziele konkreter und verstärkt Lösungen zur Umsetzung gesucht. Auf den Lissabon-Zielen (Kap. 3.2) basierend werden die sechs Grundbotschaften definiert. Von besonderer Bedeutung für das lebenslange Lernen ist die im Memorandum formulierte Forderung nach einer Verbesserung der Methoden zur Bewertung von Lernbeteiligung und Lernerfolg; und zwar insbesondere des nicht-formalen und informellen Lernens. Dies kann auf den steigenden Bedarf an qualifizierten Arbeitskräften und einem immer schärfer werdenden Wettbewerb um Arbeitsplätze zurückgeführt werden. In einer stetig globaler werdenden Wissensgesellschaft erhält zertifiziertes Lernen eine immer größere Relevanz. Neben den im Rahmen einer reglementierten beruflichen Tätigkeit bzw. im Verlauf von Studienaktivitäten traditionell erworbenen Abschlusszeugnissen, Diplomen und Qualifikationsnachweisen sollen Wissen, Fertigkeiten und Erfahrungen aus nicht-formalen und informellen Lernkontexten anerkannt werden. Seitdem es im Memorandum als Querschnittsaufgabe bildungspolitischer Aktivitäten anerkannt wird, zählt lebenslanges Lernen zum festen Bestandteil der gemeinschaftlichen Bildungspolitik. Seine Bedeutung wird innerhalb kürzester Zeit in den damit befassten EU-Dokumenten unterstrichen. Dabei stellen die im Memorandum formulierten Grundbotschaften einen strukturierenden Rahmen dar. Sie sollen als Orientierungsrahmen für die von den Mitgliedstaaten zu entwickelnden umfassenden und kohärenten Strategien zur Umsetzung lebenslangen Lernens dienen. Damit erhält das bis dahin theoretische Konzept eine praktische Note. In Kap. 4.2.2.4 wird gezeigt, dass die Impulse in Deutschland dazu geführt haben, dass sich die nationalen Aktionsprogramme verstärkt nach den Grundbotschaften des Memorandums richten. So stellt das Memorandum einen wichtigen Beitrag dar, um lebenslanges Lernen zum Grundprinzip im nächsten Jahrzehnt zu machen. Damit leistet es einen wesentlichen Beitrag auf dem Weg in die Wissensgesellschaft. Ebenso wie im Memorandum wird die Bewertung des lebenslangen Lernens in der Mitteilung (Kap. 3.5.1.3) als eine Schlüsselbotschaft erachtet. Dies gilt in allen Bereichen; und zwar insbesondere für das nicht-formale und informelle Lernen. Die Bewertung von Leistungen ist Grundlage für die Schaffung einer Lernkultur (Mitteilung, 2001, S. 14). Durch die Mitteilung erfährt lebenslanges Lernen eine breite Aufmerksamkeit in der gemeinschaftlichen Bildungspolitik, da sie es zum Leitprinzip der allgemeinen und beruflichen Bildung erklärt. Diesen Gedanken greift das Arbeitsprogramm 2010 (Kap. 3.5.1.4) auf und entwickelt ihn fort, indem es Bildung und Ausbildung unter besonderer Beachtung des lebenslangen Lernens behandelt. Für die künftige strategische Ausrichtung der Verfahren ist nützlich, dass der Europäische Rat in seiner Entschließung (Kap. 3.5.1.5) auf Unzulänglichkeiten hinweist. Er macht darauf aufmerksam, dass der Zugang zu lebenslangem Lernen in Europa bislang nicht jedem Bürger möglich sei. Ferner macht er auf Mängel in der Anerkennung von Qualifikationen zur Förderung des Bologna-Prozesses und in der generellen Zusammenarbeit der Mitgliedstaaten aufmerksam. Darüber hinaus stellt er die Bedeutung der Bildungsprogramme LEONARDO DA VINCI, SOKRATES und JUGEND für die Umsetzung des lebenslangen Lernens heraus. Doch gerade hier erweist es sich, dass der Aufwand für Bildung im EU-Haushalt, relativ betrachtet, marginal ist. Das gesamte Budget für die genannten Programme beträgt derzeit insgesamt eine halbe Milliarde Euro, das sind 0,5% des Gesamthaushalts (Düchs, 2004, S. 91).

Auch wenn der Eindruck entstehen könnte, dass sich die Appelle der EU, beispielsweise nach der Entwicklung von kohärenten und umfassenden Strategien lediglich wiederholten, ist festzustellen, dass sich der den Aufrufen verliehene Nachdruck verstärkt. Die EU beginnt, konkrete Vorschläge für die künftige praktische Umsetzung in den Mitgliedstaaten zu unterbreiten und forciert damit den weiteren Verlauf, der zuvor lediglich auf theoretischer Ebene stattgefunden hat. Inwiefern Deutschland dem nachgekommen ist, wird Gegenstand des Kap. 4 sein. Zuvor soll zunächst ein vorläufiges Fazit gezogen werden.

3.6   Ein vorläufiges Fazit

Während im Jahr 1996 das Konzept des lebenslangen Lernens wieder entdeckt wird, scheint sich der Enthusiasmus gegen Ende der 1990 Jahre erneut gelegt zu haben (Stauber & Walther, 1999, S. 11). Dies ändert sich entschieden mit der Formulierung der Lissabon-Strategie. Sie gibt das „Startsignal" für die Fortentwicklung der bildungspolitischen Arbeit insgesamt und speziell für das lebenslange Lernen in Europa (Le Magazine, 2000, S. 5). Wie die Ausführungen zeigen, ist lebenslanges Lernen, seitdem seine Bedeutung für die soziale und ökonomische Entwicklung, den sozialen Zusammenhalt und die aktive Staatsbürgerschaft in der Wissensökonomie allgemein akzeptiert wird, verstärkt zu einem vorrangigen Feld der politischen Entscheidungsfindung avanciert (Buse, 2004, S. 9). Als „framework" (OECD, 1996, S. 15), „Leitlinie" (Dohmen, 1996b) „Grundprinzip (...) in sämtlichen Lernkontexten" (Memorandum, 2000, S. 3), „Schlüssel zum 21. Jahrhundert" (Delors-Bericht, 1997, S. 18, 96) „Leitprinzip" (Entschließung, 2002, S. 2) bzw. als „Querschnittsaufgabe integrativen Charakters" (Memorandum, 2000, S. 25) hat lebenslanges Lernen mittlerweile einen maßgeblichen Einfluss auf die Gestaltung der europäischen Bildungssysteme. Zudem stellt es das „Schlüsselelement zur Erreichung des strategischen Ziels von Lissabon" dar (Mitteilung, 2001, S. 3).

Ungeachtet der in Kap. 2.2 dargelegten Befugnisse tendiert der Europäische Rat seit dem Lissabon-Gipfel mehr und mehr dazu, über die eingeräumten Impulse und Formulierungen allgemeiner politischer Zielvorstellungen hinaus konkrete Arbeitsaufträge zu erteilen. Dies wird durch die wiederholte Aufforderung an die Mitgliedstaaten deutlich, kohärente Strategien zu entwickeln. Damit nimmt die Gemeinschaft verstärkt Einfluss auf die Bildungssysteme ihrer Mitgliedstaaten. Zudem wird deutlich, dass die Europäische Kommission und der Europäische Rat ihre Aktivitäten zur Förderung des lebenslangen Lernens als basales Instrument zur Realisierung der Lissabon-Strategie seit 2000 stark forcieren. Durch den Lissabon-Gipfel wird Bildungspolitik auf EU-Ebene immer mehr als Teil der Arbeits- und Sozialpolitik betrachtet und damit als wichtiger Faktor zur Herstellung der Wettbewerbsfähigkeit der EU verstanden (BpB, 2004). Zusammenfassend können folgende Feststellungen getroffen werden:

- Mit dem Lissabon-Gipfel hat lebenslanges Lernen endgültig seine bildungspolitische Verankerung gefunden. Seitdem verstärkt sich die Tendenz, das Konzept praktisch umzusetzen. Mit der Mitteilung und dem entschiedenen Willen der Europäischen Kommission, einen europäischen Raum des lebenslangen Lernens zu schaffen, geht es erstmals um die Formulierung eines Grundgerüsts für die Umsetzung.
- Lebenslanges Lernen ist für die Lissabon-Strategie elementar. Deren Realisierung hängt von der Gemeinschaft, den Mitgliedstaaten und dem einzelnen Bürger ab.

Sie stehen in einem interdependenten Verhältnis zueinander, d.h. sie können die Lissabon-Strategie nur gemeinsam verwirklichen.

- Der EU steht trotz ihrer eingeschränkten Handlungskompetenzen eine Reihe von Möglichkeiten bildungspolitischer Einflussnahme zur Verfügung. Sei es auf europäischer Ebene Ziele zu formulieren, für die Nationalstaaten geltende Maßnahmen zu generieren oder Innovationen anzustoßen, die die Mobilität über nationalstaatliche Grenzen hinweg und die bildungspolitische Kooperation fördern.
- These 1 (Kap. 1), geht davon aus, dass die EU die Möglichkeit besitzt, einen elementaren Beitrag zur Realisierung des lebenslangen Lernens und der Lissabon-Strategie leisten zu können. Aufgrund der dargelegten Impulse, die die Gemeinschaft für die Fortentwicklung des Konzepts gegeben hat, kann dem zugestimmt werden. Dies gilt umso mehr, als sie ihren Willen durch die seit 2000 unternommenen Initiativen verstärkt manifestiert und auf eine praktische Umsetzung drängt.
- These 3 kann insofern bestätigt werden, dass jeder einzelne Bürger für die Teilnahme am lebenslangen Lernen selbst verantwortlich ist. Aufgabe der europäischen Bildungspolitik ist, Aktionsprogramme zur Verfügung zu stellen bzw. über die Teilnahmemöglichkeiten aufzuklären. Ferner besteht die Aufgabe der europäischen Bildungspolitik darin, die einzelnen Mitgliedstaaten zur Umsetzung lebenslangen Lernens zu bewegen. Ohne den Willen und die aktive Teilnahme des einzelnen Bürgers an den Bildungsangeboten, wird lebenslanges Lernen jedoch lediglich ein „diffuser" (Kap. 2.3.3.1) Begriff bleiben bzw. ein theoretisches Konstrukt.

Die Umsetzung des lebenslangen Lernens in Europa wird in letzter Instanz von dem Willen eines jeden Mitgliedstaaten abhängen und von der Bedeutung, die dem Thema dort beigemessen wird. Daher richtet sich der Blick im folgenden Kapitel speziell auf dessen konzeptionelle Umsetzung in Deutschland.

4 Das lebenslange Lernen in Deutschland: Mythos oder Realität?

Das Konzept des lebenslangen Lernens stellt sich, wie die Ausführungen der vorangegangenen Kapitel gezeigt haben, als äußerst komplex dar. Gegenstand des Kapitels 4 ist die Frage, wie die deutsche Bildungspolitik dies praktisch umsetzt. Dazu wird das Bildungswesen in Kap. 4.1 dargestellt. In Kap. 4.2 geht es um die konkrete Frage, ob und in welcher Form diesbezüglich Maßnahmen ergriffen werden.

4.1 Das deutsche Bildungswesen

Zunächst werden die verfassungsrechtlichen Grundlagen vorgestellt (Kap. 4.1.1). Es folgt eine Betrachtung der aus bildungspolitischer Sicht bedeutenden Beratungs- und Koordinationsgremien (Kap. 4.1.2) sowie der bildungspolitischen Stellung Deutschlands im internationalen Vergleich (Kap. 4.1.3). Das Bildungswesen wird abschließend bewertet (Kap. 4.1.4).

4.1.1 Die verfassungsrechtlichen Grundlagen

Das deutsche Bildungswesen wird durch zwei verfassungsrechtlich verankerte Merkmale wesentlich geprägt. Dies ist erstens das föderative System und zweitens die dem Bund im Bildungsbereich vorrangige Zuständigkeit der Länder. Fuchs & Reuter (2000, S. 38–41) stellen die Zuständigkeiten des Bundes, der Länder und der EU in einer Übersicht dar.

4.1.1.1 Die Bildung im föderativen System

Als eines der wesentlichsten Strukturmerkmale Deutschlands legt Artikel 30 GG den bundesstaatlichen Föderalismus fest. Die Ausübung der staatlichen Aufgaben ist Sache der Länder, soweit das Grundgesetz keine andere Regelung trifft oder zulässt. Allerdings sehen die Artikel 70 bis 75 GG eine Vielzahl von Aufgaben vor, deren gesetzliche Regelungen dem Bund vorbehalten bleibt. Daher kann festgestellt werden, dass der Bund auch nach dem Grundsatz des Föderalismus bildungspolitische Kompetenzen besitzt. Im Bildungsbereich obliegt dem Bund die Gesetzgebungskompetenz für die außerschulische Berufsbildung, den Hochschulbereich (Rahmengesetzgebung, Ausbildungsförderung, Hochschulbau) und für die Forschungsförderung (Artikel 74 Nr. 11 und 13 GG). Jedoch besitzt der Bund gerade im Bildungswesen insgesamt wenig Zuständigkeiten (Münch, 2002, S. 28). Die Länder sind verantwortlich für das Schul- und Hochschulwesen und die Erwachsenenbildung. Die Kommunen sind Träger der Schulen und Volkshochschulen (Fuchs & Reuter, 2000, S. 38).

4.1.1.2 Die Kulturhoheit der Länder

Zu den Kernelementen der Rechtsstaatlichkeit der Länder gehört ihre sogenannte „Kulturhoheit", d.h. die überwiegende Zuständigkeit für Bildung, Wissenschaft und Kultur (KMK, 2005d, S. 2). Dies hat das Bundesverfassungsgericht als das „Kernstück der Eigenstaatlichkeit der Länder" bezeichnet (BverfGE 6, 309, 346/347). Die Länder sind für die Bildungs- und Kulturpolitik ihres Landesbereiches eigenverantwortlich. Sie gestalten die historischen, geographischen, kulturellen und politisch-sozialen Angelegenheiten des Landes (KMK, 2003, S. 16–17). Die Angelegenheiten der EU regelt Artikel 23 GG. Danach können Hoheitsrechte durch Bundesgesetz, das der Zustimmung des Bundesrats bedarf, auf die EU übertragen werden (Artikel 23 Abs. 1 S. 2 GG). Die Mitwirkungsmöglichkeiten haben die Stellung der Länder gegenüber dem Bund in Europafragen gestärkt (KMK, 2005d, S. 2). Einzelheiten über die Rechte und Pflichten werden im Gesetz über die Zusammenarbeit von Bund und Ländern in Angelegenheiten der EU bestimmt (EUZBLG, 1993). Das Gesetz wird durch eine Vereinbarung geregelt. Ihr Wortlaut kann unter Vereinbarung (1993) eingesehen werden. Artikel 7 GG regelt mit Rücksicht auf die Kulturhoheit der Länder lediglich einige Eckpunkte des Bildungswesens; dazu zählen die staatliche Schulaufsicht der Religionsunterricht und die Errichtung privater Schulen.

4.1.2   Die Gremien bundesweiter Kooperation und Koordination

In Deutschland arbeiten im Rahmen der bundesweiten Kooperation und Koordination innerhalb der Bildungspolitik insbesondere zwei wichtige Gremien zusammen. Dies sind die ständige Konferenz der Kultusminister sowie die Bund-Länder-Kommission für Bildungsplanung und Forschungsförderung.

4.1.2.1 Die ständige Konferenz der Kultusminister

Die ständige Konferenz der Kultusminister (KMK) versteht sich als ein „Instrument partnerschaftlicher Zusammenarbeit der Länder mit dem Bund" (Münch, 2002, S. 37). Cortina, Baumert, Leschinsky, Mayer & Trommer (2003, S. 163) beschreiben die Organisation und Struktur der KMK detailliert. Die KMK soll grundsätzlich dazu verhelfen, trotz bestehender Kulturhoheit der Länder eine Mindesteinheitlichkeit der Bildungssysteme und -möglichkeiten für die Bürger zu wahren. Dabei besitzt jedes Land in den Gremien und Ausschüssen jeweils eine Stimme. Für die Entscheidungen über Sachfragen der Bildungspolitik ist eine Einstimmigkeit notwendig, die dann jedoch lediglich den Charakter von Empfehlungen besitzen. Sie können in bindendes Landesrecht überführt werden, wenn der Gesetz- oder Verordnungsgeber eines Bundeslandes die Entschließung übernimmt (Cortina et al., 2003, S. 162). Die Länderexekutiven der Landesgesetzgeber sind in der KMK nicht vertreten.

Die Darstellung wäre unvollständig, wenn nicht auf die in jüngster Zeit geäußerte Kritik bezüglich der Einstimmigkeit von Beschlüssen hingewiesen würde. So hat Niedersachsens Ministerpräsident (MP) Christian Wulff im September 2004 angekündigt, dass das Land Niedersachsen den Staatsvertrag über das 1948 gegründete Ländergremium kündigen wolle. In diesem Fall müsste sich die KMK auflösen. Dem ist einige Wochen zuvor die Diskussion um die Rechtschreibreform vorausgegangen. Seines Erachtens habe sich herausgestellt, dass die KMK bei derart gravierenden Entscheidungen handlungsunfähig sei, wenn die erforderliche Einstimmigkeit ausbleibe. Nach Auffassung des MP Wulff solle sich die KMK nach einer möglichen Auflösung neu bilden und ihre Arbeit mit neuen Strukturen und Aufgaben fortführen (Die Welt, 2004). Obwohl Wulff vor Beginn der Tagung der KMK den Verbleib Niedersachsens erklärt (Frankfurter Allgemeine, 2004b), zeigt dieses Beispiel, wie problematisch das Erfordernis von einstimmigen Entscheidungen in der KMK ist.

Aufgrund der erforderlichen Einstimmigkeit ist es erstaunlich, dass die Landtage die Entscheidungen der KMK nicht lediglich zur Kenntnis nehmen. Vielmehr haben diese vielfach einen für die Rechtsetzung vorentscheidenden (präjudizierenden) Charakter (Arbeitsgruppe, 1994, S. 84). Oftmals zeichnen die einstimmigen Beschlüsse der KMK die Entscheidungen der Länderparlamente vor (Cortina et al., 2003, S. 162).

Insgesamt trägt die KMK seit ihrer Gründung im Jahre 1949 wesentlich zur bildungspolitischen Entwicklung in Deutschland bei (Münch, 2002, S. 39). Zudem informiert sie allgemein über das Bildungswesen (dazu mehr unter KMK, 2005a), beispielsweise stellt sie in einer Übersicht das Bildungswesen in Deutschland dar (KMK, 2005b).

4.1.2.2 Die Bund-Länder-Kommission

Das Gremium gründet auf Artikel 91b GG, der die Bildungsplanung und die Forschungsförderung als Gemeinschaftsaufgabe von Bund und Ländern definiert (Münch, 2002, S. 40). Darauf basierend schließen Bund und Länder 1970 ein Verwaltungsabkommen über die Errichtung der Bund-Länder-Kommission (BLK).

Das Gremium hat die Aufgabe, die Bildungspolitik der Länder zu koordinieren. Im Unterschied zur KMK wirkt der Bund darin unmittelbar mit. Entgegen ihrer ursprünglichen Intention liegt der Erfolg der BLK weniger bei der Bildungsplanung, sondern mehr bei der Unterstützung von Innovationsvorhaben. Die BLK hat insgesamt ca. 2600 Modellversuche in sämtlichen Teilbereichen des Bildungswesens gefördert, die teilweise wissenschaftlich begleitet und regelmäßig von Bund und dem jeweils verantwortlichen Land zur Hälfte finanziert worden sind (Cortina et al., 2003, S. 166).

4.1.3 Der internationale Vergleich

Die deutsche Bildungslandschaft ist vielfältig und differenziert; sie galt bis in die jüngste Vergangenheit hinein bei vielen kenntnisreichen Beobachtern im In- und Ausland als überaus leistungsfähig (Kruse, 2003, S. 8). Dies hat sich mit der ersten internationalen und nationalen PISA-Studie im Jahre 2000 schlagartig geändert, so dass in diesem Zusammenhang regelmäßig vom „PISA-Schock" gesprochen wird (Schlaffke, 2002, S. 56). Die Folgen der PISA-Studie sind für die Konzepte lebenslangen Lernens nicht folgenlos geblieben (Steinert, 2001, S. 47–57). Seitdem ist in der Öffentlichkeit das Thema Bildung das „Zukunftsthema Nr. 1" (Freller, 2004, S. 4). Neben der PISA-Studie 2000 ist der Bildungsstand der Jugendlichen in einer zweiten Studie im Jahre 2003 (PISA, 2003b) untersucht worden. Die Ergebnisse der PISA-Studie analysiert Baumert (2003, S. 8–36). Für ein vertieftes Studium über Hintergründe, Ergebnisse und Konsequenzen der PISA-Studien 2000 und 2003 sei zudem auf PISA (2001); PISA (2003b); Bpb (2002) sowie Deutscher Bildungsserver (2000) verwiesen. Um einen internationalen Vergleich anhand geeigneter Indikatoren zu erhalten, veröffentlicht die OECD jährlich einen Bericht (OECD, 2004). Der internationale Vergleich sowie die Ergebnisse der PISA-Studien beweisen, dass sich das deutsche Bildungssystem in einer Krise befindet, aus der das Land dringend herausgeführt werden muss (Schlaffke, 2002, S. 56–67). In diesem Zusammenhang ist darauf hinzuweisen, dass bei einem internationalen Vergleich grundsätzlich die Gefahr besteht, Vergleichsdaten zu Rate zu ziehen, die keine Aussage über die jeweiligen bildungspolitischen Kontexte im betrachteten Mitgliedstaaten zulassen (Dybowski, & Faulstich, 2002, S. 50). Dessen ungeachtet können vergleichende Daten über den Bildungsstand allgemein informieren. Aus diesem Grund werden die für die Lissabon-Strategie relevanten vergleichenden Daten in Anlage 8.8. – 8.10 beigefügt. Dabei handelt es sich um die in Kap. 3.3.2 beschriebenen Strukturindikatoren, auf die die Europäische Kommission und der Europäische Rat bei ihrer Halbzeitbewertung im Frühjahr 2005 (Kap. 3.4.4) zurückgreifen.

Es werden unterschiedliche Betrachtungsweisen gewählt, um nähere Informationen über den erreichten Bildungsgrad in Deutschland zu erhalten. So wird die Gruppe der Jugendlichen im Alter von 20–24 Jahren, die mindestens einen Abschluss der Sekundarstufe II besitzt, in den einzelnen Mitgliedstaaten zunächst insgesamt betrachtet (Anlage 8.8). Daran anschließend werden die darin enthaltene Gruppe der Männer (Anlage 8.9) und der Frauen (Anlage 8.10) separat dargestellt.

Im Jahr 2004 besitzen in den Mitgliedstaaten der EU-15 im Durchschnitt 72% der Jugendlichen im Alter von 20–24 Jahren den Abschluss der Sekundarstufe II. Deutschland liegt mit ca. 1% zwar nur knapp darunter. Jedoch erreichen in den Mitgliedstaaten der EU-15 lediglich Griechenland, Italien und das Schlusslicht Portugal mit knapp 50% schlechtere Werte. Damit ist Deutschland das viertschlechteste Land der EU-15. Während Luxemburg und die Niederlande mit Deutschland vergleichbare Werte aufweisen (hier liegen keine aktuellen Daten aus 2004, sondern nur aus 2003 vor), besitzen in den restlichen Mitgliedstaaten der EU-15 mehr Jugendliche als in Deutschland mindestens den Abschluss der Sekundarstufe II. In Schweden, Irland, Finnland, Belgien, Griechenland, Frankreich, Österreich und Irland sind es sogar über 80% der Jugendlichen. Das Feld wird von Österreich, Schweden und Finnland mit ca. 85% angeführt. Zudem fällt auf, dass die Länder, die der EU am 1. Mai 2004 beigetreten sind, alle – mit Ausnahme von Malta – bessere Zahlen als Deutschland erreichen. Lediglich Lettland weist einen Wert von 78% auf, bei allen Anderen sind es mindestens 80%. In Polen, die Slowakei, Slowenien und der Tschechischen Republik sind es sogar über 90%.

Ein ähnliches Bild ergibt sich bei Betrachtung der männlichen Jugendlichen im Alter von 20–24 Jahren, von denen durchschnittlich 70% in der EU-15 den Abschluss der Sekundarstufe II besitzen. In Deutschland sind es zwar ca. 1% mehr. Jedoch sind es von den Mitgliedstaaten der EU-15 lediglich Spanien, Italien und das erneute Schlusslicht Portugal mit 40%, die noch schlechtere Werte aufweisen. Luxemburg und Niederlande (von denen wieder nur die Daten aus 2003 vorliegen), erreichen ähnliche Werte wie Deutschland. Alle anderen Mitgliedstaaten der EU-15 weisen mehr männliche Jugendliche mit abgeschlossener Sekundarstufe II auf als Deutschland. Hier führen erneut Finnland, Schweden, Österreich und Irland mit mehr als 80% das Feld an. Jedoch bleiben die Spitzenreiter der Beitrittsländer, die Tschechische Republik und die Slowakei mit über 90% unerreicht. Von den Beitrittsländern sind lediglich Malta und Lettland schlechter als Deutschland, wobei Lettland gleiche Zahlen wie Deutschland erreicht. Alle verbleibenden Beitrittsländer übertreffen Deutschland um 3% – 20%.

Von den weiblichen Jugendlichen der betrachteten Gruppe besitzen in 2004 durchschnittlich ca. 76% einen Abschluss der Sekundarstufe II in den Mitgliedstaten der EU-15. In Deutschland sind dies lediglich ca. 74%. Damit bildet Deutschland gemeinsam mit Spanien, Italien und dem Vereinigten Königreich das Schlusslicht des Feldes. Lediglich in Portugal sind es noch weniger weibliche Jugendliche, nämlich

59%, die über den genannten Abschluss verfügen. Über Luxemburg und die Niederlande können mangels aktueller Zahlen keine Aussage in 2004 getroffen werden. Die vorliegenden Zahlen aus 2003 gleichen den deutschen Werten aus 2004. Von den genannten Mitgliedstaaten abgesehen, erreichen die verbleibenden Mitgliedstaaten der EU-15 Werte alle höhere Prozentzahlen als Deutschland; Dänemark mit 79% zwar nur 5% höhere, jedoch liegt der Rest mindestens im mittleren 80%-igen Bereich. In Irland, Belgien, Finnland, Schweden sind es sogar beinahe 90%. Zudem bestätigt sich erneut, dass es in allen Beitrittsländern wesentlich mehr weibliche Jugendliche mit abgeschlossener Sekundarstufe II gibt als in den Mitgliedstaaten der EU-15. Hier erreicht die Mehrzahl der Beitrittsländer, insbesondere die Tschechische Republik, Estland, Litauen, Polen, Slowenien und die Slowakei (also 6 von 10 Beitrittsländern) sogar Werte von über 90%. Als Ausreißer kann lediglich Malta mit ca. 49% bezeichnet werden.

Ferner fällt auf, dass der nationale Vergleich Deutschlands von 1999 bis 2004 einen Rückgang der Jugendlichen mit abgeschlossener Sekundarstufe II um mindestens 1% belegt.

4.1.4   Bewertung

Grundsätzlich kann festgestellt werden, dass in Deutschland unterschiedliche Interessenslagen vorherrschen. Dies liegt in den verfassungsrechtlichen Zuständigkeiten (Kap. 4.1) von Bund und Ländern begründet. Wichtige Bindeglieder stellen dabei u.a. die BLK und die KMK dar (4.1.2). Obwohl der internationale Vergleich (Kap. 4.1.3) lediglich auf das Kriterium, den „höchsten erreichten Bildungsgrad", abstellt, ist deutlich geworden, dass das Bildungssystem in Deutschland verbesserungswürdig ist. Umso mehr, da der nationale Vergleich des Jahres 1999 mit 2004 beweist, dass der Trend im Land selbst rückläufig ist und Deutschland sich verschlechtert hat. Es übertrifft in keiner der drei betrachteten Gruppen den Durchschnitt der EU-15.

Zudem beweist die Untersuchung, dass die von Breuss (2005b, S. 137, Kap. 3.4.1) getätigte Aussage einseitig ist. Schenkt man der mehrfach von politischer Seite geäußerten Meinung Glauben, verfügen gerade die Beitrittsländer über mehr Wissen als Deutschland. Gemäß der mehrfach geäußerten Aussage, dass die Bildung der wichtigste europäische Rohstoff (Kap. 1) ist, kann sich das von Breuss gezeichnete Bild über die Beitrittsländer künftig ins Gegenteil umkehren.

Insgesamt erscheint ein Benchmarking sinnvoll, damit die relativ rückständigen Länder von den vergleichsweise „besseren" Staaten künftig mit der Konsequenz lernen, defizitäre Verfahren zu verbessern. Deutschland könnte von der Mehrheit der Mitgliedstaaten der EU-15, vor allem von Finnland, Schweden und Irland und von den Beitrittsländern lernen. Nur Selbstkritik und der Mut zu handeln können verhelfen, Mängel in Deutschland aufzudecken und Bestehendes zu verbessern.

4.2 Die Umsetzung des lebenslangen Lernens in Deutschland

Der Zweck des vorliegenden Kapitels besteht in der Betrachtung der Umsetzung des lebenslangen Lernens in Deutschland. Es wird zunächst auf die gegenwärtige bildungspolitische Diskussion (Kap. 4.2.1) eingegangen. Es folgt eine Untersuchung der bildungspolitisch relevanten Meilensteine auf dem Wege zu einer Implementierung (Kap. 4.2.2). Das Dargestellte wird abschließend bewertet (Kap. 4.2.3).

4.2.1 Die gegenwärtige bildungspolitische Diskussion

Der allgemeine Blick richtet sich auf den Hintergrund und die Zusammenfassung der wesentlichen Inhalte bildungspolitischer Debatten in Deutschland.

4.2.1.1 Der Hintergrund

Das deutsche Bildungs- und Berufsbildungssystem gerät zunehmend unter den Druck des weltweiten Innovations- und Produktivitätswettbewerbs. Erfolgsrezepte, die lange Zeit Gültigkeit hatten, verlieren an Kraft; aus veränderten Konzepten erwachsen neue Bedingungen und Anforderungen an die Nutzung vorhandener Potenziale. Das lebenslange Lernen ist in den letzten Jahren vermehrt in den zentralen Fokus für Innovationen im Bildungssystem gerückt. Krug (2001, S. 27) bezeichnet lebenslanges Lernen als „ständig und stetig beschworene Formel", die für einen Paradigmenwechsel notwendig sei. Insbesondere die gestiegene Bedeutung der Weiterbildung hat die Diskussion in Deutschland über lebenslanges Lernen stark belebt (Dybowski & Faulstich, 2002, S. 58). Seine Notwendigkeit wird gegenwärtig von politischer und wirtschaftlicher Seite stark betont (Krewerth, 2004, S. 5). Im Lichte dieses Trends hat sich der „Slogan vom lebenslangen Lernen" in der deutschen Bildungspolitik etabliert (Heidemann, 1997, S. 27). Bei näherer Betrachtung zeigt sich, dass für Deutschland das in Kap. 2.3.1 beschriebene Dilemma bezüglich einer Begriffsbeschreibung ebenfalls zutrifft. Lebenslanges Lernen ist zu einem recht schillernden Begriff geworden. Der Ausdruck scheint zu einem beliebig verwendbaren Schlagwort in der bildungspolitischen Diskussion geworden zu sein. So mutmaßt Apel (2003, S. 228), dass gerade die Unbestimmtheit viele Bedeutungsdimensionen zulasse und der Terminus dadurch eine „längere Überlebungsdauer" und „Verbreitungschance" habe. Ferner zeigt sich, dass die in Kap. 3.3.3 zur OMK angesprochene Problematik, nach der die Frage des Umfangs, in dem die Gemeinschaft

78

in die hoheitlichen Rechte der Mitgliedstaaten im Bildungsbereich eingreifen darf, für Deutschland in besonderem Maße gilt. Hier stößt die OMK auf den Widerstand der Länder. Nach deren Befürchtungen eröffnet das Verfahren der EU den Weg, an den vertraglichen Kompetenzen vorbei, konkrete Vorgaben festsetzen zu können. Dies ist in Deutschland aufgrund ihrer Kulturhoheit jedoch den Ländern vorbehalten. Das Ziel, sich auf gemeinsame Ideen zu verständigen, wird grundsätzlich anerkannt, wenn die Zielformulierungen der einzelnen Ebenen und die Spielräume für die nationale und regionale Politik gewahrt bleiben. Dies scheint jedoch im Falle der OMK mit seinem europäischen Monitoringsystem und seinen Referenzindikatoren sowie maßgeblichen europäischen Standards nicht gewahrt zu sein. Daher wird ein System, das als allgemein verbindlich vorgegeben würde, abgelehnt. Der Bundesrat fordert die Bundesregierung deshalb ausdrücklich auf, einer Erweiterung der OMK im Bildungsbereich entgegenzutreten. Er weist wiederholt darauf hin, dass aus der notwendigen Anpassung an die Wandlungsprozesse in Wirtschaft, Gesellschaft und Technik keine Gemeinschaftszuständigkeiten abgeleitet werden können (Berggreen-Merkel, 2001, S. 143–144). Zwar habe die Kommission ausdrücklich das Ziel Konvergenz und nicht Harmonisierung genannt. Jedoch sei die Konvergenz kein erklärtes bildungspolitisches Ziel für Deutschland; zumal nicht geklärt sei, dass sie zu einem höheren Qualitätsniveau führe. Einheitliche Leitlinien schränkten im Gegenteil den Wettbewerb ein, der erforderlich sei, um die vorhandenen bildungspolitischen Probleme zu lösen. Da der Bundesrat vor der Beschlussfassung des Europäischen Rats in Lissabon nicht um Zustimmung gebeten worden ist, hat die Meinung der deutschen Länder im Bundesrat nicht einfließen können (BR-Drucksachen Beschluss Nr. 4; BR-Drucksache 274/00 vom 29.9.2000, Nr. 4–6; 434/00 vom 10.11.2000; 765/00 vom 30.3.2001, Nr. 2; 86/01 vom 09.3.2001, Nr. 5, 17 mit 22; zitiert nach Berggreen-Merkel, 2001, S. 144). Dies moniert der Bundesrat ausdrücklich (BR-Drucksache. 274/00 vom 29.09.2000; zitiert nach Berggreen-Merkel, 2001, S. 144).

Aufgrund der dargelegten Problematik scheint die Frage interessant, welche Initiativen angesichts der mangelnden Akzeptanz der Bundesländer gegenüber der in der Lissabon-Strategie festgelegten OMK ergriffen hat, um die Implementierung des lebenslangen Lernens in Deutschland voranzutreiben. Dazu dienen die in Kap. 4.2 ausgewählten praktischen Beispiele. Zuvor soll ein Überblick über die thematischen Schwerpunkte bildungspolitischer Debatten gegeben werden.

4.2.1.2 Die thematischen Schwerpunkte

Angesichts des Versuchs, die inhaltliche Vielfalt der bildungspolitischen Diskussionen zu systematisieren, kristallisieren sich vornehmlich fünf Schwerpunktthemen heraus, die hier lediglich genannt, jedoch nicht nach ihrem Gehalt gewichtet werden:

1) Das erste Thema entpuppt sich als eine Art Abwehrhaltung. Es geht um die Rechtfertigung, dass lebenslanges Lernen nicht lediglich ein bildungspolitisches Schlagwort bzw. einen willkürlichen Slogan darstelle. Hier gilt es, insbesondere von Regierungsseite den Beweis anzutreten, dass lebenslanges Lernen vielmehr mit konkretem Inhalt existiert. Oftmals assoziiert man mit lebenslangem Lernen die Vorstellung, den immer schnelleren gesellschaftlichen Veränderungen und der dadurch bedingten Veralterung von Wissen, Qualifikationen und Kompetenzen wirksam entgegentreten zu müssen. Der Begriff des lebenslangen Lernens soll durch den des lebensbegleitenden Lernens abgelöst werden, der mutmaßlich weniger bedrohlich, dafür hingegen motivierender erscheint.

2) Ein zweites Thema stellt die Bedeutung lebenslangen Lernens für den Einzelnen mit Blick auf die Erhaltung seiner Beschäftigungsfähigkeit heraus. Dieser Idee zufolge reicht allein der Abschluss einer beruflichen Erstausbildung in der Jugendzeit nicht aus. Aufgrund der raschen Veränderungen in der Berufs- und Arbeitswelt ist vielmehr eine berufliche oder besser, eine betriebliche Weiterbildung notwendig. Hier besteht die Gefahr, das facettenreiche und inhaltsstarke Konzept des lebenslangen Lernens auf den zwar wesentlichen, jedoch nicht ausschließlichen Aspekt der beruflichen Weiterbildung zu reduzieren.

3) Das dritte Thema in der bildungspolitischen Diskussion verknüpft lebenslanges Lernen mit der Individualisierung bzw. Privatisierung von Bildung. Damit verbindet sich der Gedanke, die Verantwortung für Weiterbildung auf den einzelnen Bürger zu übertragen. Dies bedeutet, dass die Zuständigkeiten bzw. die Steuerung lebenslangen Lernens von den staatlichen Institutionen auf private Träger (z.B. Betriebe, Unternehmen, Weiterbildungsorganisationen etc.) transferiert werden. Die Regulierung bleibt den am Markt vorherrschenden Mechanismen (Angebot und Nachfrage) überlassen.

4) Das vierte Thema fokussiert auf die neuen Medien, hier insbesondere auf die Informations-Kommunikations-Technologie (IKT); speziell auf das auf elektronischem Wege vermitteltem Lernen, dem sogenannten „e-learning.“ Unabhängig von zeitlichen und räumlichen Schranken offeriert lebenslanges Lernen im Zeitalter der Globalisierung den freien Zugriff auf virtuelle Lernangebote; vor allem im Bereich der Fort- und Weiterbildung.

5) Das fünfte Thema befasst sich mit der Frage der Finanzierbarkeit lebenslangen Lernens. Es geht vor allem darum, solide Finanzierungsmodelle zu entwickeln, die es ermöglichen, dass niemand aus Gründen einer mangelnden Finanzierungsfähigkeit von den Lernangeboten ausgeschlossen wird.

4.2.2   Die bildungspolitischen Maßnahmen

Das vorliegende Kapitel dient dazu, die für die Fortentwicklung und praktische Umsetzung des Konzepts aus bildungspolitischer Perspektive bedeutenden Beispiele darzustellen. Die getroffene Auswahl beschränkt sich auf die bildungspolitischen Dokumente, die nach Auswertung für die Fortentwicklung lebenslangen Lernens in Deutschland richtungsweisend sind. Dabei stehen die Initiativen des BMBF, der Länder, der BLK und der KMK im Vordergrund. Darüber hinausgehende Beschreibungen von sogenannten „good-practice" Beispielen zum lebenslangen Lernen finden sich u.a. unter Eurydice (2000, S.65-70); Kruse (2003, S. 17–47); BLK (2004, S. 75–121); Cedefop (2005b). Im Jahr 2003 legt das BMBF der Europäischen Kommission einen „Fortschrittsbericht über die Implementierung von Strategien für das lebenslange Lernen in Europa" vor (Deutschlandbericht, 2003). Damit erfüllt das Land sein Mandat aus der Entschließung des Europäischen Rats aus 2002 (Kap. 3.5.1.5). Die Generaldirektion Bildung und Kommission der Europäischen Kommission fasst die Reporte aller Länder in einem Werk zusammen (Strategiebericht, 2003).

4.2.2.1 Die Beiträge der Bundesländer zum Europäischen Jahr des lebenslangen Lernens

Wie in Kap. 2.3.3.1 dargelegt, proklamiert die Europäische Kommission das Jahr 1996 zum Jahr des lebenslangen Lernens. In diesem Jahr setzt Deutschland die Bildungsprogramme SOKRATES und LEONARDO erstmals umfassend um. Dies gibt dem Land einen neuen Impuls bei der Verstärkung der europäischen Dimension innerhalb des lebenslangen Lernens (Krug, 1997, S. 50). Die Gesamtzahl der in Europa durchgeführten Veranstaltungen liegt nahezu bei 2.000. Aus Deutschland werden 157 Anträge gestellt. 59 Vorhaben, vorrangig aus dem Bereich der Weiterbildung, werden von der Europäischen Kommission mit 1,4 Mio. DM zur Durchführung bewilligt. Als deutsche nationale Koordinierungsstelle fungiert das Gustav-Stresemann-Institut. Den Inhalt der wesentlichen Bereiche stellt Krug (1997, S. 52–53) zusammenfassend dar. Dies sind die Integration von allgemeiner und beruflicher Bildung, Weiterbildung für Benachteiligte, geschlechtsspezifische Weiterbildung, intergenerative Weiterbildung, Integration von Bildung, Weiterbildung und Berufstätigkeit, die Sensibilisierung für moderne Informationstechnologien, Weiterbildung als Schlüsselqualifikation, Weiterbildung für die Stärkung der Professionalität, transferorientierte Öffnung der Hochschulen für Weiterbildung, Flexibilität und Mobilität in der Weiterbildung, Europakompetenz durch Aktionsprogramme.

4.2.2.2 Die BMBF-Initiativen zur Neuorientierung des lebenslangen Lernens

Das BMBF hat der Neuorientierung des lebenslangen Lernens zwei bedeutsame Impulse gegeben. Dies sind nach Dohmen (1997, S. 21–22) erstens die Umstellung der beruflichen Weiterbildung auf eine breitere Kompetenzentwicklung und zweitens die Erarbeitung einer bildungspolitischen Gesamtkonzeption zum lebenslangen Lernen.

Für die Umstellung der beruflichen Weiterbildung auf eine breitere Kompetenzentwicklung hat die vor allem vom BMBF getragene Arbeitsgemeinschaft „Qualifikations-Entwicklungs-Management neue Länder" in mehr als 40 Einzelstudien Erfahrungen aus dem Prozess der Umstellung von zentraler Steuerung auf dezentrale Selbstorganisation und seiner bildungsmäßigen Unterstützung in den neuen Bundesländern aufgearbeitet. Auf einem „Zukunftsforum Kompetenzentwicklung" des BMBF vom 1./2. Februar 1996 in Berlin wird die Übertragung dieser Erfahrungen auf die allgemeinen strukturellen Umstellungsprozesse der gegenwärtigen Zeit diskutiert. Es werden sechs Punkte als Grundlage für eine neue bildungspolitische Positionsbestimmung festgelegt. Sie werden in Anlage 9.1 näher beschrieben.

Das BMBF veranstaltet zum „Europäischen Jahr des lebenslangen Lernens" zwei Expertenkonferenzen zur Entwicklung des Konzepts und zur Beurteilung seiner Konsequenzen für das deutsche Bildungswesen (Nacke & Dohmen, 1996). Dazu veröffentlicht es einen Bericht über die Ausrichtung einer modernen Bildungspolitik auf das lebenslange Lernen (Dohmen, 1996b). Das Ziel besteht vornehmlich darin, die internationalen Erfahrungen und Diskussionen zum lebenslangen Lernen als Anregungen für die deutsche Entwicklung aufzuarbeiten und ein stimmiges Gesamtkonzept für die bildungspolitische Umsetzung eines „lebenslangen Lernens für alle" in Deutschland zu erarbeiten. Dies soll vor allem die breite Entwicklung menschlicher Kompetenzen voranbringen. Anlage 9.2 führt die dazu vorgeschlagenen Maßnahmen auf.

Beachtenswert erscheint die Tatsache, dass die in Anlage 9.1 und 9.2 formulierten Ideen ihre Gültigkeit bis zur Gegenwart bewahrt haben. Die hier formulierten Vorstellungen sind die Ziele, die in Deutschland weiterhin verfolgt werden. So sammelt das BMBF derzeit weitere Erkenntnisse durch das Programm „Lernkultur Kompetenzentwicklung", für das der Bund und der ESF in den Jahren 2000 und 2007 ca. 130 Mio. € bereitstellen (Kruse, 2003, S. 23). Das Programm ist Teil des in Kap. 4.2.2.6 beschriebenen Aktionsprogramms, das in 2001 aufgelegt wird (Anlage 9.4). Das Programm „Lernkultur Kompetenzentwicklung" verfolgt den Zweck, die Voraussetzungen und Rahmenbedingungen lebenslangen Lernens vertieft zu klären und modellhaft zu erproben. Zentral ist hier die Frage, wie Lernprozesse und -umgebungen gestaltet sein müssen, damit sie das Interesse und die Eigenverantwortlichkeit der Lernenden stimulieren, um so zum Kompetenzaufbau beitragen zu können. Es wird deutlich, dass Schule sowie allgemeine und berufliche Weiterbildung allein den Erfordernissen einer künftigen Wissensgesellschaft, in der lebenslanges Lernen integraler Bestandteil sein soll, nicht gerecht werden. Damit kann festgestellt werden, dass die frühen Initiativen des BMBF der Beginn eines Prozesses sind, der sich weiterhin im Fluss befindet.

4.2.2.3 Das „Forum Bildung"

In der Geschäftsstelle der BLK bilden Bund und Länder 1999 einen Arbeitsstab „Forum Bildung." Neben den Bildungs- und Wissenschaftsministern des Bundes und der Länder sind im Forum Bildung auch Vertreter der Sozialpartner, der Wissenschaft, der Kirchen sowie der Auszubildenden und Studierenden vertreten. Bund und Länder setzen das Forum Bildung ein, um Qualität und Zukunftsfähigkeit des deutschen Bildungssystems sicherzustellen und Empfehlungen zur Bildungsreform zu erarbeiten. Den Mittelpunkt der Arbeit bildet u.a. das Schwerpunktthema „Lernen, ein Leben lang" (Forum Bildung, 2005). Ausgehend von ersten Diskussionspapieren hat das Forum Bildung eine externe Expertengruppe beauftragt, einen Bericht zum lebenslangen Lernen vorzulegen (Krug, 2002, S. 41–43; Forum-Empfehlungen, 2001). Zudem wird in 2000 eine Expertengruppe beauftragt, den Themenschwerpunkt „Bildungs- und Qualifikationsziele von morgen" zu behandeln (Forum-Bericht, 2000). Ferner finden Kongresse, Fachtagungen, Anhörungen und Workshops statt. Es werden Expertisen vergeben und breite öffentliche Debatten über Bildung und speziell lebenslanges Lernen geführt.

4.2.2.4 Der BLK-Modellversuch „Lebenslanges Lernen"

Die BLK beschließt am 24./25. August 1999 das BLK-Modellversuchsprogramm „Lebenslanges Lernen." Es stellt einen zentralen Beitrag Deutschlands dar, der durch das Memorandum (Kap. 3.5.1.2) im Anschluss an den Lissabon-Gipfel angeregt wird (BLK-Bericht, 2004, S. 23). Erwähnt sei, dass der BLK-Modellversuch heute Teil des in Kap. 4.2.2.6 beschriebenen BMBF-Aktionsprogramms ist, das zwei Jahre später aufgelegt wird (Anlage 9.4). Es handelt sich hierbei lediglich um einen Teil der umfangreichen Arbeit der BLK (BLK-Projektbeschreibungen, 2005). Aufgrund seiner Bedeutung für die praktische Umsetzung lebenslangen Lernens wird er an dieser Stelle gesondert betrachtet.

Die Laufzeit des Programms beträgt 5 Jahre (vom 1. April 2000 bis 31. März 2005). Seitens des BMBF und der Länder, die sich die Kosten teilen, werden jeweils 2,5 Mio. DM pro Jahr für Projekte, die Programmbetreuung und wissenschaftliche Begleitung bereitgestellt. Die Durchführung der einzelnen Modellversuche obliegt den Bundesländern (BLK-Programmbeschreibung, 1999, S. 3; BLK, 2005). Ziel des Modellversuchsprogramms ist es, neue Formen der bildungsbereichsübergreifenden Kooperation in und zwischen allen Ländern zur Förderung lebenslangen Lernens zu initiieren.

Es soll ein Wandel in der Lernkultur herbeigeführt und der nötige Prozess der Neuorientierung des deutschen Bildungssystems unterstützt werden (BLK, 2005, S. 1).

Im Wesentlichen verfolgt der BLK-Modellversuch zwei Ziele. Erstens sollen innovative Projekte gefördert werden, um die Eigenverantwortung und Selbststeuerung der Lernenden zu stärken und die Zusammenarbeit von Bildungsanbietern und -nachfragern zu verbessern. Zweitens liegt ein strategisch-instrumenteller Ansatzpunkt in der partnerschaftlichen Zusammenarbeit, Kooperation bzw. der Entwicklung von Netzwerken und dem Aufbau von Lernzentren, die von den Lernenden selbständig genutzt werden können (BLK-Programmbeschreibung, 1999, S. 4).

4.2.2.5 Die BMBF-Expertenkommission „Finanzierung lebenslangen Lernens"

Seit Mitte der 90er Jahre ist eine grundsätzliche Debatte um lebenslanges Lernen und speziell um dessen Finanzierung in Bewegung gesetzt worden (z.B. Schmidbauer, 1995, S. 283; Hummelsheim & Timmerman, 1995, S. 259–264; Brandsma, 1998 S. 10–25). Krug (2000, S. 22) erfasst das vorherrschende Finanzierungsproblem mit folgender Aussage: „In Deutschland stellt sich zunehmend die Frage, wie lange Betriebe bereit sein werden, für eine immer ‚allgemeiner' werdende berufliche Bildung die Kosten zu tragen." Mit der Einsetzung der Expertenkommission „Finanzierung lebenslangen Lernens" hat die Bundesregierung darauf reagiert, dass die Umsetzung des Postulates nach lebenslangem Lernen zusätzliche und gezielt eingesetzte Ressourcen für Lernmöglichkeiten braucht (Kruse, 2003, S. 56–61).

Die Expertenkommission nimmt am 23. Oktober 2001 ihre Arbeit auf und beendet sie mit der Vorlage des Berichts am 28. Juli 2004 (BMBF-Schlussbericht, 2004). Um den vielfältigen Anforderungen des Strukturwandels gerecht werden zu können, sind realisierbare Vorschläge für neue Strategien zur Entwicklung eines tragfähigen Gesamtkonzepts unterbreitet worden. Der Fokus liegt dabei auf den Phasen lebenslangen Lernens nach der beruflichen Ausbildung inklusive des selbstgesteuerten Lernens und beschränkt sich nicht auf die berufliche Weiterbildung. Dabei fließen in der Wissenschaft diskutierte, praktizierte Instrumente und positive Erfahrungen anderer Länder, z.B. Schweden, ein (Bosch, 2004, S. 26). Die Schwerpunkte sind (Kruse, 2003, S. 57):

1) die Entwicklung und Anforderungen des Arbeitsmarktes,
2) das lebenslange Lernen und der Erwerbsstatus,
3) das lebenslange Lernen und Lern – sowie Arbeitszeitstrukturen,
4) der Erwerb von Berechtigungen,
5) die Finanzierungsalternativen.

4.2.2.6 Das BMBF-Aktionsprogramm
„Lebensbegleitendes Lernen für alle"

Im Januar 2001 legt das BMBF ein umfassendes Aktionsprogramm „Lebensbegleitendes Lernen für alle" auf (BMBF-Aktionsprogramm, 2001). Unter seinem Dach
lässt sich eine Fülle verschiedener Teilprogramme subsumieren. Das BMBF beschreibt den Zweck des Aktionsprogramms wie folgt:

Das BMBF „legt hiermit ein Aktionsprogramm vor, das konkrete Handlungsfelder
und entsprechende Maßnahmen für den Weg in eine ‚lernende Gesellschaft' enthält.
Mit diesen Aktionen will das BMBF – im Rahmen der Zuständigkeiten des Bundes – zu einer nachhaltigen Förderung lebensbegleitenden Lernens aller Menschen
und einer zukunftsorientierten Veränderung der Bildungsstrukturen beitragen. In
dem vorliegenden Aktionsprogramm sind die Forschungs-, Entwicklungs- und Er-
probungsmaßnahmen des Bundes in den einzelnen Bildungsbereichen, die der Förderung lebensbegleitenden Lernens dienen, gebündelt. Diese Verknüpfung soll der
möglichst breiten Umsetzung innovativer Konzepte dienen und zu mehr Transparenz über die Förderaktivitäten des Bundes beitragen" (BMBF-Aktionsprogramm,
2001, S. 2).

Mit dem Aktionsprogramm sollen erstmals klare Ziele und konkrete Handlungsfelder auf dem Weg in die Wissensgesellschaft aufgezeigt werden (BMBF, 2001).
Ergänzend dazu werden die weiteren Ziele des Aktionsprogramms in Anlage 9.3
beschrieben. Welche Projekte das Aktionsprogramm fördert, ist Gegenstand der
Darstellung in Anlage 9.4.

Um den Unfang des Aktionsprogramms deutlich zu machen und nachvollziehen zu
können, welches die in der Praxis erprobten Ziele sind, erscheint es sinnvoll, einige
konkrete Beispiele zu beschreiben. Aus diesem Grund wird der Kern des Aktionsprogramms, das Programm der „lernenden Regionen", in Anlage 9.5 einer näheren
Betrachtung unterzogen. Dabei handelt es sich um ein umfangreiches Programm,
das eine Vielzahl von Projekten umfasst. Dazu zählt u.a. der universitäre Bereich.
Hier erscheint die Frage interessant, welche Maßnahmen in Deutschland ergriffen werden, um die im Rahmen des Bologna-Prozesses (Kap. 3.2.2.2) aufgestellten
Bedingungen zu erfüllen. Ein Teil der erzielten Fortschritte wird in Anlage 9.6 beschrieben. Darüber hinaus beschäftigen sich Schwarz-Hahn & Rehburg (2003) und
das BMBF – der Bericht des BMBF ist unter BMBF-Bologna (2005) zu finden – mit
dem Thema. Hierbei handelt es sich um zwei Studien, die 2003 und 2005 an der
Universität Kassel durchgeführt und aus Mitteln des BMBF gefördert worden sind.
Insgesamt kann festgestellt werden, dass in Deutschland weitreichende Reformen
im Hochschulwesen zur Verwirklichung eines europäischen Hochschulraums im
Sinne des Bologna-Prozesses (Kap. 3.2.2.2) stattfinden.

Zertifizierungen gewinnen als Nachweis von Qualifikationen und Kompetenzen in einer Wissensgesellschaft eine steigende Bedeutung. Wie u.a. in Kap. 3.5.4 erwähnt, wird seitens der EU wiederholt die Bedeutung von Zertifizierungen, d.h. der Anerkennung von nicht-formalen und informellen Leistungen, für das lebenslange Lernen herausgestellt. Sie sind für die Umsetzung lebenslangen Lernens wesentlich. In Anlage 9.7 wird daher eine Maßnahme vorgestellt, die diesem Zweck dient – die Machbarkeitsstudie zum Weiterbildungspass. Sie beschäftigt sich mit diesem komplexen Thema und beschränkt sich auf die nationale Zertifizierung informellen Lernens.

Die Umsetzung lebenslangen Lernens erfordert neben der nationalen Anerkennung von Leistungen Zertifizierungsmöglichkeiten, die eine Dokumentation und Vergleichbarkeit der Qualifikationen im internationalen Rahmen sicherstellen. Dies gilt in besonderem Maße für den europäischen Hochschulraum im Sinne des Bologna-Prozesses (Kap. 3.2.2). Internationale Zertifizierungen dokumentieren erbrachte Leistungen, berechtigen zum Zugang zu weiteren Bildungsgängen und tragen zur Verwertbarkeit der Abschlüsse auf dem Arbeitsmarkt bei. Damit sind sie eine wichtige Voraussetzung für das lebenslange Lernen. Vor diesem Hintergrund werden Verfahren zur Messung und Bewertung individueller Kompetenzentwicklungen erarbeitet, vor allem in informellen, selbstorganisierten Lernprozessen. Zur Entwicklung von geeigneten Verfahren der Anerkennung unterstützt das Aktionsprogramm die Zusammenarbeit aller Bildungsbereiche innerhalb von Netzwerken, bei denen die Zertifizierung selbstgesteuerter Lernerfolge für „externe Bewerber/innen" entwickelt und erprobt werden sollen (Aktionsprogramm, 2001, S. 5–6). Die Anerkennung der informell und nicht-formal erworbenen Kompetenzen erfordern Strategien für das lebenslange Lernen sowie die Steigerung der Mobilität. Sie sind damit wesentliche Voraussetzungen für die Förderung von Beschäftigungsfähigkeit, aktivem Bürgersinn, sozialer Eingliederung und persönlicher Entfaltung. An dieser Stelle gewinnen der „EUROPASS Berufsbildung" und das gemeinsame europäische Muster für Lebensläufe an Bedeutung, die das Aktionsprogramm des BMBF ausdrücklich fördert (BMBF-Aktionsprogramm, 2001, S. 5–6). Da hier die Umsetzung eines explizit genannten Lissabon-Ziels (Kap. 3.2.2.1) dokumentiert werden kann, ist in Anlage 9.8 der in Deutschland entwickelte Muster-Lebenslauf sowie ein Merkblatt über den EUROPASS beigefügt.

4.2.2.7 Die vierte Empfehlung der KMK zur Weiterbildung

Die KMK hat eine Vielzahl von Beschlüssen erlassen, die für die deutsche Bildungspolitik richtungweisend sind und Bereiche berühren, die speziell für das lebenslange Lernen relevant sind (z.B. Beschlüsse aus den Bereichen beruflichen Schul-, Hochschulwesen und Wissenschaft). Sie können unter KMK (2005c) eingesehen werden. Eine ausführliche Darstellung des lebenslangen Lernens findet sich in dem jährlich herausgegebenen Bericht der KMK „Das Bildungswesen in der Bundesrepublik Deutschland." Im Bericht für das Jahr 2004 widmen sich die Kap. 2.2 und 2.5.7 dem Thema. In ihrer vierten Empfehlung vom 1. Februar 2001 beschäftigt sich die KMK mit den Anforderungen an die Weiterbildung und nimmt das selbstgesteuerte Lernen als Teil des lebenslangen Lernens in ihr Arbeitsprogramm auf. Sie definiert Weiterbildung wie folgt:

„Weiterbildung ist die Fortsetzung oder Wiederaufnahme organisierten Lernens nach Abschluss einer unterschiedlich ausgedehnten ersten Bildungsphase und in der Regel nach Aufnahme einer Erwerbs- oder Familientätigkeit. Weiterbildung in diesem Sinne liegt auch vor, wenn die Einzelnen ihr Lernen selbst steuern. Weiterbildung umfasst die allgemeine, berufliche, politische, kulturelle und wissenschaftliche Weiterbildung. Weiterbildung kann in Präsenzform, in der Form der Fernlehre, des computergestützten Lernens, des selbst gesteuerten Lernens oder in kombinierten Formen stattfinden" (KMK, 2001, S. 4).

4.2.2.8 Das Strategiepapier von Bund und Ländern

Bund und Länder verabschieden am 5. Juli 2004 in der BLK eine gemeinsame „Strategie für das lebenslange Lernen in der Bundesrepublik Deutschland" (Strategie, 2004). Ziel ist, zentrale Fragen im gemeinsamen Konsens zu klären. Lebenslanges Lernen wird übereinstimmend als Schlüssel für den künftigen wirtschaftlichen und gesellschaftlichen Erfolg anerkannt und muss zu einer Selbstverständlichkeit in allen Bildungsbereichen (Kindergarten, Schule, berufliche Bildung, Hochschule, Weiterbildung) werden. Daher zeigt das gemeinsame Strategiepapier die Voraussetzungen für ein erfolgreiches lebenslanges Lernen auf. Bund und Länder verständigen sich erstmals auf eine gemeinsame Definition. Danach umfasst lebenslanges Lernen

„alles formale, nicht-formale und informelle Lernen an verschiedenen Lernorten von der frühen Kindheit bis einschließlich der Phase des Ruhestands. Dabei wird ‚Lernen' verstanden als konstruktives Verarbeiten von Informationen und Erfahrungen zu Kenntnissen, Einsichten und Kompetenzen" (Strategie, 2004, S. 13).

Das Strategiepapier verfolgt einen biografischen Ansatz, d.h. es stellt die individuelle Lernbiografie jedes einzelnen Menschen mit ihren unterschiedlichen Verläufen, Übergängen und Brüchen in den verschiedenen Lern- und Lebensphasen von der frühen Kindheit bis zum Alter in den Vordergrund (Strategie, 2004, S. 39). Die gemeinsame Strategie stellt dar, wie das Lernen in allen Lebensphasen und -bereichen, an verschiedenen Lernorten und in vielfältigen Lernformen angeregt und unterstützt werden kann. Neben einer Beschreibung des bisherigen Entwicklungsstandes beinhaltet die Strategie realistische und auf Nachhaltigkeit angelegte Perspektiven für die Förderung lebenslangen Lernens in Deutschland. Die Hochschulen nehmen in der gemeinsamen Strategie eine besondere Stellung ein. Es sei darauf hingewiesen, dass dem Strategiepapier eine Kurzfassung vorausgeht, die Inhalt und Ziele des Programms zusammenfassen (Strategie, 2004, S. 5–7).

4.2.3 Bewertung

Es kann festgestellt werden, dass sich die deutsche Bildungspolitik spätestens seit dem Jahr 1996 (Kap. 4.2.2.1) mit lebenslangem Lernen vertieft befasst. Das Thema wird als ständige Herausforderung für Gegenwart und Zukunft betrachtet und es ist eine in allen Bereichen wahrzunehmende stärkere Sensibilisierung für dessen Notwendigkeit und Möglichkeiten zu erkennen. Dieser Eindruck verstärkt sich in der Folgezeit und kommt insbesondere in den Initiativen BMBF zur Neuorientierung des lebenslangen Lernens (Kap. 4.2.2.2) zum Ausdruck. Mit Fragen der Umsetzung lebenslangen Lernens befassen sich der von Bund und Ländern gebildete Arbeitsstab, das Bildung Forum (Kap. 4.2.2.3), sowie die Empfehlungen der KMK (Kap. 4.2.2.7). Der BLK-Modellversuch (Kap. 4.2.2.4) ist von hoher Bedeutung für die Implementierung des lebenslangen Lernens in Deutschland, da er Programme und Einzelvorhaben der Länder in der Praxis fördert. Dies lässt eine Bewertung des praktischen Erfolgs konkreter Projekte in Zukunft zu. Insbesondere der Erprobungscharakter ermöglicht es, über den Erfolg der Maßnahmen nach deren Abschluss zu entscheiden. Im Rahmen von Evaluierungen kann über deren Nachhaltigkeit entschieden werden und ggf. eine Kurskorrektur bei künftigen Projekten vorgenommen werden. Da der BLK-Modellversuch die theoretischen Überlegungen mit Leben füllt und dazu beiträgt, innovative Angebote und Methoden lebenslangen Lernens zu erproben und zu entwickeln, ist er ein wesentlicher Schritt auf dem Weg in die Wissensgesellschaft. Insbesondere durch das Programm der lernenden Regionen und dem EUROPASS reagiert Deutschland auf die Forderung der EU nach Umsetzung des lebenslangen Lernens sowie nach mehr Mobilität. Mit der Expertenkommission des BMBF zu Finanzierungsfragen (Kap. 4.2.2.5) entwickelt die Bundesregierung ein Gesamtkonzept, das vorrangig dazu dient, die Bildungsbeteiligung zu erhöhen, Anreize für lebenslanges Lernen zu schaffen und alle vorhandenen Begabungen und die Bildungsbereitschaft des einzelnen Bürgers zu fördern. Bemerkenswert ist, dass es nicht nur den Erhalt und die Entwicklung der Beschäftigungsfähigkeit in den Vordergrund stellt, sondern auch die Persönlichkeitsentwicklung unterstützt. Das Aktionsprogramm (Kap. 4.2.2.6) des BMBF hat einen hohen praktischen Nutzen bei der Implementierung des lebenslangen Lernens. Ähnlich wie der BLK-Modellversuch (Kap. 4.2.2.4) baut es auf einer Vielzahl von Reformmaßnahmen und Initiativen der vergangenen Jahre auf und beachtet dabei die eingeschränkten Zuständigkeiten des Bundes. Analog zu den ersten praktischen Erfahrungen aus dem Europäischen Jahr des lebenslangen Lernens 1996 (Kap. 2.3.3.1), beweist das Programm die Vielfalt und Bandbreite lebenslangen Lernens, die bei dessen Implementierung zu beachten ist. Hier geht es um regionale Förderungen und die Anerkennung und Vereinheitlichung von nationalen und internationalen Zertifizierungen. Sie können u.a. als Basis für den Zugang zu Hochschulen dienen. Mit dem gemeinsamen Strategiepier (Kap. 4.2.2.8) kommen Bund und Länder gemeinsam der mehrfach ausgesprochenen Aufforderung des Europäischen Rats nach der Entwicklung von kohärenten Strategien nach, die erstmals auf dem Feira-Gipfel eingefordert wird (Kap. 3.5.1.1). Das Papier betont, dass eine Strategie für lebenslanges Lernen in der Bundesrepublik Deutschland aufgrund der verfassungsrechtlichen Rahmenbedingungen im Sinne einer „nationalen kohärenten Strategie" nicht darstellbar sei. Die gemeinsam vereinbarte Strategie für lebenslanges Lernen zeige jedoch die Aspekte und Zusammenhänge auf, bei denen „unbeschadet der jeweiligen Zuständigkeiten weitgehend Konsens innerhalb der Länder und zwischen Bund und Ländern besteht" (Strategie, 2004, S. 5). Das Strategiepapier stellt mit dieser Intention einen wichtigen Schritt auf dem Wege zur Implementierung lebenslangen Lernens in Deutschland dar. Erstmals verständigen sich Bund und Länder auf eine zwar allgemein gehaltene, jedoch gemeinsame Definition. Es muss abgewartet werden, ob dies der Verbreitung des Konzepts, wie Apel (Kap. 4.2.2.2) mutmaßt, Einhalt gebieten wird. Dabei kann die Bereitschaft der Länder, mit dem Bund eine gemeinsame Strategie zu erzielen, angesichts der oftmals getrennten Wege beider Partner als revolutionär bezeichnet werden. Die Zukunft wird zeigen, wie verbindlich die gemeinsame Strategie sein wird, da aufgrund der in Kap. 4.2.2.1 erwähnten Kulturhoheit der Länder keine gesetzliche Pflicht besteht, nach der sich diese an die gemeinsame Abstimmung halten müssen. Die Strategie kann daher vielmehr als gemeinsame Leitlinie bzw. ein gemeinsames Ziel der Bildungspolitik von Bund und Länder ohne rechtlich verpflichtenden Charakter betrachtet werden. Ungeachtet dessen hat sie einen international hohen Stellenwert, da Deutschland seinen Willen bekräftigt, lebenslanges Lernen Wirklichkeit werden zu lassen.

Insgesamt kann eine positive Bilanz gezogen werden. Mit Blick auf These 3 (Kap. 1) kann festgestellt werden, dass die deutsche Bildungslandschaft von einer Fülle von Initiativen, Modellvorhaben und Netzwerkansätzen zum lebenslangen Lernen durchzogen ist. Damit schafft sie das Fundament für eine Teilnahme des Bürgers am lebenslangen Lernen. Wie dargelegt, sind dabei die von Bund und Ländern gemeinsam gestützten Erprobungsmodelle mit praktischem Bezug von hohem Nutzen für die angestrebte Umsetzung des Konzepts. Da die Projekte zum Teil in jüngster Vergangenheit abgeschlossen worden sind bzw. zum Teil noch laufen, bleibt der Erfolg abzuwarten. Trotz der dargelegten kritischen Haltung gegenüber der OMK (Kap. 4.2.1) kann an der Innovationsbereitschaft und -fähigkeit der deutschen Bildungspolitik und dem festen Willen zu einer erfolgreichen Implementierung des lebenslangen Lernens insgesamt nicht gezweifelt werden. Deutschland zeigt sich entschlossen, das Bildungssystem zukunftsfähig zu gestalten und seinen Beitrag auf dem Weg in die Wissensgesellschaft und damit zur Realisierung der Lissabon-Strategie leisten zu wollen. Gleichwohl ist ein weiteres planvolles Vorgehen, wie nachfolgend ausgeführt wird, erforderlich.

5 Schlussbetrachtung

Diese Arbeit mündet in einer Schlussbetrachtung. Es wird der Aussagewert der in Kap. 1 aufgestellten Thesen beurteilt (Kap. 5.1). Der letzte Blick richtet sich auf die Zusammenfassung, das Fazit sowie den Ausblick (Kap. 5.2).

5.1 Ergebnisthesen

Es steht die Frage im Raum, ob die in Kap. 1 aufgestellte These 1 bestätigt werden kann.

These 1:
Die Realisierung der Lissabon-Strategie hängt von der erfolgreichen Implementierung des lebenslangen Lernens in Europa ab. Trotz eingeschränkter bildungspolitischer Handlungskompetenzen kann die EU einen bedeutsamen Beitrag leisten.

Wie in Kap. 2.2.1 dargelegt, ist es der Gemeinschaft untersagt, bildungspolitisch eigenständig zu agieren. Sie kann und darf lediglich einen bildungspolitischen Beitrag leisten. Gleichwohl schöpft sie die ihr nach den Artikeln 149 und 150 EGV eingeräumten Handlungskompetenzen vollständig aus. Bis Mitte der 90er Jahre tritt lebenslanges Lernen in Europa lediglich als theoretisches Konstrukt der internationalen Organisationen in Erscheinung (Kap. 2.3.2 und 2.3.3). Mit der ersten Initiative der Europäischen Kommission im Jahr 1996 (Kap. 2.3.3.1) erhält das Thema zum ersten Mal einen praktischen Bezug. Es werden Aktionsprogramme angeboten, die das Konzept erstmals real werden lassen. Die EU schöpft bereits zu dieser Zeit ihre Handlungskompetenzen aus. Sie fördert die Zusammenarbeit der Mitgliedstaaten, indem sie die Bildungsprogramme neu strukturiert. Die Bildungsprogramme werden verstärkt dazu genutzt, um lebenslanges Lernen Wirklichkeit werden zu lassen (Kap. 2.1.4.3; Anlage 1). Zudem entfalten die Weißbücher aus der Mitte der 90er Jahre eine nachhaltige Wirkung. Sie beschreiben die künftigen bildungspolitischen Aufgaben und stellen lebenslanges Lernen als Wegbereiter in das neue Jahrtausend heraus. Den Bestrebungen der Europäischen Kommission verleiht der Europäische Rat Nachdruck, indem er 1996 eine Strategie zum lebenslangen Lernen formuliert (Kap. 2.3.3.1). Die Arbeit der EU erhält nach dem Lissabon-Gipfel neues Gewicht. Die Recherche zeigt, dass die Intensität der ergriffenen Initiativen zunimmt (Kap. 3.5). Der Europäische Rat greift die Tätigkeit der Europäischen Kommission regelmäßig auf und bekräftigt sie auf seinen Gipfeln. Seit der Verabschiedung der Lissabon-Strategie in 2000 steht sie durchweg oben auf der Agenda (Anlage 5). Obwohl der Anschein entstehen könnte, dass „viel gesagt und wenig getan" wird, zeichnet die Realität ein anderes Bild. Die eindringlichen und mit Nachdruck ausgesprochenen Forderungen des Europäischen Rats zeigen ihre Wirkung. Jeder Mitgliedstaat ist nicht nur seiner Berichtspflicht nachgekommen, sondern der EU werden verstärkt nationale Aktionsprogramme vorgelegt. Die Europäische Kommission fasst die Berichte zusammen und bereitet sie für den Europäischen Rat vor, der sie wiederum auf den Gipfel-Treffen bewertet (Kap. 3.3.2). Beispielsweise erstellt die Europäische Kommission im Jahr 2003 aus den vorliegenden Berichten der Mitgliedstaaten über nationale Strategien zum lebenslangen Lernen einen Gesamtbericht (Strategiebericht, 2003). Der Vergleich des Strategieberichts aus 2003 mit der Eurydice-Umfrage aus 2000 (Eurydice, 2000) macht deutlich, dass die Mitgliedstaaten die bildungspolitischen Initiativen der EU iterativ umsetzen. Abschließend sei erwähnt, dass der überwiegende Teil der Initiativen den einzelnen Bürger in der Regel nicht auf direktem Wege erreichen. Zwar sind Weißbücher, Empfehlungen, Entscheidungen etc. von jedermann einsehbar, jedoch richten sie sich in erster Linie an die Mitgliedstaaten. Sie sind aufgefordert, über praktische Umsetzungsmöglichkeiten zu diskutieren und nationale Aktionsprogramme zu erstellen. Lediglich die von der EU aufgelegten Bildungsprogramme kommen unmittelbar beim Bürger an und sollen ihn zu einer Teilnahme bewegen. These 1 kann nach alledem in vollem Umfang zugestimmt werden. Nunmehr soll These 2 (Kap. 1) beurteilt werden.

These 2:
Deutschland kann in entscheidendem Maße zum Erfolg der Lissabon-Strategie beitragen. Je zügiger und konsequenter die nationalen Aktionsprogramme zum lebenslangen Lernen umgesetzt werden, desto eher kann die Lissabon-Strategie realisiert werden.

Für die Weiterentwicklung des Konzepts des lebenslangen Lernens in Deutschland wird es künftig entscheidend darum gehen müssen, dem einzelnen Bürger die Notwendigkeit und die Lernformen des Selbstlernens in einer Wissensgesellschaft, so wie sie die Lissabon-Strategie einfordert, näher zu bringen. Dazu müssen spezielle Teil- und Gesamtkonzepte entwickelt werden.

Angesichts der vielfältigen und umfangreichen Initiativen und Maßnahmen, die in Deutschland von Bund und Ländern ergriffen worden sind, kann an der Bedeutung, die lebenslangem Lernen beigemessen wird, nicht gezweifelt werden; ebenso wenig an dem Willen und der Entschlossenheit, die notwendigen Schritte zeitnah in Gang zu setzen. Angesichts der Menge und Vielfalt an Angeboten könnte im Gegenteil der Eindruck entstehen, dass es derzeit nahezu einen Angebotsüberhang gibt. Es fällt schwer, über das derzeitige Ergebnis zu urteilen; zumal sich der Erfolg erst in Zukunft einstellen wird. Angesichts des Facettenreichtums lebenslangen Lernens müssen künftig Prioritäten gesetzt werden. Zu dieser Einsicht sind die Staats- und Regierungschefs, wie der Frühjahrsgipfel 2005 beweist, ebenfalls gekommen. Es wird eine Fülle von Programmzielen aufgestellt, die sicherlich nicht mit einem Programm zu bewältigen ist. Angesichts der Vielschichtigkeit des Themas erscheint dies auch

92

nicht zweckmäßig. Der Erfolg der angebotenen Maßnahmen wird künftig nicht von der Masse des Angebots abhängen, sondern von seinem qualitativen Fundament. Um die Qualität zu steigern, wird es verstärkt darauf ankommen, den einzelnen Bürger über die Bildungsangebote zu informieren, deren Inhalte transparent zu machen und die individuellen Beratungsleistungen zu intensivieren. Mit anderen Worten müssen die praktischen Konzepte so angelegt sein, dass die Lerneffizienz und die Persönlichkeitsentwicklung des Individuums gesteigert werden. Es muss in die Lage versetzt werden, Lernvorgänge bewältigen zu können und die Rolle des aktiven Bürgers zu internalisieren, um so – wie von bildungspolitischer Seite gewünscht – eigenverantwortlich und selbstgesteuert an der Lernumgebung teilhaben zu können. Nur wenn bekannt ist, welche Möglichkeiten sich bieten, werden diese das Individuum motivieren, sie zu nutzen. Die Notwendigkeit dazu wird in den Programmen zwar betont; gleichwohl scheint hier dringender Handlungsbedarf geboten. Am Beispiel von Bildungsprogrammen wird dies deutlich. Dies ist nur möglich, wenn Zielgruppe, Inhalt und Förderungsmöglichkeiten bekannt sind. Um einem Überangebot am „Bildungsmarkt" entgegenzuwirken, müssen sich bildungspolitische Aktivitäten künftig verstärkt darauf fokussieren, die Bildungsnachfrage zu stärken. Hier ist es die Aufgabe der deutschen Bildungspolitik, Rahmenbedingungen zu schaffen, die uneingeschränkte Informationen, möglichst in verständlicher und komprimierter Form, sicherstellen. Es gilt insbesondere verstärkt diejenigen zu erreichen, die bislang keine Kenntnis von der Existenz der Bildungsprogramme haben und sie zu einer Teilnahme zu motivieren. Dies wird im Rahmen der Untersuchung von These 3 näher erläutert. An dieser Stelle soll darauf hingewiesen werden, dass das Individuum, das im Kern der konzeptionellen Überlegungen steht, in die Lage versetzt werden muss, durch verstärkte Aufklärungs- und Beratungsarbeit die Rolle eines aktiven Nachfragers zu übernehmen und ausfüllen zu können. Insofern muss sich der Blick bildungspolitischer Aktivitäten vermehrt auf das sogenannte „empowerment" des einzelnen Bürgers richten. Damit geht einher, dass der einzelne dann den Anforderungen, die wiederholt an den aktiven Bürger („active citizen") gerichtet werden, gerecht werden kann. Der nachhaltige Erfolg wird sich erst dann einstellen, wenn ein ausgewogenes Verhältnis von Angebot und Nachfrage besteht. Mit anderen Worten muss für jeden Bürger (unabhängig von Alter, Beruf, Bildungsstand, sozialer Zugehörigkeit etc.) ein Lernangebot existieren. Die Ausführungen belegen, dass ein Schwerpunkt der bildungspolitischen Tätigkeiten (Kap. 4.2) in Deutschland auf der Weiterbildung liegt. Deren Notwendigkeit, insbesondere vor dem Hintergrund des demographischen Problems, ist unstreitig. Dessen ungeachtet geht lebenslanges Lernen bekanntlich über diesen speziellen Teil des Konzepts hinaus. Die Bildungspolitik ist gehalten, beispielsweise Rahmenbedingungen zu schaffen, die bereits Kindern verlässlich „das Lernen lehren." Als künftig tragende Säulen einer Wissensgesellschaft wird der Weg dorthin umso besser geebnet werden können, je eher lebenslanges Lernen in das Selbstverständnis der jüngeren Generation übergeht. Auch hier werden gezielte Informationen, Aufklärungs- und Beratungsarbeiten insbesondere seitens der

Eltern künftige Maßnahmen prägen. Um dies sicherzustellen, bedarf es effektiver Konzepte. Mit der Verabschiedung der „Strategie des lebenslangen Lernens" (Kap. 4.2.2.8) haben Bund und Länder ein ausgewogenes theoretisches Gesamtkonzept auf den Weg gebracht, das alle relevanten Aspekte einer erfolgreichen Implementierung lebenslangen Lernens in Deutschland berücksichtigt. Es stellt jedoch solange lediglich ein Bekenntnis dar, solange es nicht schrittweise und mit Nachdruck umgesetzt wird. Seine Wirkung wird das Strategiepapier erst dann entwickeln können, wenn alle beteiligten Akteure die Umsetzung tatkräftig unterstützen.

Nach alledem kann These 2 lediglich eingeschränkt zugestimmt werden. Es sind nicht nur die Quantität und die Zeitnähe der Umsetzung nationaler Aktionsprogramme, die den Erfolg des lebenslangen Lernens bzw. die Realisierung der Lissabon-Strategie herbeiführen. Vielmehr wird die Qualität, zu der eine effektive Kooperation von Bund und Ländern sowie die Beachtung aller Aspekte des Konzepts gehören, deren Gelingen bestimmen. Da die nationalen Aktionsprogramme den Bürger als wichtigstes Element lebenslangen Lernens direkt erreichen müssen, sollten die bildungspolitischen Akteure höchste Sorgfalt walten lassen. Lebenslanges Lernen kann als ein gesellschaftliches und soziales Gemeinschaftsprojekt in Deutschland bezeichnet werden, das auch über die föderalen Zuständigkeitsstrukturen hinaus der Abstimmung von Bund und Ländern bedarf. Die Kooperation muss unabhängig von verfassungsrechtlichen Zuständigkeiten (Kap. 4.1.1) von der Offenheit gegenüber Verbesserungsvorschlägen und der Bereitschaft für Kritik geprägt sein. Der Erfolg der in Gang gesetzten Modellvorhaben und Projekte in Deutschland (Kap. 4.2) wird in entscheidendem Maße von der nach Abschluss vorzunehmenden Evaluierung sowie der künftigen Steuerung und Koordination insgesamt abhängen. Abschließend richtet sich der Blick auf These 3 (Kap. 2).

These 3:
Jeder einzelne Bürger trägt zum Erfolg der Lissabon-Strategie bei. Dies setzt voraus, dass es für die Realisierung der Lissabon-Ziele daher zwingend notwendig ist, dass der Wunsch des Bürgers nach Teilnahme an Aktivitäten des lebenslangen Lernens dauerhaft, d.h. lebensbegleitend, geweckt wird.

Um den Aussagewert dieser These beurteilen zu können, muss das Individuum innerhalb der Lissabon-Strategie betrachtet werden. Der einzelne Bürger ist in dieser Strategie das Instrument bildungspolitischer Maßnahmen. Seine Funktion besteht darin, durch lebenslanges Lernen zum Erreichen des höheren Zwecks, das Erreichen der Lissabon-Ziele, beizutragen. Sowohl die EU (Kap. 3) als auch die deutsche Bildungspolitik (Kap. 4.2) haben die Stellung des einzelnen Bürgers im Mittelpunkt der Maßnahmen wiederholt betont. Diese Erkenntnis ist folgerichtig, zumal ohne dessen aktive Teilnahme am lebenslangen Lernen die Bestrebungen der Bildungspolitik ins Leere laufen. Darüber hinaus werden vielfach die Eigenverantwortung, die Selbststeuerung des Individuums sowie die individuelle Gestaltung der eigenen Bildungs- und Arbeitsbiographie herausgestellt. Wie diese Ziele erreicht werden sollen, wird nicht deutlich. Es entsteht vielmehr der Eindruck, dass hier Charakteristika gemeint sind, von denen angenommen wird, dass sie dem Individuum zueigen sind. Die Realität zeigt dagegen ein davon deutlich abweichendes Bild, da Deutschland im europäischen Vergleich einen eher durchschnittlichen Rang im Gesamtfeld belegt (Kap. 4.1.3). Handlungsbedarf ist hier geboten.

Trotz des Bekenntnisses der Bildungspolitik zur Bedeutsamkeit des Individuums für die Lissabon-Strategie, ist nach abgeschlossener Untersuchung der Eindruck erwachsen, dass der Mensch in seiner Eigenschaft als Entscheidungsträger lediglich marginal betrachtet wird. Das Gewicht bildungspolitischer Aktivitäten liegt auf der Stärkung des Lernangebots. Dabei ist die Grundidee, dass eine qualitativ hochwertige Ausbildung möglichst vieler Menschen und ihre kontinuierliche Weiterbildung der Förderung der Begabungen und der Persönlichkeitsentwicklung dienen. Dies ist elementare Grundlage für die Bewältigung des Strukturwandels und der vorhandenen Herausforderungen, denen sich Europa stellen muss. Da das Wissen aller Menschen Europas wichtigstes Kapital ist (Kap. 1), erscheint es grundsätzlich sinnvoll, das Lernangebot zu stärken. Unstreitig ist jedoch, dass die Entscheidung zur Nutzung des Lernangebots in der Regel im Ermessen des einzelnen Bürgers liegt. Dabei wird die Motivation des einzelnen dessen Triebkraft sein, die ihn zum lebenslangen Lernen bewegt. Hier liegt ein wesentlicher Ansatzpunkt künftiger bildungspolitischer Aktivitäten. Der Bildungspolitik obliegt die Aufgabe, die Rahmenbedingungen für eine Teilnahme eines jeden Bürgers sicherzustellen. Positiv ist daher zu erwähnen, dass das Cedefop in Zusammenarbeit mit der Generaldirektion Bildung und Kultur der Europäischen Kommission im Jahre 2003 eine Eurobarometer-Umfrage durchgeführt hat. Die Ergebnisse können unter Cedefop (2003) eingesehen werden. Sie verhelfen dazu, mehr über die Einstellung des europäischen Bürgers zum lebenslangen Lernen zu erfahren. Danach erachten neun von zehn europäischen Bürgern das lebenslange Lernen – „zumindest in gewissem Umfang" – für wichtig (Cedefop, 2003, S. 5). Das Resultat erscheint auf den ersten Blick sehr hoch; es muss geklärt werden, woran es liegt, dass Deutschland im internationalen Bildungsvergleich dennoch lediglich durchschnittliche Werte erreicht. Hier besteht eine elementare bildungspolitische Aufgabe darin, empirische Studien in Auftrag zu geben, die die Motivation des einzelnen Bürgers erforschen. Das Konzept des lebenslangen Lernens erfolgreich umzusetzen, muss bedeuten, dass insbesondere bislang unterrepräsentierte Bürger erreicht und einbezogen werden. Ein Schritt in diese Richtung könnte die Einteilung aller potentiellen Teilnehmer nach Interessierten und Nicht-Interessierten sein. Hier sei ein Beispiel angeführt: Das Ergebnis der Eurobarometer-Umfrage zeigt, dass Arbeitslose weniger häufig davon überzeugt sind, dass lebenslanges Lernen zu einer Verbesserung der Lebensqualität führe als Führungskräfte. Umso wichtiger erscheint es, Arbeitslosen die Notwendigkeit lebenslangen Lernens verständlich zu machen (Cedefop, 2003, S. 6).

Da es hier augenscheinlich bereits an einer grundsätzlichen Motivation zur Teilnahme mangelt, werden sich die Betroffenen selbst bei Zusicherung der Übernahme der Kosten für Schulungsmaßnahmen wenig bereit zeigen, diese zu besuchen. Hilfreich wäre, hier spezielle Angebote (z.B. im Rahmen von Coaching) bereitzuhalten, um eine gezielte Veränderung in der Einstellung des einzelnen Bürgers zur Bildung generell und lebenslangem Lernen speziell herbeizuführen. Auf dieses Problem gehen die bildungspolitischen Konzepte jedoch nicht ein. Grundsätzlich muss die Frage durch empirische Studien geklärt werden, welche Faktoren Nicht-Teilnehmer zu einer Teilnahme bewegen könnten. Den Ergebnissen der Umfrage zufolge, könnte ein Teil der Arbeitslosen aus der Eurobarometer-Umfrage des Cedefop extrinsisch motiviert sein. Andernfalls (bei intrinsisch motivierten Personen) würde sie die Schulungsmaßnahme allein zu einer Teilnahme bewegen. Da insbesondere extrinsisch motivierte Personen nur dann zu einer Beteiligung am lebenslangen Lernen bereit sein werden, wenn sie eine Belohnung (beispielsweise monetäre Anreize, Arbeitsplatzzusage) erwartet, ist die Schaffung eines effektiven Anreiz- und Belohnungssystem für die Verwirklichung lebenslangen Lernens, das alle Bürger integriert, unerlässlich. Nur Anreize, die nicht in der reinen Existenz des Schulungsangebots bestehen, bewegen extrinsisch motivierte Personen; und dies wird die Mehrzahl der Nichtteilnehmer sein, zu einer Teilnahme. Um probate Anreize bzw. Belohnungen schaffen zu können, müssen empirische Studien herausfinden, was den Befragten wichtig ist und was sie (auch ohne die Aussicht auf einen Arbeitsplatz im Anschluss an die Schulungsmaßnahme) zu einer Teilnahme bewegen würde. Auf den gewonnenen Erkenntnissen basierend müssen Lernangebote geschaffen werden, die für den einzelnen Menschen maßgeschneidert sind. Dies kann jedoch nur dann erreicht werden, wenn die Bildungspolitik die Rahmenbedingungen für eine effiziente Personalentwicklungspolitik und eine individuelle Beratung schafft. Nur so können die Voraussetzungen für eine qualifizierte Nachfrage gestärkt werden. Qualifiziert heißt, dass nicht jede beliebige Teilnahme an einem Schulungsangebot zum Erfolg lebenslangen Lernens beiträgt, sondern lediglich ein individuell zugeschnittenes Angebot. Letztendlich wird dies die Freude am Lernen des einzelnen Bürgers dauerhaft wecken.

Nach alledem kann These 3 lediglich eingeschränkt zugestimmt werden. Richtig ist, dass jeder Bürger zur Realisierung der Lissabon-Strategie grundsätzlich beitragen kann. Sein Beitrag wird jedoch nur dann effizient sein, wenn er in die Lage versetzt wird, ein geeignetes, individuell zugeschnittenes Lernangebot zu finden und nutzen zu können. Die bloße Teilnahme an Schulungsangeboten wird den Erfolg lebenslangen Lernens bzw. die Realisierung der Lissabon-Strategie nicht herbeiführen. Der künftige Auftrag der Bildungspolitik besteht darin, die dafür notwendigen Voraussetzungen zu schaffen.

Die Lissabon-Strategie wird nur dann realisiert werden können, wenn alle Akteure ihren Beitrag leisten. Dabei stehen alle Beteiligten in einem wechselseitigen Verhältnis. Die Interdependenz der drei Thesen innerhalb der Lissabon-Strategie illustriert die folgende Abbildung:

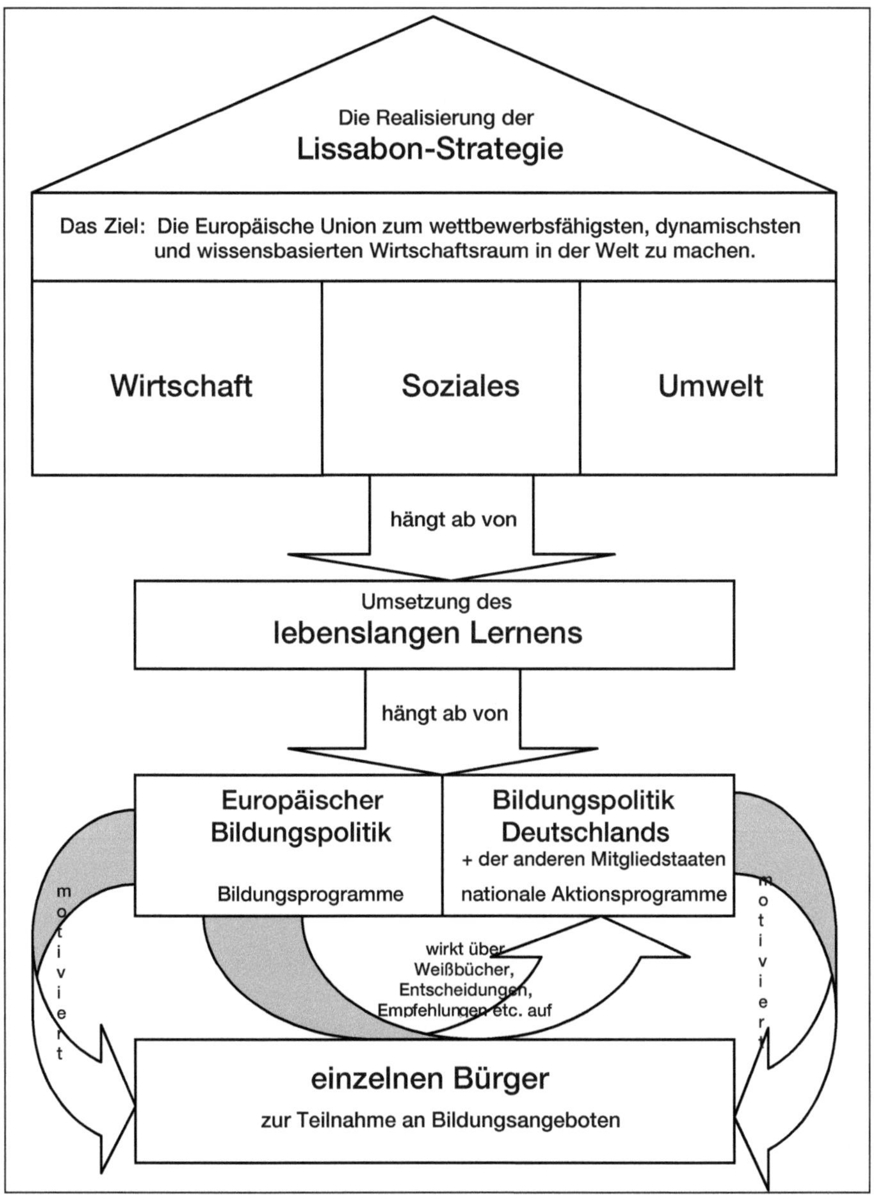

Abb. 4: Die Interdependenz der aufgestellten Thesen bei Realisierung der Lissabon-Strategie, Quelle: Eigene Darstellung

5.2   Zusammenfassung, Fazit, Ausblick

Die Absicht der Verfasserin ist aufzuzeigen, wie die Bildungspolitik zur Realisierung der Lissabon-Strategie beiträgt. Dazu werden in Kap. 2 der Entwicklungsverlauf der europäischen Bildungspolitik, die gemeinschaftlichen Zuständigkeiten sowie das lebenslange Lernen aus bildungspolitischer Perspektive betrachtet. In Kap. 3 liegt der Schwerpunkt auf der im Jahre 2000 formulierten Lissabon-Strategie. Es wird deutlich, dass die Lissabon-Strategie ein gesamtwirtschaftliches Projekt ist, das für alle künftigen politischen Entscheidungen der EU-Mitgliedstaaten richtungsweisend ist (Kap. 3.1 und Kap. 3.2). Es wird der derzeitige Stand der Zielerreichung untersucht (Kap. 3.4), der kontinuierlich durch das Verfahren der Offenen Methode der Koordinierung (Kap. 3.3) von der EU überwacht wird. Europa befindet sich mit der Postulierung der Lissabon-Strategie auf dem Weg in das Zeitalter des Wissens mit all seinen Konsequenzen für das kulturelle, wirtschaftliche und soziale Leben. Zu erkennen ist, dass sich nicht nur der einzelne Bürger den rasch eintretenden Veränderungen in den Lern-, Lebens-, und Arbeitsmustern anpassen muss, sondern auch, dass eingefahrene Bildungs- und Berufsbildungssysteme im Mittelpunkt folgenreicher Veränderungen stehen. Um den erfolgreichen Übergang zur wissensbasierten Gesellschaft zu bewältigen, hat sich das lebenslange Lernen als probates Mittel herauskristallisiert. Der Blick auf das lebenslange Lernen als Kernbereich der Lissabon-Strategie wird daher durch die Betrachtung der seit dem Jahr 2000 ergriffenen Initiativen der EU komplettiert (Kap. 3.5). Um die Wirkung dieser Initiativen beurteilen zu können, wird in Kap. 4 die praktische Umsetzung des Konzepts in Deutschland untersucht. Zunächst wird das deutsche Bildungswesen Kap. 4.1 betrachtet. Im Anschluss daran wird der Stand der Umsetzung des lebenslangen Lernens in Deutschland erläutert (Kap. 4.2). Es kann festgestellt werden, dass die deutsche Bildungspolitik eine Fülle von Maßnahmen in Form von nationalen Aktions- und Modellversuchsprogrammen angestoßen hat und sich Expertengruppen vertieft mit dem Thema befassen. Dies soll dazu verhelfen, die Idee des Konzepts und seine praktische Umsetzung herauszuarbeiten und fortzuentwickeln.

Wie in Kap. 3.5.1.3 beschrieben, kann ein Endzustand in einer Wissensgesellschaft niemals erreicht werden. Damit verfolgt die Lissabon-Strategie ein dynamisches Ziel. Es sind eine Vielzahl von Prozessen in Gang gesetzt worden, die auf dem Weg in eine Wissensgesellschaft im dargelegten Sinne notwendig sind. Jedoch steht Europa noch am Anfang dieses Prozesses und es werden künftig weitere Schritte notwendig sein. Da ein Prozess jedoch zunächst in den Köpfen der Beteiligten beginnen muss, hat die Lissabon-Strategie durch ihre bereits zu verzeichnenden umgesetzten Reformen einen wesentlichen Schritt in die entscheidende Richtung getan. Die Lissabon-Strategie mit ihren qualitativen Zielen, wie sie in Anlage 5.1 beschrieben werden, wird bis 2010 sicherlich nicht realisierbar sein. Sie markiert jedoch den Beginn für eine in alle Bereiche einer Gesellschaft eingreifende Reform, die der Bildung erstmals in der europäischen Geschichte die höchste Stellung beimisst. Insofern muss sie für jeden Mitgliedstaat, der neue wirtschaftliche Höhen erklimmen will, das Richtmaß sein, nach dem er seine politischen Bildungsaktivitäten ausrichten wird. Die Lissabon-Strategie verkörpert damit den Start für eine gesamtwirtschaftliche Reform in Europa. Sie ist Sinnbild für ein europäisches Gesamtprojekt, das jeden einzelnen Bürger einbezieht.

Insgesamt zeigt sich, dass eine solide Grundlage besteht, lebenslanges Lernen zu verwirklichen. Die Sensibilität für das lebenslange Lernen ist in Europa seit den 70er Jahren kontinuierlich gestiegen. Seit dem Lissabon-Gipfel, der erstmals bildungspolitische Themen in den zentralen Mittelpunkt stellt, verstärkt sich diese Tendenz. Von Seiten der europäischen Bildungspolitik sind insbesondere von der Europäischen Kommission und vom Europäischen Rat wichtige und immer deutlichere Impulse ausgegangen. Ihre Tätigkeit wird durch die Arbeit der internationalen Organisationen hilfreich unterstützt. Die Initiativen, die seitens der EU und speziell von Deutschland ergriffen worden sind, werden ihre Wirkungen zeigen. Der Europäische Rat hat auf dem Gipfel-Treffen im Juni 2005 seinen Appell erneuert, die ehrgeizigen nationalen Reformprogramme umzusetzen (Brüssel-Gipfel, 2005b, S. 3 Ziffer 11). Es bleibt abzuwarten, in welchem Maße die Mitgliedstaaten diesem Wunsch nachkommen. Dass die hochgesteckten Ziele bis 2010 realisiert werden, muss angezweifelt werden. Um lebenslanges Lernen in das Bewusstsein zu überführen, muss es zum festen Bestandteil des Lebens eines jeden Bürgers gemacht werden. Jeder sollte sich die von Rychen (2004, S. 26) aufgeworfene Frage stellen: „Lifelong – learning – but learning for what?" Es muss sichergestellt werden, dass der einzelne Bürger die Vorteile lebenslangen Lernens für sich erkennt. Dazu sind weitere gezielte Anstrengungen der Bildungspolitik erforderlich.

Die bildungspolitischen Aufgaben werden weiterhin in der Gewährleistung des freien Zugangs zu Bildungsangeboten und Fragen der Finanzierung bestehen. Eine bildungspolitische Aufgabe wird darin bestehen, Rahmenbedingungen und Ressourcen für den formalen sowie den nicht-formalen Bildungsbereich bereitzustellen. Insbesondere die Anerkennung von Lernleistungen in Form von geeigneten Zertifizierungen, die sich im internationalen Vergleich bewähren, werden erhöhte Anstrengungen erfordern. Die Bildungspolitik muss durch geeignete Maßnahmen die Bereitschaft eines jeden Bürgers wecken, sich den Lernanstrengungen zu stellen. Die Forderung nach Eigenverantwortlichkeit und selbstgesteuertem Lernen darf nicht dazu führen, dass der einzelne Bürger auf sich selbst gestellt bleibt. Insbesondere für berufstätige Personen muss ein Umfeld geschaffen werden, das Lernen zulässt. Hier müssen vor allem die Aufklärungs- und Beratungstätigkeiten intensiviert werden, um jeden Bürger in die Position eines nicht nur potentiellen, sondern darüber hinaus in die Rolle eines aktiven Nachfragers zu versetzen. Lebenslanges Lernen muss als Chance und nicht als Risiko gesehen werden. Dies gilt auch für die Arbeitgeber, die sich vertieft mit der Frage der Fluktuation der Arbeitnehmer bei steigender Qualifikation stellen müssen. Im Zeitalter der beruflichen Schnelllebigkeit darf der Gedanke, Arbeitnehmer nicht für Jahre oder gar Jahrzehnte binden zu können, keine Bedrohung darstellen. Erstrebenswert ist ein Zustand, bei dem qualifizierte Personen in Deutschland nachrücken und nicht ins Ausland abwandern, so dass die Arbeitgeber zu jeder Zeit auf diesen Fundus zurückgreifen können.

Abschließen will die Verfasserin mit einem Zitat, das ihrer Auffassung nach jeden Bürger zu einer Teilnahme am lebenslangen Lernen bewegen sollte:

„Wenn wir alles täten, wozu wir im Stande sind,
würden wir uns wahrlich in Erstaunen versetzen."

Thomas Alva Edison (11.2.1847 – 18.10.1931)

Anhang

Glossar

Acitve citizenship oder Aktive Staatsbürger   Bei der aktiven Staatsbürgerschaft geht es darum, dass der einzelne Mensch an allen Bereichen des sozialen und wirtschaftlichen Lebens teilnimmt. Der Begriff bezeichnet daher die Fähigkeit des Individuums zur Teilhabe an der Gesellschaft.

Bachelor   Als Bachelor (bachelor, engl. für Junggeselle bzw. Geselle, von lat. baccalaureus) wird in den USA und Europa der erste akademische Abschluss eines zumeist anwendungsorientierten Studiums bezeichnet. In vielen europäischen Ländern werden derzeit im Rahmen des Bologna-Prozesses die traditionellen Studiengänge durch Bachelor-/Master-Studiengänge abgelöst. Der Bachelor-Studiengang dauert in der Regel sechs bis acht Semester. Es können sich ein vertiefender Master-Studiengang oder in Einzelfällen bereits eine Promotion (bzw. Doktorstudium) anschließen. Trotz des gleichen Namens bestehen Unterschiede in Aufbau des Studiums und Anerkennung der Abschlüsse zwischen dem amerikanischen und dem europäischen Bachelor.

Benchmarking   Benchmarking ist als Begriff von „benchmark“ abgeleitet. In der ursprünglichen Bedeutung handelt es sich dabei um Richtwerte, die für Messungen erforderlich sind. Das Benchmarking stellt ein Vergleichsverfahren dar, bei dem sich im Falle der Lissabon-Strategie die EU-Mitgliedstaaten an dem Mitgliedstaat ausrichten, der die beste Leistung erbringt.

Coaching   Coaching ist die professionelle Beratung und Begleitung einer Person (Coachee) durch einen Coach bei der Ausübung von komplexen Handlungen mit dem Ziel, den Coachee zu befähigen, optimale Ergebnisse hervorzubringen, die insbesondere durch die Teilnahme an Schulungsmaßnahmen erzielt werden können.

Diploma Supplement „DS“   Das Diploma Supplement (DS) ist ein Text mit einheitlichen Angaben zur Beschreibung von Hochschulabschlüssen (Grade, Zertifikate, Prüfungen; allgemein, engl.: „Diploma“) und damit verbundener Qualifikationen, der offiziellen Dokumenten über Hochschulabschlüssen (Verleihungs-Urkunden, Prüfungs-Zeugnisse) als ergänzende Information beigefügt werden soll. Es ist europaweit verbreitet und wird in englischer Sprache ausgestellt.

Dot.com   Der Begriff Dot.com setzt sich zusammen aus Dot (dt. Punkt) und dem com (Abkürzung für commercial, d.h. geschäftlich genutzte Webseite). Mit der Entwicklung des World Wide Web (WWW) 1989 am Europäischen Institut für Kernphysik (CERN) in Genf begann die privatwirtschaftliche Nutzung des Internets und somit der unaufhaltsame Aufstieg vieler sogenannter Dot.com-Unternehmen in den USA und später weltweit.

European Credit Transfer Systems (ECTS)   Das ECTS-System ist ein Bewertungssystem, das durch eine tabellarische Zuordnung von Studienleistungen und Credit-Punkten die systematische Anerkennung und Gewichtung von Studienleistungen ermöglicht, die in einem beliebigen EU-Mitgliedstaat erbracht wurde. Die Basis bildet daher das Arbeitspensum, das die Studierenden absolvieren müssen, um die Ziele eines Lernprogramms zu erreichen. Das ECTS-System wurde 1989 durch das Bildungsprogramm Erasmus (jetzt Sokrates) eingeführt und ist heute europaweit verbreitet.

Europäische Dimension im Bildungswesen   Die verstärkte Berücksichtigung der europäischen Dimension auf allen Ebenen des Bildungswesens (allgemeine und berufliche Bildung, Hochschulbildung) soll den Zusammenschluss der Völker Europas dadurch fördern, dass im Unterricht insbesondere die Ziele der europäischen Integration und die Handlungsmöglichkeiten in der EU vermittelt werden.

Extrinsisch/extrinsische Motivation   Extrinsisch bedeutet von außen kommend, von außen gegebener Einfluss, außerhalb der betrachteten Person liegend. Eine extrinsische Handlung ist fremdbestimmt, sie wird von außen ausgelöst. Als Gegenbegriff gilt intrinsisch. Als extrinsisch motiviert werden Mitarbeiter daher dann bezeichnet, wenn sie überwiegend durch externe Anreize, die außerhalb der Arbeitsaufgabe liegen, motiviert werden können (z.B. Geld, Beförderungen etc.)

Formales Lernen   Lernen, das üblicherweise in einer Bildungs- oder Ausbildungseinrichtung stattfindet (bezüglich Lernziele, Lernzeit oder Lernförderung), strukturiert ist und zur Zertifizierung führt. Formales Lernen ist aus der Sicht des Lernenden zielgerichtet.

Grünbuch   Grünbücher sind Diskussionspapiere der Europäischen Kommission zu einem bestimmten Thema, insbesondere Vorlagen für Verordnungen und Richtlinien, mit dem Zweck, auf diesem Gebiet eine öffentliche und wissenschaftliche Diskussion herbeizuführen und grundlegende politische Ziele in Gang zu setzen. Häufig werden eine Reihe von Ideen oder Fragen aufgeworfen und Einzelne sowie Organisationen zu Beiträgen aufgefordert. Nächster Schritt ist oft ein Weißbuch, welches offizielle Vorschläge zusammenfasst.

Hochschulrektorenkonferenz (HRK) Die HRK ist der freiwillige Zusammenschluss der staatlichen und staatlich anerkannten Universitäten und Hochschulen in Deutschland. Sie hat gegenwärtig 262 Mitgliedshochschulen mit etwa 98 Prozent aller immatrikulierten Studierenden in Deutschland. Die HRK ist die Stimme der Hochschulen gegenüber Politik und Öffentlichkeit und sie ist das Forum für den gemeinsamen Meinungsbildungsprozess der Hochschulen.

Intergovernmental (Kunstwort aus lat. inter – zwischen und engl. government – Regierung, auch in der Schreibweise intergouvernemental) ist ein Begriff des Völkerrechts. Er bedeutet, dass Länder zwar gemeinsam Entscheidungen treffen, selbst aber souverän bleiben.

Informelles Lernen Lernen, das im Alltag, am Arbeitsplatz, im Familienkreis oder in der Freizeit stattfindet. Es ist (bezüglich Lernziele, Lernzeit oder Lernförderung) nicht strukturiert und führt üblicherweise nicht zur Zertifizierung. Informelles Lernen kann zielgerichtet sein, ist jedoch in den meisten Fällen nichtintentional, sondern vielmehr eine Begleiterscheinung des Alltags.

Intrinsisch/intrinsische Motivation Intrinsisch bedeutet „von innen her kommend". Intrinsische Eigenschaften gehören zum Gegenstand selbst und machen ihn zu dem, was er ist. Intrinsische Handlungen, auch autotelisch genannt, sind eigenbestimmt und brauchen deshalb keine Anstöße von außen. Als Gegenbegriff gilt extrinsisch. Intrinsisch motiviert sind Mitarbeiter dann, wenn sie sich über die Arbeit bzw. die Aufgabe definieren. Der Beweggrund ihres Handelns wird aus der Aufgabe selbst erwachsen. Die Belohnungen für ihr Arbeitsverhalten sehen sie in der positiven Ausführung ihrer Aufgabe. Der Aufgabeninhalt besitzt einen herausragenden Stellenwert.

Master Der Master ist ein akademischer Grad, der dem Diplom- und Magisterabschluss äquivalent ist. Masterstudiengänge (in Österreich: Magisterstudien) setzen meist ein abgeschlossenes Vorstudium (Bachelor, Magister, Diplom) voraus und dauern im Vollzeitstudium ein bis vier Jahre. Je nach Ausrichtung des Studiengangs können sie der wissenschaftlichen Vertiefung des Vorstudiums dienen oder ein neues Wissensgebiet erschließen.

Monitoring/Monitoringsystem Unter Monitoring versteht man alle Arten der Erfassung von Zuständen, eines Vorgangs oder Prozesses mittels technischer Hilfsmittel oder anderer Beobachtungssysteme. Ein Monitoringsystem ermöglicht Interventionen in die betreffenden Prozesse, sofern sich abzeichnet, dass der Prozess nicht den gewünschten Verlauf nimmt.

New Economy   (engl. neue Wirtschaft). Mit diesem Begriff verbindet sich die Idee, dass durch das Aufkommen von Computern und neuen Kommunikationsmedien im Zuge der digitalen Revolution eine radikal neue Wirtschaftsform entsteht, geprägt durch die Globalisierung.

Nicht-formales Lernen   Lernen, das nicht in Bildungs- oder Berufsbildungseinrichtungen stattfindet und üblicherweise nicht zur Zertifizierung führt. Gleichwohl ist es systematisch (bezüglich Lernzielen, Lernzeit oder Lernförderung) und aus Sicht des Lernenden zielgerichtet. Es findet außerhalb von etablierten Bildungseinrichtungen statt, am Arbeitsplatz, in Vereinen und Verbänden, bei der Wahrnehmung sportlicher und musischer Interessen und Aktivitäten.

Sozialpartner   Sozialpartner nennt man die Verhandlungspartner in der Tarifverhandlung. Dies sind in der Regel Vertreter der Verbände von Arbeitnehmern und Arbeitgebern. Sie legen im Tarifvertrag vor allem die Arbeitsbedingungen, die Arbeitszeit und den Arbeitslohn fest. Da die Sozialpartner zahlreiche Rollen gleichzeitig abdecken, sollten sie ebenfalls aktiv in alle bildungspolitisch relevanten Maßnahmen eingebunden werden.

Subsidiaritätsprinzip   Das für den Bildungsbereich geltende Subsidiaritätsprinzip (Artikel 5 EGV) besagt, dass die Gemeinschaft nur dann eingreifen soll, wenn die Maßnahmen der Mitgliedstaaten auf der nationalen Ebene nicht ausreichen, um die vertraglichen Ziele zu erreichen. Das Eingreifen der Gemeinschaft muss auf das für die Zielerreichung des Vertrages notwendige Maß beschränkt bleiben und es muss die Aussicht bestehen, dass die Ziele aufgrund ihres Umfangs oder ihrer Wirkung auf Gemeinschaftsebene besser erreicht werden können.

Supranational   Supranational (überstaatlich, lat.: supra = über, hinaus + natio = Volk, Staat) ist ein Begriff des Völkerrechts. Er bedeutet eine Verlagerung von Kompetenzen von der nationalen Ebene auf eine höher stehende Ebene, d.h. einzelne Staaten geben Entscheidungskompetenzen an einen Zusammenschluss ab. Für die europäische Bildungspolitik bedeutet es, dass die Mitgliedstaaten bestimmte Rechte an die europäischen Institutionen (z.B. Rat, Europäische Kommission) abgeben.

Weißbücher   Die von der Europäischen Kommission veröffentlichten Weißbücher enthalten Vorschläge für ein gemeinschaftliches Vorgehen in einem bestimmten Bereich. Sie knüpfen zum Teil an Grünbücher an, die einen Konsultationsprozess auf europäischer Ebene in Gang setzen.

Abkürzungsverzeichnis

Abb.	Abbildung
ABl.	Amtsblatt
Abs.	Absatz
Anm. d. Verf.	Anmerkung der Verfasserin
BLK	Bund-Länder-Kommission
Bd.	Band
BMBF	Bundesministerium für Bildung und Forschung
bzw.	beziehungsweise
BpB	Bundeszentrale für politische Bildung
ca.	cirka
d.h.	das heißt
ESF	Europäischer Sozialfonds
ggf.	gegebenenfalls
EDC	Education for Democratic Citizenship
EG	Europäische Gemeinschaft
EGV	EG-Vertrag in der Fassung vom 7. Februar 1992
EHR	Europäischer Hochschulraum
endg.	endgültig
etc.	et cetera
EU	Europäische Union
EU-15 / EU-25	Europäische Union (15 bzw. 25 Länder)
EuGH	Europäischer Gerichtshof
EG	Europäische Gemeinschaft
EWG	Europäische Wirtschaftsgemeinschaft
EWGV	EW-V in der Fassung vom 25. März 1957
ff.	fortfolgende
F & E	Forschung und Entwicklung
FORCE	Formation Continuée en Europe
HiO	Hervorhebung im Original
HRK	Hochschulrektorenkonferenz
i.d.F.	in der Fassung
IKT	Informations- und Kommunikationstechnologie
Jg.	Jahrgang
Kap.	Kapitel
KKS	Kaufkraftstandards
KMK	Ständige Konferenz der Kultusminister
KMU	Kleine und mittlere Unternehmen
OECD	Organisation for Economic Co-Operation and Development
PISA	Programme for International Student Assessment

Nr. .... Nummer
Rs. .... Rechtssache
Rz. .... Randziffer
u.a. .... unter anderem
S. .... Seite
Slg. .... Sammlung
u.a. .... unter anderem
v. Chr. .... vor Christus
vgl. .... vergleiche
z.B. .... zum Beispiel

Abbildungsverzeichnis

Literaturverzeichnis

Lehrbücher

Achtenhagen, F. & Lempert, W. (2000). Lebenslanges Lernen im Beruf – seine Grundlegung im Kindes und Jugendalter. In: F. Achtenhagen & W. Lempert (Hrsg.). Das Forschungs- und Reformprogramm, Band 1. Opladen: Leske + Budrich.

Alheit, P. & Dausien, B. (2002). In: R. Tippelt. Handbuch Bildungsforschung. Bildungsprozesse über die Lebensspanne und lebenslanges Lernen (S. 565–585). Opladen: Leske + Budrich.

Arbeitsgruppe (1994). Arbeitsgruppe Bildungsbericht am Max-Planck-Institut für Bildungsforschung. Das Bildungswesen in der Bundesrepublik Deutschland. Strukturen und Entwicklungen im Überblick. Hamburg: Reinbeck.

Armstrong, K.A. & Kenneth A. (2003): Tackling Social Exclusion Through OMC: Reshaping the Boundaries of European Governance. In: T. Börzel; A. Cichowski, Rachel A. (Hrsg.). The State of the European Union, 6 – Law, Politics, and Society, Oxford University Press, S. 170–194.

Bardong, O. (1994). Die Bildungspolitik in den Organen der Europäischen Gemeinschaft. Zielsetzung und Umsetzung. In: K. Schleicher & W. Bos (Hrsg.) Realisierung der Bildung in Europa. Europäisches Bewusstsein trotz kultureller Identität? Darmstadt: Wissenschaftliche Buchgesellschaft.

Becker, H. (2000). Bildung in der Europäischen Union. Handbuch zur Projektplanung und -finanzierung. Weinheim/München: Juventa.

Brödel, R. (2003). Lebenslanges Lernen im Spannungsfeld von Bildungsgeschichte, Politik und Erziehungswissenschaft. In: D. Nitel & W. Seitter (Hrsg.). Die Bildung des Erwachsenen. Erziehungsgeschichte- und sozialwissenschaftliche Zugänge (S. 115–139). Bielefeld: Bertelsmann.

Breuss, F. (2005b). EU-Osterweiterung Ein Wachstumsimpuls für den gesamten Wirtschaftsraum? In: R. Caesar, K. Lammers & H.-E. Scharrer (2005). Europa auf dem Weg zum wettbewerbsfähigsten und dynamischsten Wirtschaftsraum der Welt? Eine Zwischenbilanz der Lissabon-Strategie (1. Auflage). (S. 137 – 163). Nomos: Baden-Baden.

Caesar, R. Lammers, K. & Scharrer, H.-E. (2005). Europa auf dem Weg zum wettbewerbsfähigsten und dynamischsten Wirtschaftsraum der Welt? Eine Zwischenbilanz der Lissabon-Strategie (1. Auflage). Nomos: Baden-Baden.

Cludius, S. (1995). Die Kompetenzen der Europäischen Gemeinschaft für den Bereich der Bildungspolitik. Europäische Hochschulschriften, Reihe II, Band 1772. Frankfurt am Main/Berlin/Bern/New York/Paris/Wien: Lang.

Cortina, K.S.; Baumert, J.; Leschinsky; A. Mayer, K.U. & Trommer, L. (2003). Das Bildungswesen in der Bundesrepublik Deutschland. Strukturen und Entwicklungen im Überblick.

De la Porte, C. & Pochet, P. (2000). Conclusion. In: C. de la Porte & P. Pochet (Hrsg.). Building Social Europe through the Open Method of Coo-ordination (S. 285–303). Brussels: PIE-Peter Lang.

De la Porte, C. (2002b). The Soft Open Method of Co-ordination in Social Protection. In: E. Gabaglio & R. Hoffmann. (Hrsg.). European Trade Union Yearbook 2001, European Trade Union Institute, Brussels, S. 339–363, http://www.ose.be/files/yearbook01/YB2001Delaporte.pdf, [Stand: 2005-08-04].

Diedrichs, U. (2002). Europäische Kommission. In: W. Weidenfeld & W. Wessels (Hrsg.). Europa von A bis Z. Taschenbuch der europäischen Integration (8. Auflage) (S. 144–151). Bonn: Europa Union.

Dominicé, P. (1990). L'histoire de vie comme processus de formation. Paris. L'Harmattan.

Fabian, B. (2000). EU-Handbuch zur Bildungspolitik. Themen und Fakten. Duisburg: WAZ.

Fechner, F. (1994). Einwirkungen des Europarechts auf die nationale Bildungsordnung. In: R. Lassahn & B. Ofenbach (Hrsg.). Bildung in Europa (S. 17–42). Frankfurt am Main/Berlin/Bern/New York/Paris/Wien: Lang.

Freller, K. (2004). Reformbedarf in Bildung und Ausbildung. Lebenslanges Lernen. Neue Berufe – Neue Chancen. Neue Strategien in der beruflichen Bildung (S. 4–7). Bonn: KWB (Kuratorium der Deutschen Wirtschaft für Berufsbildung).

Feuchthofen, J. E. (1994). Berufliche Bildung nach Maastricht – Chancen und Risiken für das deutsche System In: R. Lassahn & B. Ofenbach (Hrsg.). Bildung in Europa (S. 73–85). Frankfurt/Berlin/Bern/New York/Paris/Wien: Lang.

Fritsch, Anke. (1998). Europäische Bildungspolitik nach Maastricht – zwischen Kontinuität und neuen Dimensionen. Eine Untersuchung am Beispiel der Programme ERASMUS/SOKRATES und LEONARDO. Europäische Hochschulschriften, Reihe Politikwissenschaft, Band 353. Frankfurt am Main/Berlin/Bern/NewYork/Paris/Wien: Lang.

Fürst, A. (1999). Die bildungspolitischen Kompetenzen der Europäischen Gemeinschaft. Umfang und Entwicklungsmöglichkeiten. In: G. Gilbert (Hrsg.). Schriften zum internationalen und zum öffentlichen Recht, Band 32. Frankfurt/Berlin/Bern/Brüssel/NewYork/Wien: Lang.

Fuchs, H. W. & Reuter, L.R. (2000). Bildungspolitik in Deutschland. Entwicklungen, Probleme, Reformbedarf. In K. Schubert & G. Weber (Hrsg.). Analysen. Politik – Gesellschaft – Wirtschaft, Band 70. Opladen: Leske + Budrich.

Gerlach, C. (2000). Lebenslanges Lernen. Konzepte und Entwicklungen 1972 bis 1997. In: K. Künzel. (Hrsg.). Kölner Studien zur Internationalen Erwachsenenbildung, Band 12. Köln/Weimar/Wien: Böhlau.

Hellmann, P. (1997). Europaorientiertes Lernen und transnationale Integration. Eine Untersuchung zu Möglichkeiten einer handlungsorientierten Erschließung der europäischen Dimension im Bildungswesen. In: Europäische Hochschulschriften, Reihe 31, Band 326. Main/Berlin//Bern/New York/Paris/Wien: Lang.

Hill, H. (2002): Zur "Methode der offenen Koordinierung" in der Europäischen Union In: K.-P. Sommermann & J. Ziekow (Hrsg.). Perspektiven der Verwaltungsforschung. Beiträge zur wissenschaftlichen Arbeitstagung aus Anlass des 25-jährigen Bestehens des Forschungsinstituts für öffentliche Verwaltung vom 8. bis 10. Oktober 2001 in Speyer (S. 139–162). Berlin: Dunker & Humblot.

Hilpold, P. (1995). Bildung in Europa unter besonderer Berücksichtigung der EU-Bildungsprogramme. Baden-Baden: Nomos.

Hölzle, C. (1994). Bildungspolitik in der Europäischen Gemeinschaft. Die Angleichungsproblematik von Bildungssystemen in der Europäischen Gemeinschaft am Beispiel Spaniens. In W. Mitter (Hrsg.) Studien und Dokumentationen zur vergleichenden Bildungsforschung, Band 56. Köln/Weimar/Wien: Böhlau.

Hrbek, R. (1994). Grünbuch zur europäischen Dimension des Bildungswesens. In: R. Hrbek (Hrsg.). Europäische Bildungspolitik und die Anforderungen des Subsidiaritätsprinzips. Schriftenreihe des Europäischen Zentrums für Föderalismus-Forschung, Band 2 (S. 118–132). Baden-Baden: Nomos.

Kade, J. & Seitter, W. (1996). Lebenslanges Lernen. Mögliche Bildungswelten. In: B. Dewe; H.-H. Krüger & W. Marotzki (Hrsg.). Studien zu Erziehungswissenschaft und Bildungsforschung. Opladen: Leske + Budrich.

Kaschel-Arnold, K.-H. (2001). Für ein integriertes Qualifikationsmodell. In: G. Herzberg, I. Kunkel-Weber, R. Timmermann & F. Werneke (Hrsg.). Bildung schafft Zukunft. Über die Perspektiven von Bildung, Beruf und Beschäftigung (S. 131–136). Hamburg: VSA.

KMK (2003) = Ständige Konferenz der Kultusminister der Länder in der Bundesrepublik Deutschland (Hrsg.). Das Bildungswesen in der Bundesrepublik Deutschland 2002. Darstellung der Kompetenzen, Strukturen und bildungspolitischen Entwicklungen für den Informationsaustausch in Europa.

Knoll, J. H. (1996). Internationale Weiterbildung und Erwachsenenbildung. Konzepte, Institutionen, Methoden. Darmstadt: Wissenschaftliche Buchgesellschaft.

Könz, P. (1966). Die Organisation der wirtschaftlichen Zusammenarbeit und Entwicklung (OECD). Göttingen: Schwartz.

Koutras, K. (1998). Die Bildungspolitik Griechenlands in ihrer wechselseitigen Beziehung zur europäischen Einigung. Dissertation. Bonn: DAAD.

Kraus, K. (2001). Lebenslanges Lernen – Karriere einer Leitidee. In DIE (Deutsches Institut für Erwachsenenbildung) (Hrsg.). Bielefeld: Bertelsmann.

Kraus, K. (2002). Europäische Bildungspolitik. Mobilität und Mentalität in bildungspolitischer Perspektive. In: T. Geisen (Hrsg.). Mobilität und Mentalitäten. Beiträge zu Migration, Identität und regionaler Entwicklung, (Band 1) (S. 201–217). Frankfurt a.M./London: IKO.

Krug, P. (2002). Zukunftsfähigkeit durch lebenslanges Lernen. In: W. Götz (Hrsg.) Managementkonzepte, Band 26. Bildungsarbeit der Zukunft (S. 33–43). München/Mering: Hampp.

Maaß, K.-J. (1978). Die Bildungspolitik der Europäischen Gemeinschaft. Mit einer Dokumentation. Bonn: Raabe.

Mitter, (1994). In J. H. Knoll (Hrsg.). Bildungspolitik nach Maastricht – die Konsequenzen und Herausforderungen der europäischen Einigung für das Bildungswesen in der Bundesrepublik Deutschland. Bildung in Europa für Europa – ein Thema der Erwachsenenbildung. Internationales Jahrbuch der Erwachsenenbildung, (Band 22) (S. 63–82).

Müller-Solger, H. (1993). Bildung und Europa. Bonn: Economica.

Müller-Solger, H; Czysz, A., Petzold, W. & Pfaff, U. (1997). Bildung in Europa. Die EU-Fördermaßnahmen (2. Auflage). Bonn: Economica.

Münch, J. (2002). Bildungspolitik. Grundlagen der Berufs- und Erwachsenenbildung (Band 28). Baltmannsweiler: Schneider.

Ofenbach, B. (1994). Die ‚europäische Dimension der Bildung' als zentrale Herausforderung. In: R. Lassahn & B. Ofenbach (Hrsg.). Bildung in Europa (S. 9–15). Frankfurt/Berlin/Bern/New York/Paris/Wien: Lang.

Papadopoulos, G. (1996). Die Entwicklung des Bildungswesens von 1960–1990. Der Beitrag der OECD. Bildungsforschung internationaler Organisationen. Frankfurt am Main/Berlin/Bern/New York/Paris/Wien: Lang.

Pfromm, R. (2004). Lebenslanges Lernen. Rheinbach: CMZ.

Renner-Loquenz, B. (1996). Bildungspolitik. In: M. Röttinger & C. Weyringer. Handbuch der europäischen Integration (2. Auflage) (S. 1054–1078). Wien/Köln/Bern: Manz/Bundesanzeiger/Stämpfli.

Schlaffke, W. (2002). Wie wird unsere Schule wieder Weltklasse? Köln: Universitätsverlag.

Schmahl, H. L. (1996). Das Recht der Europäischen Union. Eine Einführung. Heidelberg: v. Decker.

Schütze, H. G. (1995). Weiterbildung im bildungspolitischen Kontext der OECD. In: Grundlagen der Weiterbildung, 1.20.30, S. 1–24. Neuwied: Luchterhand.

Smith, A. (1994). Die Bildungspolitik aus europäischer Sicht. Europäische Bildungsprogramme als Beispiel subsidiären Handelns der Gemeinschaft. In: R. Hrbek (Hrsg.). Europäische Bildungspolitik und die Anforderungen des Subsidiaritätsprinzips. Schriftenreihe des Europäischen Zentrums für Föderalismus-Forschung, Band 2 (S. 67–82). Baden-Baden: Nomos.

Stauber, B. & Walther, A. (1999). Lifelong Learning between Differences and Social Divisions: the Squaring of the Circle? In: A. Walther & B. Stauber (eds.) Lifelong Learning in Europe, Volume II. Strategies of Social Integration and Individual Learning Biographies (pp. 11–20). Tübingen: Neuling.

Straubhaar, T. (2004). Humankapital: Devisenquelle der Zukunft. In: D. Dettling & C. Prechtl (Hrsg.). Weißbuch Bildung. Für ein dynamisches Deutschland (S. 22–50). Wiesbaden: VS Verlag für Sozialwissenschaften/GWW Fachverlage.

Strohmeier, R. W. (1994). Der bildungspolitische Entscheidungsprozess auf der EG-Ebene. In: K. Schleicher & W. Bos (Hrsg.). Realisierung der Bildung in Europa. Europäisches Bewusstsein trotz kultureller Identität? (S. 46–62). Darmstadt: Wissenschaftliche Buchgesellschaft.

Thiele, B. (2000). Die Bildungspolitik der Europäischen Gemeinschaft. Chancen und Versäumnisse der EG-Bildungspolitik zur Entwicklung des Europas der Bürger. Münster/Hamburg/London: LIT.

Walther, A. & Stauber, B. (1999). Lifelong Learning in Europe. Differences and Divisions. Volume II. Strategies of Social Integration and Individual Learning Biographies. Tübingen: Neuling.

Williamson, B. (1998). Lifeworlds and Learning. Essays in the Theory, Philosophy and Practice of Lifelong Learning. Leicester: Niace.

Wittkowski, B. (1991). Die Rechtsprechung des Europäischen Gerichtshofs zur Freizügigkeit und Gleichbehandlung von Angehörigen der EG-Mitgliedstaaten hinsichtlich des Besuchs von Ausbildungsstätten und deren Auswirkung für die Bundesrepublik Deutschland. Europäische Hochschulschriften, Reihe: 2, Band: 1159. Frankfurt am Main/Berlin/Bern/New York/Paris/Wien: Lang.

Periodika

Apel, H. (2003). Lebenslanges Lernen. Erfahrungen aus dem Programm der Bund-Länder-Kommission. In Außerschulische Bildung. Materialien zur politischen Jugend- und Erwachsenenbildung, Jg. 3/4/2003, S. 228–231.

Arentz, H.-J. (2000). Bildung: Die neue soziale Frage. In: Praxis Politische Bildung. Materialien – Analysen – Diskussionen, 4. Jg. 2000, Heft 2, S. 85–91.

AUE (2001). EU-Memorandum über lebenslanges Lernen. In AUE-Informationsdienst Hochschule und Weiterbildung, Arbeitskreis Universitäre Erwachsenenbildung, Jg. 1/2001, S. 85–101.

Bauer, M. W. & Knöll, R. (2003). Die Methode der Offenen Koordinierung. Zukunft europäischer Politikgestaltung oder schleichende Zentralisierung? In: Aus Politik und Zeitgeschichte, B 1–2 /2003, S. 33–38.

Bailly, O. (2004). La stratégie de Lisbonne, ou les enjeux politiques de la réforme. In: Revue du marché commun et de l'Union européenne (Paris), (juillet-août 2004), p. 425–429.

Baumert, J. (2003). PISA 2000 – Die Studie im Überblick. Grundlagen, Methoden und Ergebnisse. In Politische Studien. Bildung: Standards – Tests – Reformen, Sonderheft, 3. Jg. 2003, S. 8–36.

Berggreen-Merkel, I. (1992). Das Bildungswesen in Europa nach Maastricht. In: RdJB. Recht der Jugend und des Bildungswesens. Zeitschrift für Schule, Berufsbildung und Jugenderziehung, Nr. 3, S. 465–468.

Berggreen-Merkel, I. (2001). Aufbau eines Europäischen Bildungssystems? In: Recht der Jugend und des Bildungswesens (RdJB). Zeitschrift für Schule, Berufsbildung und Jugenderziehung, Jg. 2/2001, S. 133–150.

Berggreen-Merkel, I. (2004). Europäische Bildungspolitik am Vorabend einer Europäischen Verfassung. In: RdJB. Recht der Jugend und des Bildungswesens. Zeitschrift für Schule, Berufsbildung und Jugenderziehung, Jg. 4/2004, S. 452–463.

Bosch, G. (2004). Finanzierung Lebenslangen Lernens. Der Weg in die Zukunft. Die wichtigsten Ergebnisse der Expertenkommission „Finanzierung lebenslangen Lernens." In Forum Erwachsenenbildung, Jg. 4/2004, S. 26–32.

Brandsma, J. (1998). Die Finanzierung von lebenslangem Lernen: Grundsatzfragen. In: Berufsbildung. Europäische Zeitschrift. Cedefop, Nr. 14, Mai-August, 1998/II, S. 10–25.

BpB (2002). Bundeszentrale für politische Bildung. Beilage zur Wochenzeitung. Das Parlament. 14. Oktober 2002, Heft 41/2002.

Deutscher Bildungsdienst (1988). Welche Rolle spielt die Bildungspolitik in der EG? In: Deutscher Bildungsdienst., 8. Jg. 30/1988, S. 4–8.

Düchs, G. (2004). Politische Bildung in der Europäischen Union. In: Praxis Politische Bildung. Materialien, Analysen, Diskussionen, Jg. 8 /2004, Heft 2, S. 88–94.

Junker, K. (1997). Bildungspolitik in der Europäischen Union. In: Außerschulische Bildung. 1997, Heft 2, S. 156–160.

Hochbaum, I. (1993). Neue Wege der Zusammenarbeit. Die europäische Bildungs- und Berufspolitik nach Maastricht. In: Bildung und Erziehung, 46. Jg. 1993, S. 19–37.

Heidemann, W. (1997). Blick über die Grenzen. In Mitbestimmung. Magazin der Hans Böckler Stiftung. Ausbildung und ihre Organisation, Jg. 9/1997, S. 27–28.

Höllinger, H. (1992). Maastricht – Weichenstellung für eine Europäische Bildungsgemeinschaft. In: IBW. Institut für Bildungsforschung der Wirtschaft, 4. Jg. 1992, S. 3–5.

Hummelsheim, S. & Timmermann, D. (1995). Bildungsfinanzierung in Europa. Vergleichend Darstellung der Bildungssysteme mit Schwerpunkt in Deutschlands, Großbritannien und Frankreich. In: Grundlagen der Weiterbildung, 6. Jg., 5/95, S. 259–264.

Jüttner, E. (1993). Europa – Binnenmarkt der Bildung? In: Bildung und Erziehung, 46. Jg. 1993, Heft 2, S. 5–17.

Kallen, D. (1996). Lebenslanges Lernen in der Retroperspektive. In: Berufsbildung, Heft 8/9, S. 17–24.

Kaiser, R. & Prange, H. (2005), Die offene Methode der Koordinierung in der europäischen Innovationspolitik: Grenzen und Perspektiven. In: Integration, Jg. 2/2005, April 2005, S. 15–19.

Kohler, A. (1998). Investition in Humanressourcen – ein Dilemma? In: Berufsbildung. Europäische Zeitschrift. Cedefop, Mai–August, 2. Jg.1998, Heft 14, S. 25–30.

Krug, P. (2000). „Lebenslanges Lernen als lohnende Investition begreifen." In: DIE. Zeitschrift für Erwachsenenbildung, 7. Jg. 2000, S. 18–23.

Krug, P. (2001). In: Report, Literatur- und Forschungsreport Weiterbildung, Juni 2001. Thema: Weiterbildungspolitik, Nr. 47/2001, S.

Linsenmann, I. & Meyer, C. (2002). Dritter Weg, Überführung oder Teststrecke? Theoretische Konzeption und Praxis der offenen Politikkoordinierung, In: Integration 4. Jg. 2002, S. 285–296.

Maurer, A. (1995). SOKRATES, ERASMUS und COMENIUS – Die Reform der Bildungsprogramme der Europäischen Union. In: Integration, Jg. 18/1995, Heft 2, S. 117–124.

Mickel, W. (1993). Die Bildungs- und Kulturpolitik der EG. In: Hessische Blätter für Volksbildung, 1/93, S. 20–32.

Müller-Solger, H. (1990). Bildungspolitische Zusammenarbeit der Europäischen Gemeinschaft in Europa. In: Zeitschrift für Pädagogik, Bildung und Europa `92. Reformpädagogik. Theorieentwicklung in der Erziehungswissenschaft, November 1990, Jg. 36 6/90, S. 805–825.

Pfaff, U. (1996). Die EU-Programme SOKRATES und LEONARDO DA VINCI. In: Engagement. Zeitschrift für Erziehung und Schule, Heft 1–2, S. 65–71.

Schmidbauer, H. (1995). Woher kommt das Geld für die Weiterbildung. In: Grundlagen der Weiterbildung, 6. Jg., 5/95, S. 283–284.

Steinert, B. (2001). Die Relevanz der PISA-Studie für die Konzepte lebenslangen Lernens. In: Hessische Blätter für Volksbildung. Schule und Erwachsenenbildung, 1. Jg. 2003, S. 47–57.

Tippelt, T. (2001). Lebenslange Kompetenzentwicklung. Die Vernetzung von Schule, Erwachsenenbildung und Hochschule. In: Hessische Blätter für Volksbildung. Schule und Erwachsenenbildung, 1. Jg. 2003, S. 35–46.

Tuijnman, A. & Boström, A.-K. (2002). Changing Notions of Lifelong Education and Lifelong Learning. In: Internationale Zeitschrift für Erziehungswissenschaft, Jg. 1-2/2002, S. 93–110.

Wrobel, D. (1994). Alter Wein in Maastrichter Schläuchen. Bildungspolitik im europäischen Einigungsprozess. In: Neue Sammlung. Vierteljahres-Zeitschrift für Erziehung und Gesellschaft 34. Jg. 1994, Heft 2, S. 297–305.

Dokumente der Europäischen Union
EU-Dokumente: Arbeitsprogramme, Leitlinien, Mitteilungen, Empfehlungen etc.

Aktionsprogramm (1976). Entschließung des Rates und der im Rat vereinigten Minister für Bildungswesen vom 9. Februar 1976 mit einem Aktionsprogramm im Bildungsbereich. ABl. 19. Jg. 1976. C 38 vom 19. Februar 1976, http://europa.eu.int/eur-lex/lex/LexUriServ/LexUriServ.do?uri=CELEX:41976X0219: DE:HTML, [Stand 2005-08-11].

Arbeitsprogramm (2002a). Europäischer Rat. Detailliertes Arbeitsprogramm zur Umsetzung der Ziele der Systeme der allgemeinen und beruflichen Bildung in Europa. Mitteilungen. In: ABl. C 142/01 vom 14.6.2002, http://www.eubuero.de/arbeitsbereiche/europaeischebildungspolitik/Download/dat_/fil_ 772, [Stand 2005-07-27].

Arbeitsprogramm (2002b). Detailliertes Arbeitsprogramm zur Umsetzung der Ziele der Systeme der allgemeinen und beruflichen Bildung in Europa. Beratungsergebnisse des Rates. 20. Februar 2002, Brüssel, http://europa.eu.int/comm/ education/doc/official/keydoc/2002/progobj_de.pdf, [Stand 2005-07-27].

Arbeitsprogramm (2002c). Unterschiedliche Systeme, gemeinsame Ziele für 2010. Arbeitsprogramm zur Umsetzung der Ziele der Systeme der allgemeinen und beruflichen Bildung. Luxemburg: Amt für amtliche Veröffentlichungen der Europäischen Gemeinschaften, http://eu.daad.de/sokrates/downloads/Jahrestagung_2004/Bildung%20in%20Europa%02010.pdf, [Stand 2005-08-11].

Beitrag der Kommission (2005). Beitrag zum Bericht der Kommission für die Frühjahrstagung des Europäischen Rates am 22. und 23. März 2005 über die Lissabon-Strategie zur wirtschaftlichen, sozialen und ökologischen Erneuerung, SEK(2005)160. Brüssel 28.1.2005. Arbeitspapier der Kommission, http://europa.eu.int/growthandjobs/pdf/SEC2005_160_de.pdf, [Stand 2005-07-28].

Benchmark (2003). Schlussfolgerungen des Rates vom 5. Mai 2003 über europäische Durchschnittsbezugswerte für allgemeine und berufliche Bildung (Benchmarks). In: ABl. C 134 vom 7.6.2003, http://europa.eu.int/eur-lex/lex/LexUriServ/LexUriServ.do?uri=CELEX:52003XG0607(01):DE:HTML, [Stand 2005-08-11].

Beschluss zum Europäischen Jahr (1995). Beschluss Nr. 2493/95/EG des Europäischen Parlaments und des Rates vom 23. Oktober 1995 über die Veranstaltung eines Europäischen Jahres des lebensbegleitenden Lernens (1996) ABl. Nr. L 256 vom 26/10/1995 S. 0045-0048, http://europa.eu.int/smartapi/cgi/sga_doc?smartapi!celexplus!prod!DocNumber&lg=de&type_doc=Decision&an_doc=1995&nu_doc=2493, [Stand 2005-08-11].

Dahrendorf, R. (1973). Forschung, Wissenschaft und Bildung. Wissenschaftliche und technische Information. Arbeitsprogramm für die Bereiche Forschung, Wissenschaft und Bildung. Brüssel: Europäische Kommission.

Empfehlung (2001). Empfehlung des Europäischen Parlaments und des Rates vom 10. Juli 2001 über die Mobilität von Studierenden, in der Ausbildung stehenden Personen, Freiwilligen, Lehrkräften und Ausbildern in der Gemeinschaft (ABl. L 215 vom 9. August 2001) und Aktionsplan zur Förderung der Mobilität (ABl. C 371 vom 23. Dezember 2000).

Entschließung (1974). Entschließung der im Rat vereinigten Minister für Bildungswesen vom 6. Juni 1974 über die Zusammenarbeit im Bereich des Bildungswesens. ABl. Nr. C 098 vom 20/08/1974 S. 0002–0002, http://europa.eu.int/eur-lex/lex/LexUriServ/LexUriServ.do?uri=CELEX:41974X0820:DE:HTML, [Stand 2005-08-11].

Entschließung (1986). Entschließung der im Rat vereinigten Minister für Bildungswesen vom 16. November 1971 über die Zusammenarbeit im Bildungswesen. In: Rat der Europäischen Gemeinschaften (Hrsg.). Erklärungen zur europäischen Bildungspolitik. (2. Auflage). Luxemburg: Amt für amtliche Veröffentlichungen der Europäischen Gemeinschaft.

Entschließung (2002). Europäischer Rat. Entschließung des Rates vom 27. Juni 2002 zum lebensbegleitenden Lernen. In: Amtsblatt der Europäischen Gemeinschaften C 163 vom 09.07.2002, http://europa.eu.int/eur-lex/pri/de/oj/dat/2002/c_163/c_16320020709de00010003.pdf, [Stand 2005-08-11].

Entschluss (1963). Entschluss des Rates über die Aufstellung allgemeiner Grundsätze für die Durchführung einer gemeinsamen Politik der Berufsausbildung vom 2. April 1963. ABl. der EG Nr. 1339/63 vom 20. April 1963, http://europa.eu.int/eur-lex/lex/LexUriServ/LexUriServ.do?uri=CELEX:31963D0266: DE:HTML, [Stand 2005-08-11].

Europäische Kommission (1973). Für eine gemeinschaftliche Bildungspolitik. Bulletin der EG, Beilage 10/1973 (Janne-Bericht). Luxemburg: Amt für amtliche Veröffentlichungen der Europäischen Gemeinschaft.

Europäische Kommission (1982). Eine Bildungspolitik für Europa. Reihe Europäische Dokumentation 4/1982. Luxemburg: Amt für amtliche Veröffentlichungen der Europäischen Gemeinschaft.

Haager-Gipfelkonferenz (1969). Die Gipfelkonferenz in Haag. Europäische Gemeinschaften – Kommission (Hrsg.). Bulletin der EG, 1970.

Kok-Bericht (2004). Die Herausforderung annehmen. Die Lissabon-Strategie für Wachstum und Beschäftigung. Bericht der hochrangigen Sachverständigengruppe unter Vorsitz von Wim Kok. November 2004, http://europa.eu.int/growthandjobs/pdf/2004-1866-DE-complet.pdf, [Stand 2005-07-27].

Leitlinien (2005). Europäische Kommission. Integrierte Leitlinien für Wachstum und Beschäftigung (2005-2008), KOM(2005) 141 endgültig vom 12.4.2005; 2005/0057 (CNS). http://europa.eu.int/growthandjobs/pdf/COM2005_141_de.pdf, [Stand 2005-07-28].

Memorandum (2000). Memorandum über Lebenslanges Lernen. Arbeitsdokument der Kommissionsdienststellen. SEK (2000) 1832, Brüssel: Kommission der Europäischen Gemeinschaften, http://europa.eu.int/comm/education/policies/lll/life/memode.pdf, [Stand 2005-08-11].

Mitteilung (2001). Mitteilung der Europäischen Kommission. Einen europäischen Raum des lebenslangen Lernens schaffen, http://europa.eu.int/comm/education/policies/lll/life/communication/com_de.pdf, [Stand 2005-08-11].

Mitteilung (2002). Mitteilung der Kommission – Wirkungsvoll in die allgemeine und berufliche Bildung investieren: Eine Notwendigkeit für Europa, KOM(2002) 779 endg. vom 10. Januar 2003, http://europa.eu.int/eur-lex/de/com/cnc/2002/com2002_0779de01.pdf, [Stand 2005-07-27].

Mitteilung (2003a). Mitteilung der Kommission. Die Rolle der Universitäten im Europa des Wissens. Brüssel: Kommission der Europäischen Gemeinschaften vom 5.2.2003, KOM(2003) 58 endg, http://www.bologna-berlin2003.de/pdf/Anhang_Rolle_Unis.pdf, [Stand 2005-07-27].

Mitteilung (2003b). Mitteilung der Kommission an den Rat und das Europäische Parlament. Forscher im europäischen Forschungsraum: ein Beruf, vielfältige Karrieremöglichkeiten, KOM(2003) 436 endg. vom 18. Juli 2003, http://europa.eu.int/eur-lex/lex/LexUriServ/site/de/com/2003/com2003_0436de01.doc, [Stand 2005-07-27].

Mitteilung (2005). Europäische Kommission Mitteilung für die Frühjahrstagung des Europäischen Rats. Zusammenarbeit für Wachstum und Arbeitsplätze. Ein Neubeginn für die Strategie von Lissabon. Mitteilung von Präsident Barroso im Einvernehmen mit Vizepräsident Verheugen, KOM (2005) 24, Brüssel, den 2.2.2005, http://europa.eu.int/growthandjobs/pdf/COM2005_024_de.pdf, [Stand 2005-07-28].

Strategie (1996). Schlussfolgerungen des Rates vom 20. Dezember 1996 zu einer Strategie für lebensbegleitendes Lernen. ABL. C 007 vom 10. Januar 1997, S. 0006–0012, http://europa.eu.int/eur-lex/lex/LexUriServ/LexUriServ.do?uri=CELEX:31997Y0110(02):DE:HTML, [Stand 2005-08-11].

Strategiebericht (2003). Generaldirektion Bildung und Kultur. Strategien für das lebenslange Lernen in Europa: Bericht zur Umsetzung der Ratsentschließung von 2002 zum lebensbegleitenden Lernen EU und EWR-EFTA-Länder. Erarbeitet von der Europäischen Kommission mit Unterstützung Brüssel, 17. Dezember 2003, http://europa.eu.int/comm/education/policies/2010/et_2010_de.html, [Stand 2005-08-11].

Zwischenbericht (2004). Allgemeine und berufliche Bildung 2010. Die Dringlichkeit von Reformen für den Erfolg der Lissabon-Strategie. Gemeinsamer Zwischenbericht des Rates und der Kommission über die Maßnahmen im Rahmen des detaillierten Arbeitsprogramms zur Umsetzung der Ziele der Systeme der allgemeinen und beruflichen Bildung in Europa vom 26. Februar 2004, KOM(2003)685 endg., http://ue.eu.int/ueDocs/cms_Data/docs/pressdata/de/misc/79604.pdf, [Stand 2005-08-11].

EU-Dokumente zu Bildungsprogrammen: Beschlüsse und Leitfaden

Beschluss (1986). Beschluss des Rates vom 24. Juli 1986 zur Annahme des Programms über die Zusammenarbeit zwischen Hochschule und Wirtschaft auf dem Gebiet der Technologie (COMETT I), Nr. 86/365/EWG. In: ABl. Nr. L 22 vom 8.8.1986, S. 17–21.

Beschluss (1987a). Beschluss des Rates vom 17. Juni 1987 über ein gemeinschaftliches Aktionsprogramm zur Förderung der Mobilität von Hochschulstudenten (ERASMUS I), Nr. 87/327/EWG. In ABl. Nr. L 166 vom 25.6.1987, S. 20–24.

Beschluss (1987b). Beschluss des Rates vom 1. Dezember 1987 über ein Aktionsprogramm für die Berufsbildung Jugendlicher und zur Vorbereitung der Jugendlichen auf das Erwachsenen- und Erwerbsleben (PETRA I), Nr. 87/569/EWG. In: ABl. Nr. L 346 vom 10.12.1987, S. 31–33.

Beschluss (1988a). Beschluss des Rates vom 16. Juni 1988 über ein Aktionsprogramm „Jugend für Europa" zur Förderung des Jugendaustausches in der Gemeinschaft, Nr. 88/348/EWG. In ABl. Nr. L 158 vom 25.6.1988, S .42–46.

Beschluss (1988b). Beschluss des Rates vom 28. Juli 1989 über ein Aktionsprogramm zur Förderung der Fremdsprachenkenntnisse in der Europäischen Gemeinschaft (LINGUA), Nr. 98/489/EWG. In: ABl. Nr. L 239 vom 16.8.1989, S. 24–32.

Beschluss (1989a). Beschluss des Rates vom 16. Dezember 1988 über die Verabschiedung der zweiten Phase des Programms über die Zusammenarbeit zwischen Hochschule und Wirtschaft im Bereich der Aus- und Weiterbildung auf dem Gebiet der Technologie (COMETT II) (1990–1994), Nr. 86/365/EWG. In: ABl. Nr. L 13 vom 17.1.1989, S. 28–35.

Beschluss (1989b). Beschluss des Rates vom 14. Dezember 1989 zur Änderung des Beschlusses Nr. 87/327/EWG über ein gemeinschaftliches Aktionsprogramm zur Förderung der Mobilität von Hochschulstudenten (ERASMUS II), Nr. 89/663/EWG. In: ABl. Nr. L 395 vom 30.12.1989, S. 23–27.

Beschluss (1989c). Beschluss des Rates vom 18. Dezember 1989 über ein Aktionsprogramm zur Förderung von Innovationen in der Berufsausbildung in der Folge des technologischen Wandels in der Gemeinschaft (EUROTECNET), Nr. 89/657/EWG. In: ABl. Nr. L 393 vom 30.12.1989, S. 29–34.

Beschluss (1990a). Beschluss des Rates vom 7. Mai 1990 zur Aufstellung eines europaweiten Mobilitätsprogramms für den Hochschulbereich (TEMPUS), Nr. 90/233/EWG. In: ABl. Nr. L 131 vom 23.5.1990, S. 21–26.

Beschluss (1990b). Beschluss des Rates vom 29. Mai 1990 über die Förderung der beruflichen Weiterbildung in der Gemeinschaft (FORCE), Nr. 90/267/EWG. In: ABl. L 156 vom 21.6.1990, S. 1–5.

Beschluss (1991a). Beschluss des Rates vom 22. Juni 1991 zur Änderung des Beschlusses Nr. 87/569/EWG über ein Aktionsprogramm für die Berufsbildung Jugendlicher und zur Vorbereitung der Jugendlichen auf das Erwachsenen- und Erwerbsleben (PETRA II), Nr. 91/387/EWG. In: ABl. Nr. L 214 vom 2.8.1991, S. 69–76.

Beschluss (1991b). Beschluss des Rates vom 29. Juli 1991 über ein Aktionsprogramm „Jugend für Europa" (zweite Phase), Nr. 91/395/EWG. In: ABl. Nr . L 217 vom 6.8.1991, S. 25–30.

Beschluss (1993). Beschluss des Rates vom 29. April 1993 über die Verabschiedung der zweiten Phase des europaweiten Programms zur Zusammenarbeit im Hochschulbereich (TEMPUS II) (1994–1998), Nr. 93/246/EWG. In: ABl. L 112 vom 6.5.1993, S. 34–39.

Beschluss (1994). Beschluss des Rates vom 6. Dezember 1994 über ein Aktionsprogramm zur Durchführung einer Berufsbildungspolitik der Europäischen Gemeinschaft (LEONARDO DA VINCI), Nr. 94/819/EWG. In ABl. Nr. L 340 vom 29.12.1994, S. 8–24.

Beschluss (1995a). Beschluss Nr. 819/95/EG des Europäischen Parlaments und des Rates vom 14. März 1995 über das gemeinschaftliche Aktionsprogramm SOKRATES. In: ABl. Nr. L 87 vom 20.4.1995.

Beschluss (1995b). Beschluss Nr. 818/95/EG des Europäischen Parlaments und des Rates vom 14. März 1995 zur Annahme der dritten Phase des Programms „Jugend für Europa" (JUGEND). In: ABl. Nr. L 87 vom 20.4.1995.

Beschluss (1999). Beschluss des Rates der EG vom 26. April 1999 über die Durchführung der zweiten Phase des gemeinschaftlichen Aktionsprogramms in der Berufsbildung „Leonardo da Vinci", Nr. 1999/382/EG). In: ABl. L 146 vom 11.6.1999, http://europa.eu.int/eur-lex/pri/de/oj/dat/1999/l_146/ l_14619990611de00330047.pdf, [Stand 2005-07-26]

Beschluss (2000a). Beschluss des Europäischen Parlamentes und des Rates der EG über die Durchführung der zweiten Phase des gemeinschaftlichen Aktionsprogramms im Bereich der allgemeinen Bildung Sokrates vom 24. Januar 2000, Nr. 253/2000/EG. In: ABl. L 28 vom 3.2.2000, http://europa.eu.int/ eur-lex/pri/de/oj/dat/2000/l_028/l_02820000203de00010015.pdf, [Stand 2005-07-26]

Beschluss (2000b). Beschluss des Europäischen Parlamentes und des Rates der EG vom 13. April 2000 zur Einführung des gemeinschaftlichen Aktionsprogramms „Jugend", Nr. 1031/2000/EG. In: ABl. L 117 vom 18.5.2000. http:// europa.eu.int/comm/youth/program/dec_1031_de.pdf, [Stand 2005-07-26].

Leitfaden (2003a). Generaldirektion Bildung und Kultur Leitfaden der Programme und Aktionen. Brüssel: Amt für Veröffentlichung der Europäischen Kommission, http://europa.eu.int/comm/dgs/education_culture/publ/pdf/guide-eac/2003_de.pdf, [Stand 2005-07-27].

Leitfaden (2003b). Generaldirektion Bildung und Kultur. Leitfaden der Programme und Aktionen, http://europa.eu.int/comm/dgs/education_culture/guide_ de.pdf, [Stand 2005-07-27].

EU-Dokumente: Schlussfolgerungen des Europäischen Rats seit Lissabon 2000

Barcelona-Gipfel (2002). Europäischer Rat. Schlussfolgerungen des Vorsitzes, Barcelona, 15. und 16. März 2002, http://ue.eu.int/ueDocs/cms_Data/docs/ pressData/de/ec/71067.pdf, [Stand 2005-08-11].

Brüssel-Gipfel (2003). Europäischer Rat. Schlussfolgerungen des Vorsitzes, Brüssel, 20. und 21. März 2003, http://ue.eu.int/ueDocs/cms_Data/docs/pressData/de/ec/75146.pdf, [Stand 2005-08-11].

Brüssel-Gipfel (2003). Europäischer Rat Schlussfolgerungen des Vorsitzes, Brüssel, 16. und 17. Oktober 2003, http://ue.eu.int/ueDocs/cms_Data/docs/ pressData/de/ec/77683.pdf, [Stand 2005-07-27].

Brüssel-Gipfel (2004). Europäischer Rat. Schlussfolgerungen des Vorsitzes, Brüssel, 25. und 26. März 2004, http://ue.eu.int/ueDocs/cms_Data/docs/pressData/de/ec/79702.pdf, [Stand 2005-07-27].

Brüssel-Gipfel (2005a). Europäischer Rat. Schlussfolgerungen des Vorsitzes, Brüssel 22. und 3. März 2005, http://ue.eu.int/ueDocs/cms_Data/docs/pressData/de/ec/00100-rl.d0.htm, [Stand 2005-07-27].

Brüssel-Gipfel (2005b). Europäischer Rat. Schlussfolgerungen des Vorsitzes, Brüssel 1 und 17. Juni 2005, http://ue.eu.int/ueDocs/cms_Data/docs/pressData/de/ec/85350.pdf, [Stand 2005-07-27].

Feira-Gipfel (2000). Europäischer Rat Schlussfolgerungen des Vorsitzes, Feira, 19. und 20. Juni 2000, http://ue.eu.int/ueDocs/cms_Data/docs/pressData/de/ec/00200-rl.d0.htm, [Stand 2005-08-11].

Götteburg-Gipfel (2001). Europäischer Rat. Schlussfolgerungen des Vorsitzes, Göteburg, 15. und 26. Juni 2001, http://ue.eu.int/ueDocs/cms_Data/docs/pressData/de/ec/00200-rl.d1.pdf, [Stand 2005-08-11].

Laeken-Gipfel (2001). Europäischer Rat Schlussfolgerungen des Vorsitzes, Laeken, 14. und 15. Dezember 2001. (http://ue.eu.int/ueDocs/cms_Data/docs/pressData/de/ec/68829.pdf). [Stand 2005-08-11].

Lissabon-Gipfel (2000). Europäischer Rat Schlussfolgerungen des Vorsitzes, Lissabon, 23. und 24. März 2000, http://ue.eu.int/ueDocs/cms_Data/docs/pressData/de/ec/00100-rl.d0.htm, [Stand 2005-08-11].

Nizza-Gipfel (2000). Europäischer Rat Schlussfolgerungen des Vorsitzes, Nizza, 7., 8., und 9. Dezember 2000. (http://ue.eu.int/ueDocs/cms_Data/docs/pressData/de/ec/00400.%20ann.d0.htm). [Stand 2005-08-11].

Stockholm-Gipfel (2001). Europäischer Rat. Schlussfolgerungen des Vorsitzes, Stockholm, 23. und 24. März 2001, http://ue.eu.int/ueDocs/cms_Data/docs/pressData/de/ec/ACF191B.html, [Stand 2005-08-11].

Thessaloniki-Gipfel (2003). Europäischer Rat. Schlussfolgerungen des Vorsitzes, Thessaloniki, 19. und 20. Juni 2003, http://ue.eu.int/ueDocs/cms_Data/docs/pressData/de/ec/76285.pdf,. [Stand 2005-07-27].

EU-Dokumente: Erklärungen, Kommuniqués zum Bologna-Prozess

Berliner Kommuniqué (2003). Berliner Kommuniqué. Realising the European Higher Education Area. Communiqué of the Conference of Ministers responsible for Higher Education in Berlin on 19 September 2003, http://www. bmbf.de/pub/communique_bologna-berlin_2003.pdf, [Stand: 2005-08-11].

Bergen Kommuniqué (2005). The European Higher Education Area – Achieving the Goals Communiqué of the Conference of European Ministers Responsible for Higher Education, Bergen, 19–20 May 2005 http://www.bologna-bergen2005.no/Docs/00-Main_doc/050520_Bergen_Communique.pdf [Stand: 2005-08-11].

Bologna-Erklärung (1999). Bundesministerium für Bildung und Forschung. Die Bologna-Deklaration. Der Europäische Hochschulraum. Gemeinsame Erklärung der Europäischen Bildungsminister vom 18./19. Juni 1999, Bologna, http://www.bmbf.de/pub/bologna_deu.pdf, [Stand: 2005-08-11].

Kopenhagen-Erklärung (2002). Erklärung der am 29./30. November 2002 in Kopenhagen versammelten für die berufliche Erstausbildung und Weiterbildung zuständigen Minister sowie der Kommission über die verstärkte europäische Zusammenarbeit bei der beruflichen Bildung, http://www.bmbf. de/pub/copenhagen_declaration_eng_final.pdf, [Stand: 2005-08-11].

Maastricht-Kommuniqué (2004). Kommuniqué von Maastricht zu den künftigen Prioritäten der verstärkten Europäischen Zusammenarbeit in der Berufsbildung (Fortschreibung der Kopenhagener Erklärung vom 30. November 2002) vom 14 Dezember 2004, http://europa.eu.int/comm/education/news/ ip/docs/maastricht_com_de.pdf, [Stand: 2005-08-11].

Prager Kommuniqué (2001). Prager Kommuniqué, Auf dem Wege zum europäischen Hochschulraum. Kommuniqué des Treffens der europäischen Hochschulministerinnen und Hochschulminister am 19. Mai 2001 in Prag, http:// www.bmbf.de/pub/prager_kommunique.pdf, [Stand: 2005-08-11].

Sorbonne-Erklärung (1998). Sorbonne Joint Declaration. Joint declaration on harmonisation of the architecture of the European higher education system by the four Ministers in charge for France, Germany, Italy and the United Kingdom. Paris, the Sorbonne, May 25 1998, http://www.bmbf.de/pub/sorbonne_declaration.pdf, [Stand: 2005-08-11].

Weißbücher der Europäischen Kommission

Weißbuch (1993). European Commission. White Paper on growth, competitiveness, and employment: The challenges and ways forward into the 21st century COM(93) 700 final. Brussels, 5 December 1993, http://europa.eu.int/en/record/white/c93700/contents.html, [Stand 2005-08-11].

Weißbuch (1995). Europäische Kommission (1995). Weißbuch zur allgemeinen und beruflichen Bildung. Lehren und Lernen. Auf dem Weg zur kognitiven Gesellschaft, http://europa.eu.int/comm/education/doc/official/keydoc/lb-de.pdf, [Stand 2005-08-11].

Weißbuch (2001) Europäische Kommission. Brüssel, den 25.7.2001. KOM(2001) 428 endgültig. Europäisches Regieren. Ein Weißbuch, http://europa.eu.int/eur-lex/lex/LexUriServ/site/de/com/2001/com2001_0428de01.pdf, [Stand 2005-07-28].

Forschung
Gutachten, Arbeitspapiere, Statistiken

Blanchard, O. (2004). The economic future of Europe. Massachusetts Institute of Technology. Department of Economics. Working Paper Series 04-04. February 1, 2004, http://www.eabcn.org/research/documents/blanchard04.pdf, [Stand 2005-07-28].

Blanke, J. & Lopez-Claros, A. (2004). The Lisbon Review 2004: an assessment of policies and reforms in Europe/Geneva. World Economic Forum, Global Competitiveness Programme 2004, http://www.weforum.org/pdf/Gcr/LisbonReview/Lisbon_Review_2004.pdf, [Stand 2005-07-18].

BLK-Bericht (2004). Schlussbericht der unabhängigen Expertenkommission Finanzierung Lebenslangen Lernens: Der Weg in die Zukunft 28. Juli 2004, http://www.bmbf.de/pub/schlussbericht_kommission_lll.pdf, [Stand 2005-07-28].

BLK-Programmbeschreibung (1999). Heft 88. Lebenslanges Lernen. Programmbeschreibung und Darstellung der Länderprojekte Deutsches Institut für Erwachsenenbildung (DIE). Materialien zur Bildungsplanung und zur Forschungsförderung, http://www.blk-bonn.de/papers/heft88.pdf, [Stand 2005-07-18].

BLK-Projektbeschreibungen (2005). Lebenslanges Lernen. Aktuelle Tätigkeits-bereiche der BLK. Kurzbeschreibung der von der BLK seit 1994 geförderten Modellversuche (Einzelvorhaben und Programme). BLK-Modellvorhaben im Programm „Lebenslanges Lernen", http://www.blk-bonn.de/modellver-suche/programm_lebenslanges_lernen.htm, [Stand 2005-08-01].

BMBF-Aktionsprogramm (2001). Aktionsprogramm „Lebensbegleitendes Ler-nen für alle" vom Januar 2001. Bonn: BMBF, http://www.bmbf.de/_media/press/Pmprog.pdf, [Stand 2005-07-31].

BMBF-Weiterbildungspass (2004). Weiterbildungspass mit Zertifizierung infor-mellen Lernens" Machbarkeitsstudie im Rahmen des BLK-Verbundprojek-tes Bonn: BMBF, http://www.bmbf.de/pub/weiterbildungspass_mit_zertifi-zierung_informellen_lernens.pdf[Stand 2005-08-01].

BMBF-Bologna (2005). Stand der Einführung von Bachelor- und Master-Studi-engängen im Bologna-Prozess sowie in ausgewählten Ländern Europas im Vergleich zu Deutschland, http://www.bmbf.de/pub/bachelor_u_master_im_bolognaprozess_in_eu.pdf, [Stand 2005-08-05].

BMBF-Schlussbericht (2004). Schlussbericht der unabhängigen Expertenkom-mission Finanzierung Lebenslangen Lernens: Der Weg in die Zukunft 28. Juli 2004, http://www.bmbf.de/pub/schlussbericht_kommission_lll.pdf, [Stand 2005-07-28].

Bologna-Bericht (2004). Sekretariat der Ständigen Konferenz der Kultusminister der Länder in der Bundesrepublik Deutschland. Realisierung der Ziele des Bologna-Prozesses. Nationaler Bericht 2004 für Deutschland von KMK und BMBF, http://www.bmbf.de/pub/nationaler_bericht_bologna_2004.pdf, [Stand 2005-07-31].

Breuss, F. (2005a). Die Zukunft der der Lissabon-Strategie. Working Papers, 244/2005. Österreichisches Institut für Wirtschaftsforschung (Wifo). Wi-en: Wifo, http://publikationen.wifo.ac.at/pls/wifosite/wifosite.wifo_search.frameset?p_filename=WIFOWORKINGPAPERS/PRIVATE24220/WP_2005_244$.PDF, [Stand 2005-07-28].

Buse, M (2004). Forum Föderalismus 2004. Bildungspolitik im föderativen System und internationaler Einfluss. Gütersloh/Berlin/Berlin/Potsdam: Bertelsmann Stiftung /Konrad-Adenauer-Stiftung/Stiftung Marktwirtschaft/ Friedrich-Naumann-Stiftung, http://www.bertelsmann-stiftung.de/cps/rde/ xbcr/SID-0A000F0A-ODE4A06D/stiftung/Bildungspolitik_im_foederati-ven_System_Gutachten_Buse.pdf, [Stand 2005-07-18].

Deutschlandbericht (2003). Europäische Kommission. Generaldirektion Bildung und Kultur. Allgemeine Bildung. Entwicklung eines politischen Konzepts für das lebenslange Lernen. Implementierung von Strategien für das lebenslange Lernen in Europa. Bericht zur Umsetzung der Ratsentschließung von 2002. Antworten auf den Kommissionsfragebogen. Deutschland, http://europa.eu.int/comm/education/policies/2010/lll_report/lll_de_de.pdf, [Stand 2005-07-27].

DIE (2004). Deutsches Institut für Erwachsenenbildung. Kurzfassung der Machbarkeitsstudie des BLK-Verbundprojektes „Weiterbildungspass mit Zertifizierung informellen Lernens", http://www.die-bonn.de/esprid/dokumente/ doc-2004/die04_01.pdf, [Stand 2005-08-01].

Die Bundesregierung (2004). Wachstum und Beschäftigung für die Jahre bis 2010. Position der Bundesregierung zur Halbzeitbilanz der Lissabon-Strategie. http://www.bundesfinanzministerium.de/lang_de/nn_1282/DE/Service/Downloads/Downloads__5/27381__1,templateId=raw,property=publi cationFile.pdf, [Stand 2005-07-28].

Dohmen, G. (1996a). (Hrsg): Selbstgesteuertes lebenslanges Lernen? Dokumentation zur Expertenkonferenz des BMBF vom 6. bis 7. Dezember in Bonn. Bonn: Gustav-Stresemann-Institut.

Dohmen, G (1996b). Das lebenslange Lernen. Leitlinien einer modernen Bildungspolitik. BMBF, Bonn 1996; erweiterte englische Ausgabe: Dohmen, G.: Lifelong Learning. Guidelines for a modern educational policy. Bonn: BMBF.

Dohmen (1997). Das Jahr des lebenslangen Lernens – was hat es gebracht? In: H. Faulstich-Wieland; E. Nuissl; H. Siebert & J. Weinberg (Hrsg.). Literatur und Forschungsreport Weiterbildung, Report 39, Juni 1997 (S. 10–26). Frankfurt am Main: DIE, http://www.die-bonn.de/esprid/dokumente/doc-1997/faulstich-wieland97_02.pdf#page=48, [Stand 2005-07-29].

Dybowski, G. & Faulstich, P. (2002). Weiterbildung und lebenslanges Lernen. In: H. Mathieu (Hrsg.). Bildung im Wettbewerb. Gutachten der Friedrich-Ebert-Stiftung (S. 37–73). Bonn/Berlin: Friedrich-Ebert-Stiftung.

EuroMemorandumGroup (2004). Europäische Wirtschaftwissenschaftlerinnen und Wirtschaftswissenschaftler für eine andere Wirtschaftspolitik in Europa. Jenseits von Lissabon. Wirtschafts- und sozialpolitische Leitlinien und Eckpunkte einer Verfassung für das europäische Gesellschaftsmodell, http://www.memo-europe.uni-bremen.de/downloads/Euromemo_German_2004.PDF, [Stand 2005-08-11].

European Policy Centre (2004). EPC Working Paper. March 18/WP 08. Lisbon Revisited – Finding a new path to European Growth.

European Growth Task Force (2004). Ten Do-s and Don-t-s for Sustainable Growth in Europe, Interim Report, Brussels, 27.102004 (EPC Issue Paper No.18).

Forum-Empfehlungen (2001) Entwurf Lernen – ein Leben lang. Vorläufige Empfehlungen des Forum Bildung, http://bildungplus.forum-bildung.de/files/empf9.pdf, [Stand 2005-08-11].

Forum-Bericht (2000). Arbeitsstab Forum Bildung in der Geschäftsstelle der Bund-Länder-Kommission für Bildungsplanung und Forschungsförderung Kompetenzen als Ziele von Bildung und Qualifikation. Bonn: Bericht der Expertengruppe des Forum Bildung. http://bildungplus.forum-bildung.de/files/eb_III.pdf, [Stand 2005-08-03].

Forum Bildung (2005). Forum Bildung (1999–2002), http://www.forum-bildung.de/templates/forumbildung1.php, [Stand 2005-08-01].

Gnahs, D.; Ioannidou, A. Pehl, K.; Seidel, S. (2002). Harmonised List of Learning Activities (HaLLA). Final version 15 March 2002 – edited by P. Descy, A.-F. Mossoux & S. Pilos. Hannover: Institut für Entwicklungsplanung und Strukturforschung GmbH.

Haug, G. (2000). Trends and Issues in Learning Structures in Higher Education in Europe. HRK: Beiträge zur Hochschulpolitik 1/2000. Bonn: Hochschulrektorenkonferenz.

Krewerth, A. (2004). Aspekte des lebenslangen Lernens. Absolvierung von Aufstiegsfortbildungen und nachträglicher Erwerb von Studienberechtigungen. Ein Vergleich von Bildungsverläufen in unterschiedlichen Alterskohorten, Heft 70. Bundesinstitut für Berufsbildung (BIBB).

Krug, P. (1997). Das Europäische Jahr des lebensbegleitenden Lernens 1996. Perspektiven für die Weiterbildungspolitik. In: H. Faulstich-Wieland; E. Nuissl, H. Siebert, J. Weinberg (Hrsg.). Literatur und Forschungsreport Weiterbildung, Report 39, Juni 1997 (S. 50–58). Frankfurt am Main: DIE, http://www.die-bonn.de/esprid/dokumente/doc-1997/faulstich-wieland97_02.pdf#page=48, [Stand 2005-07-29].

Kruse (2003). BMBF. Bundesministerium für Bildung und Forschung. (Hrsg.). Lebenslanges Lernen in Deutschland – Finanzierung und Innovation: Kompetenzentwicklung, Bildungsnetze, Unterstützungsstrukturen. Bericht des BMBF für die OECD zu „good Practice der Finanzierung Lebenslangen Lernens" im Rahmen des Projektes „Co-financing lifelong learning". http://www.bmbf.de/pub/lebenslanges_lernen_oecd_2003.pdf, [Stand 2005-07-27].

Murray, A. (2003). Der Lissabon-Anzeiger: EU Wirtschaftsreformen vor der Osterweiterung. September 2003. Centre for European Reform, http://www.cer.org.uk/pdf/wp_german_lisbon_III_2003.pdf, [Stand: 2005-08-11].

Murray, A.; Wanlin, A. (2005). The Lisbon Scorecard V: Can Europe compete? http://www.cer.org.uk/pdf/p_602_lisbon_scorecard_v.pdf, [Stand: 2005-08-11].

Nacke, B.; Dohmen, G. (Hrsg.) (1996). Lebenslanges Lernen – aber wie? Erfahrungen und Anregungen aus Wissenschaft und Praxis. Ergebnisse aus der Fachtagung vom 13. bis 15. Dezember 1995 in Bensberg. Bonn: Katholische Bundesarbeitsgemeinschaft für Erwachsenenbildung (KBE).

Overdevest, C. (2002). The Open Method of coordination, New Governance, and Learning: Towards a Research Agenda. In: New Governance Project Working Paper, University of Wisconsin-Madison, July 2002, http://www.wisc.edu/wage/papers/OMCtr2.pdf, [Stand: 2005-08-04].

Pricewaterhouse Coopers (2004). Rethinking the European ICT agenda. Ten ICT-breakthroughs for reaching Lisbon goals. Hague: 2004.

Radaelli, C. M. (2003). The open method of coordination: a new governance architecture for the European Union? Stockholm (20 February 2003), Swedish Institute for European Policy Studies (SIEPS), http://www.sieps.su.se/_pdf/Publikationer/CR20031.pdf, [Stand: 2005-08-04].

Schwarz-Hahn; Rehburg, M. (2003). Bachelor und Master in Deutschland Empirische Befunde zur Studienstrukturreform. Wissenschaftliches Zentrum für Berufs- und Hochschulforschung. Universität Kassel, September 2003, http://www.bmbf.de/pub/bachelor_und_master_in_deutschland.pdf, [Stand 2005-08-05].

Seifert, M. (2004). Rechtliche Grundlagen des Bologna-Prozesses und der Lissabon-Strategie – Europaweite Vereinheitlichung der Studienstrukturen und Maßnahmen zur Erleichterung der Anerkennung von Diplomen. Working Papers. Wirtschaftsuniversität Wien: Europainstitut, http://epub.wu-wien.ac.at/dyn/virlib/wp/mediate/epub-wu-01_6de.pdf?ID=epub-wu-01_6de, [Stand 2005-07-28].

Strategie (2004). Heft 115. Strategie für Lebenslanges Lernen in der Bundesrepublik Deutschland. Deutsches Institut für Erwachsenenbildung (DIE). Materialien zur Bildungsplanung und zur Forschungsförderung, http://www.blk-bonn.de/papers/heft115.pdf, [Stand 2005-08-01].

Strukturindikatoren (2005). Aktualisierter statistischer Anhang (Anhang 1) zum 2005 Bericht der Kommission für die Frühjahrstagung des Europäischen Rates, http://europa.eu.int/growthandjobs/pdf/statistical_annex_2005_de.pdf, [Stand 2005-07-28].

Internationale Organisationen / Informationsnetzwerke

Artelt, C., Baumert, J., Julius-McElvany, N. & Peschar, J. (2004). Das Lernen lernen. Voraussetzungen für lebensbegleitendes Lernen. Paris: OECD.

Bîrzéa, C. (2000): Education for democratic citizenship: a lifelong learning perspective. Project on „Education for democratic citizenship". Strasbourg: Council of Europe.

Cedefop (2003). Lebenslanges Lernen: Die Einstellungen der Bürger. Luxemburg; Amt für amtliche Veröffentlichungen der Europäischen Gemeinschaften,. http://www2.trainingvillage.gr/etv/publication/download/panorama/4025_de.pdf, [Stand 2005-07-18].

Cedefop (2005a). What does Cedefop do ? http://www.cedefop.eu.int/inbrief.asp#1, [Stand 2005-08-11].

Cedefop (2005b). Lifelong Learning. Projects & Netweorks.Projects Base. http://www2.trainingvillage.gr/etv/lll/lllbase/country.asp, [Stand 2005-07-18].

Europarat (1970). Permanent Education. A compendium of studies commissioned by the Council for Cultural Co-operation. Strasbourg.

Europarat (1971): Council for cultural co-operation. Committee for out-of-school education. Permanent Education. Fundamentals for an Integrated Educational Policy. Studies on Permanent Education, no. 21/1971. Strasbourg: Council of Europe.

Europarat (1978): Permanent Education. Final Report of the Steering Group on Permanent Education presented by Bertrand Schwartz, Project Director and Anne de Blignieres. Council for Cultural Co-operation. CCC/EP (77) 8 revised. Strasbourg: Council of Europe.

Europarat (2002): Recommendation Rec(2002)6 of the Committee of Ministers to member states on higher education policies in lifelong learning. Adopted by the Committee of Ministers on 15 May 2002 at the 795th meeting of the Ministers' Deputies. Strasbourg, https://wcm.coe.int/ViewDoc.jsp?id=282213&Lang=en, [Stand 2004-08-11].

Eurydice (2000). Der Beitrag der Bildungssysteme der Mitgliedstaaten der Europäischen Union. Ergebnisse der Eurydice-Umfrage. Brüssel: Eurydice, http://www.lebenslangeslernen.at/downloads/EU_LLLBeitragDerSysteme_0300.pdf, [Stand 2005-08-11].

Eurydice (2005a). Eurydice. Das Informationsnetz zum Bildungswesen. Allgemeine Beschreibung, http://www.eurydice.org/accueil_menu/de/frameset_menu.html, [Stand 2005-08-11].

Eurydice (2005b) Eurydice. Das Informationsnetz zum Bildungswesen. Organisation des Eurydice-Netzwerks, http://www.eurydice.org/About/De/frameset_origin.html, [Stand 2005-08-11].

Delors-Bericht (1996). Delors, J.; Mufti, I.; Amagi, I.; Carneiro, R.; Chung, F.; Geremek, B.; Gorham, W.; Kornhauser, A.; Manley, M.; Quero, M. P.; Savane, M.-A.; Singh, K.; Stavenhagen, R.; Suhr, M. W.; Nanzhao, Z. Learning. The Treasure Within – Report to UNESCO of the International Commission on Education for the Twenty-first Century. Paris: UNESCO, http://www.see-educoop.net/education_in/pdf/15_62.pdf, [Stand 2005-08-11].

Delors-Bericht (1997). Delors, J.; Mufti, I.; Amagi, I.; Carneiro, R.; Chung, F.; Geremek, B.; Gorham, W.; Kornhauser, A.; Manley, M.; Quero, M. P.; Savane, M.-A.; Singh, K.; Stavenhagen, R.; Suhr, M. W.; Nanzhao, Z. In: Deutsche UNESCO-Kommission (Hrsg.) Lernfähigkeit: Unser verborgener Reichtum. UNESCO-Bericht zur Bildung für das 21. Jahrhundert. Neuwied/Kriftel/Berlin: Luchterhand.

Deutsche UNESCO Kommission Deutschland (2005). Verfassung der Organisation der Vereinten Nationen für Bildung, Wissenschaft und Kultur (UNESCO), http://www.unesco.de/, [Stand 2005-08-11].

Europarat (2005a). Council of Europe. The Europe of cultural cooperation. EDC. Education for democratic citizenship. http://www.coe.int/T/E/Cultural_Co-operation/education/E.D.C/, [Stand 2005-08-11].

Europarat (2005b). Council of Europe. Lifelong Learning. http://www.coe.int/T/E/Cultural_Co-opera tion/education/E.D.C/What_is_education_for_democratic_citizenship/Glossary_%20Key_terms.asp#P332_17852) [Stand 2005-08-11].

Faure-Bericht (1972). Faure, E.; Herrera, F.; Kaddoura, A.-R.; Lopes, H.; Petrovski, A. V.; Rehnema, M.; Ward F. C. Learning to Be. The World of Education Today and Tomorrow. Paris: UNESCO.

Faure-Bericht (1973). Faure, E.; Herrera, F.; Kaddoura, A.-R.; Lopes, H.; Petrovski, A. V; Rehnema, M. Ward F. C. Wie wir leben lernen. Der Unesco-Bericht über Ziele und Zukunft unserer Erziehungsprogramme. Reinbek bei Hamburg: Rowohlt.

OECD (1973). Recurrent Education. A Strategy for Lifelong Learning. Centre for Educational Research and Innovation, Paris: OECD.

OECD (1996). Lifelong Learning for All. Meeting of the Education Committee at Ministerial Level, 16–17. January 1996. Paris: OECD.

OECD (2001a). Kompetenzen für alle Investieren. Kommuniqué. Tagung der OECD Bildungsminister Paris, 3.–4. April 2001. Paris: OECD.

OECD (2001b). Organisation for Economic Co-operation and Development. The Role of National Qualifications Systems in Promoting Lifelong Learning, http://www.oecd.org/document/16/0,2340,en_2649_34509_32165840_1_1_1_1,00.html, [Stand: 2005-08-11].

OECD (2003). Mechanisms for the Co-finance of Lifelong Learning Second International Seminar: Taking Stock of Experience with Co-finance Mechanisms Updated 28 April 2003. OECD, Learning and Skills Council and the European Learning Account Network. Descriptions and evaluations of recent experience with mechanisms for co-financing lifelong Learning Descriptions and evaluations of recent experience with mechanisms for co-financing lifelong learning Reports prepared by national authorities and members of the ELAP network, http://www.oecd.org/dataoecd/51/27/2501342.pdf, [Stand: 2005-08-04].

OECD (2004). Organisation für wirtschaftliche Zusammenarbeit und Entwicklung. Bildung auf einen Blick. OECD-Indikatoren 2004. Paris: OECD.

PISA (2001). PISA 2000. Zusammenfassung zentraler Befunde. Programme for International Student Assessment. S. Artelt, J. Baumert, E. Klieme, M. Neubrand, M. Prenzel, U. Schiefele, W. Schneider, G. Schümer, P. Stanat, K.-J. Tillmann, M. Weiß (Hrsg.). Berlin: Max-Planck für Bildungsforschung, http://www.mpib-berlin.mpg.de/pisa/ergebnisse.pdf, [Stand: 2005-08-04].

PISA (2003a). PISA 2003. Der Bildungsstand der Jugendlichen in Deutschland – Ergebnisse des zweiten internationalen Vergleichs. M. Prenzel, J. Baumert, W. Blum, R. Lehmann, D. Leutner, M. Neubrand, R. Pekrun, H.G. Rolff, J. Rost, U. Schiefele. PISA-Konsortium Deutschland (Hrsg.). Münster/New York/Mündchen/Berlin: Waxmann.

PISA (2003b). OECD. Lernen für die Welt von morgen. Organisation für wirtschaftliche Zusammenarbeit und Entwicklung. Erste Ergebnisse von PISA 2003. Internationale Schulleistungsstudie PISA, http://www.pisa.oecd.org/dataoecd/48/48/34474315.pdf, [Stand: 2005-08-04].

UNESCO (2005). United Nations Educational, Scientific and Cultural Organization. UNESCO Institute for Education, http://www.unesco.org/education/uie/, [Stand: 2005-08-11].

Internet

BLK (2004). Pressemitteilung23/2004. Bonn, 5. Juli 2004. Verständigung über die Strategie für Lebenslanges Lernen. http://www.blk-bonn.de/pressemitteilungen/presse2004_23.htm, [Stand 2005-08-01].

BLK (2005). Zum BLK-Modellversuchsprogamm „Lebenslanges Lernen", http://www.blk-lll.de/LLL/programm.htm, [Stand 2005-08-02].

BMBF (2001). Pressemitteilung vom 9. Januar 2001 Bundesregierung plant neues Aktionsprogramm. „Lebensbegleitendes Lernen für alle", http://www.bmbf.de/press/299.php, [Stand 2005-07-31].

BMBF (2003). Bundesministerium für Bildung und Forschung. Wissenschaftsminister aus vierzig europäischen Ländern beschließen europaweite Hochschulreform. Pressemitteilung vom 19. September 2003. 166/03. Berlin, https://www.bundesregierung.de/Politikthemen/Europaeische-Union/Nachrichten-,9221.528820/pressemitteilung/Wissenschaftsminister-aus-vier.htm, [Stand: 2005-08-11].

BMBF (2005a). Bundesministerium für Bildung und Forschung. Der Bologna-Prozess, http://www.bmbf.de/de/3336.php, [Stand: 2005-08-11].

BMBF (2005b). Bundesministerium für Bildung und Forschung. Der Kopenhagen-Prozess in der beruflichen Bildung, http://www.bmbf.de/de/3322.php, [Stand: 2005-08-11].

BpB (2004). Bundeszentrale für politische Bildung. Europathemen. Wie leben wir? Glossar Bildung. Bildungspolitik. http://www.bpb.de/themen/M9DA4R,,0,Glossar_Bildung.html, [Stand 2005-08-11].

BpB (2005). Bundeszentrale für politische Bildung. Haager Gipfelkonferenz, http://www.bpb.de/die_bpb/AYPB9L,0,0,Haager_Gipfelkonferenz.html, [Stand 2005-08-11].

Bildung und Wissenschaft (2002). Bundesamt für der Schweiz (2002). Educational International. Die Aktivitäten der UNESCO im Bildungsbereich, http://www.edu-int.org/2002-03-de/2002-03-05.html, [Stand 2005-07-23].

Deutscher Bildungsserver (2000). Die PISA-Studie (2000), http://www.eduserver.de/zeigen.html?seite=1270, [Stand: 2005-08-04].

Die Bundesregierung (2005). Presse- und Informationsamt der Bundesregierung. Europäische Union hat Lissabon-Ziele noch nicht erreicht, http://www.bundesregierung.de/artikel-,413.740073/Europaeische-Union-hat-Lissabo.htm, [Stand: 2005-08-11].

Europäische Kommission (2001). Einen europäischen Raum des lebenslangen Lernens schaffen, http://europa.eu.int/comm/education/policies/lll/life/index_de.html, [Stand: 2005-08-11].

Europäische Kommission (2005a). Wachstum und Beschäftigung. Ein Neustart für die Lissabon-Strategie, http://europa.eu.int/growthandjobs/index_de.htm, [Stand 2005-07-28].

Europäische Kommission (2005b). Wachstum und Beschäftigung. Schlüsseltexte. http://europa.eu.int/growthandjobs/key/index_de.htm, [Stand 2005-08-04].

Europäische Kommission (2005c). Wachstum und Beschäftigung Schlüsseltexte. Europa – Wachstum und Beschäftigung. Frühere Nachrichten. http://europa.eu.int/growthandjobs/key/index_de.htm, [Stand 2005-08-04].

Forum Bildung (2001) http://bildungplus.forum-bildung.de/files/empf9.pdf, [Stand 2005-08-11].

Forum Bildung (2005). Forum Bildung (1999-2002), http://www.forum-bildung.de/templates/forumbildung1.php, [Stand 2005-08-01].

Generaldirektion Bildung und Kultur (2005). Europäische Kommission. Europa. Leitseite, http://europa.eu.int/comm/dgs/education_culture/index_de.htm, [Stand 2005-08-11].

Giering, C. (2004). Programme im Bereich allgemeine und berufliche Bildung. BpB – Bundeszentrale für politische Bildung, http://www.bpb.de/themen/1BBFJC,0,0,Programme_im_Bereich_allgemeine_und_berufliche_Bildung.html, [Stand 2005-07-18].

Giering, D. & Metz, A. (2004). Versuchslabor der Integration: Chancen und Risiken der „offenen Methode der Koordinierung". In: Reform-Spotlight, S. 1–7, http://www.cap.lmu.de/download/spotlight/Reformspotlight_02-04_d.pdf, [Stand 2005-08-11].

Hausmann, H. (2005). Neuer Anlauf für alte Strategie Halbzeitbilanz der Lissabon-Strategie im Europäischen Parlament. In Das Parlament Nr. 11 vom 14.3.2005, http://www.das-parlament.de/2005/11/Europa/001.html, [Stand 2005-08-11].

KMK (2001). Kultusministerkonferenz. Vierte Empfehlung der Kultusministerkonferenz zur Weiterbildung. (Beschluss der KMK vom 1.2.2001, http://www.kmk.org/doc/beschl/vierteweiterb.pdf, [Stand 2005-07-31].

KMK (2005a). Homepage der Kultusministerkonferenz, http://www.kmk.org/index1.shtml, [Stand 2005-07-31].

KMK (2005b). Grundstruktur des Bildungswesens in der Bundesrepublik Deutschland Diagramm, http://www.kmk.org/doku/dt-2005.pdf, [Stand 2005-08-01].

KMK (2005c). Kultusministerkonferenz. Aufgaben und Organisation. Beschlüsse der Kultusministerkonferenz. Thematische Übersicht vom 1.1.1998 – 15.6.2005, http://www.kmk.org/aufg-org/home.htm?, [Stand 2005-07-31].

KMK (2005d). Ständige Konferenz der Kultusminister der Länder in der Bundesrepublik Deutschland. Europäische, internationale und multilaterale Angelegenheiten im Überblick (S. 1–38), http://www.kmk.org/intang/main.htm, [Stand 2005-08-05].

Presseerklärung (2001). Presseerklärung der Europäischen Kommission in Brüssel vom 21. November 2001; http://europa.eu.int/rapid/pressReleases Action.do?reference=IP/01/ 1620&format=HTML&aged=0&language=DE&guiLanguage=en, [Stand 2005-08-11].

Ostheim, T. & Zohlnhöfer, R. (2003), Europäisierung der Arbeitsmarkt- und Beschaffungspolitik? Der Einfluss des Luxemburg-Prozesses auf die deutsche Arbeitsmarktpolitik, http://dritte-wege.uni-hd.de/texte/dokumente.html, [Stand 2005-08-11].

Régent, S. (2002). The Open Method of Co-ordination: A supranational form of governance? Decent Work Research Programme. DP/137/2002, http://www.ilo.org/public/english/bureau/inst/download/dp13702.pdf, [Stand 2005-08-11].

Textor, M. R. (2001). Forum Bildung (1999-2002). Empfehlungen des Forum Bildung. http://www.kindergartenpaedagogik.de/644.html, [Stand 2005-08-01].

Türk, J. (2005): Lissabon-Strategie grandios gescheitert. Zum Scheitern der Lissabon-Strategie der EU. FDP-Bundestagsabgeordnete Jürgen Türk. http://juergen-tuerk.org.liberale.de/sitefiles/downloads/508/Presse_Lissabon_2005.pdf, [Stand 2005-08-01].

Wissenschaftliche Dienste (2005). Wissenschaftliche Dienste des Deutschen Bundestages. Der aktuelle Begriff vom 18. Mai 2005, Nr. 30/05, http://www.bundestag.de/bic/analysen/2005/2005_05_18.pdf, [Stand: 2005-08-06].

Rechtsprechung, Gesetzestexte, Sammelwerke,

Blaizot-Urteil (1988), Rs. 24/86, Slg. 1988, S. 379, Entscheidungsgrund 20. In: H. von der Groeben, J. Thiesing & C.-D. Ehlermann (Hrsg.). Kommentar zum EWG-Vertrag, Bd. 3, Artikel 110–188, S. 3531/21c (4. Auflage). Baden-Baden: Nomos.

EUZBLG (1993). Gesetz über die Zusammenarbeit von Bund und Ländern in Angelegenheiten der EU vom 12. März 1993. EUZBLG, http://www.kmk.org/intang/main.htm#EUVereinbarung, [Stand 2005-08-06].

Gravier-Urteil (1985). Rs. 293/83), Slg. 1985, S. 593 (613 ff.), Rz. 28 ff. und 3. Leitsatz, S. 594. In: H. von der Groeben, J. Thiesing, C.-D. Ehlermann (Hrsg.). Kommentar zum EWG-Vertrag, Bd. 3, Artikel 110–188, S. 3530/19. (4. Auflage). Baden-Baden: Nomos.

Kraus, H.; Heinze, K. (1953). Text der UN-Charta vom 26. Juni – 24. Oktober 1945. In: H. Kraus, K. Heinze (Hrsg.). Völkerrechtliche Urkunden zur europäischen Friedensordnung seit 1945. Bonn: Schimmelbusch.

Läufer, T. (1999). Vertrag von Amsterdam (3. Auflage). Bonn: Europa Union.

Schöndube, C. (1972). Europa – Verträge und Gesetze. Bonn: Europa Union.

Vereinbarung (1993). Vereinbarung zwischen der Bundesregierung und den Regierungen der Länder über die Zusammenarbeit in Angelegenheiten der Europäischen Union vom 29. Oktober 1993 in Ausführung von § 9 des Gesetzes über die Zusammenarbeit von Bund und Ländern in Angelegenheiten der Europäischen Union vom 12. März 1993. http://www.kmk.org/intang/main.htm#EUVereinbarung, [Stand 2005-08-06].

Zeitungsberichte

Die Welt (2004). Die Welt vom 27. September 2004. Wulff will Reform der KMK erzwingen. Unterstützung aus Bayern und dem Saarland von Joachim Peter, http://www.welt.de/data/2004/09/27/338383.html, [Stand: 2005-08-11].

FAZ (2004a). Frankfurter Allgemeine Zeitung (FAZ) vom 1.11.2004. Die Lissabon-Strategie läuft ins Leere.

FAZ (2004b). Frankfurter Allgemeine (FAZ) vom 14. Oktober 2004. Kultusministerkonferenz. Wulff lenkt ein im KMK-Streit, http://www.faz.net/s/Rub6B-FE3B22C90E4788814454195D447645/Doc~E2535A351A2364780A5234C C5BF296528~ATpl~Ecommon~Scontent.html, [Stand: 2005-08-11].

Friedrich, H. (2004). Bildungspolitik. Bildung ist der wichtigste Rohstoff Europas. FAZ-Net vom 19. Oktober 2004, http://www.faz.net/s/RubEC1AC-FE1EE274C81BCD3621EF555C83C/Doc~EAE4E9ACF855A4E949725551 AC7AEB90E~ATpl~Ecommon~Scontent.html, [Stand 2005-08-11].

Handelsblatt (2004). Handelsblatt vom 26.10.2004. Gerhard Schröder. Gastbeitrag. Sieben Chancen für mehr Wachstum in Europa.

Le Magazine (2000). Europäische Kommission Lissabon gibt das Startsignal. Die Bildungsminister melden sich zu Wort. In Le Magazine, Nummer 13–2000, S. 5.

Le Magazine (2001). Europäische Kommission 16 Indikatoren für die Selbsteinschätzung. Der europäische Bericht über die Qualität der Schulbildung Generaldirektion für Bildung und Kultur. In: Le Magazine, Nummer 14/2001, S. 1–4

Unveröffentlichte Quellen

Hieronymi (2005). EUROPASS. Informationsblatt zum EUROPASS. Dieses Merkblatt hat die Verfasserin gemeinsam mit Ruth Hieronymi, Mitglied des Europäischen Parlaments (MdEP), im Rahmen ihres Praktikums vom 5. Januar bis 28. Januar 2005 in Brüssel und Straßburg erstellt.

Anlagen

Anlage 1: Die gemeinschaftlichen Bildungsprogramme

Programm Rechtsgrundlage	Inhalt
COMETT Beschluss (1986) Beschluss (1989a)	Das Programm dient der Förderung der Zusammenarbeit von Hochschulen und Wirtschaft sowie der Verbesserung der Ausbildung im Bereich neuer Technologien. Es richtet sich an Hochschulstudenten und in Unternehmen Beschäftigte und sieht für diese transnationale Betriebspraktika und gemeinsame Fortbildungsprojekte vor. 1995 wird das Programm durch LEONARDO DA VINCI weitergeführt.
ERASMUS Beschluss (1987a) Beschluss (1989b)	Das Programm soll die Mobilität von Hochschulstudenten, die grenzüberschreitende Zusammenarbeit sowie die Schaffung eines Hochschulnetzes fördern. Dazu sieht es die Einrichtung eines europäischen Hochschulkooperationsnetzes, die Vergabe von Stipendien für Studienaufenthalte in anderen EU-Mitgliedstaaten sowie die Förderung der Anerkennung von Hochschulabschlüssen vor.
PETRA Beschluss (1987b) Beschluss (1991a)	Das Programm dient der Vorbereitung von Jugendlichen auf die Berufsausbildung und soll diesen eine anerkannte berufliche Erstausbildung ermöglichen. Es sieht u.a. die Errichtung eines europäischen Netzwerkes von Ausbildungsinitiativen durch transnationale Partnerschaften sowie eine Zusammenarbeit im Forschungsbereich vor.
JUGEND Beschluss (1988a) Beschluss (1991b)	Das Programm dient der Verbesserung, Entwicklung und Diversifizierung von Jugendaustauschmaßnahmen in der Gemeinschaft, um im Bereich der außerschulischen Jugendbildung die grenzüberschreitende Mobilität von Jugendlichen zu fördern. Es richtet sich daher an Jugendliche und Jugendbetreuer und unterstützt u.a. Freizeitangebote für Jugendliche sowie Weiterbildungsmaßnahmen für Jugendbetreuer.
LINGUA Beschluss (1988b)	Das Programm richtet sich an alle Bildungsebenen und fördert die Fremdsprachenkenntnisse der Bürger in den EU-Mitgliedstaaten. Es fördert Mobilitäts- und Austauschvorhaben von Fremdsprachenlehrern und von Studenten, die eine Fremdsprache erlernen.
EUROTECNET Beschluss (1989c)	Das Programm soll der Vorbereitung auf technologische Innovationen in der beruflichen Erstausbildung und der beruflichen Weiterbildung dienen. Dazu sollen u.a. die Erstausbildung bzw. Weiterbildung durch Netzwerke und Forschungsarbeiten gefördert werden.
TEMPUS Beschluss (1990a) Beschluss (1993)	Das Programm soll die Entwicklung und Erneuerung der Hochschulsysteme in den Ländern Mittel- und Osteuropas durch die Zusammenarbeit mit den dortigen Hochschulen fördern und dazu verhelfen, den Bedarf an hochqualifizierten Arbeitskräften in diesen Ländern zu decken. Es fördert europäische Vorhaben, z.B. die Einrichtung integrierter Studiengänge und die Entwicklung von Lehrmaterialien. Teilnehmer sind Hochschulen, Hochschullehrer, Studenten und Lehrer.
FORCE Beschluss (1990b)	Das Programm dient der Verbesserung der beruflichen Weiterbildung und hat die ständige Anpassung der Weiterbildungsmaßnahmen an die Entwicklung der Berufe sowie die Förderung des sozialen Aufstiegs durch Weiterbildung zum Ziel. Dazu sieht es u.a. die Eingliederung von Arbeitslosen durch Weiterbildung vor und richtet sich insbesondere an die kleinen und mittleren Betriebe und die dort mit der betrieblichen Weiterbildung befassten Stellen, z.B. Gewerkschaften und Arbeitgerberverbände.

Anlage 1.1: Übersicht über den Inhalt und die Rechtsgrundlagen der Bildungsprogramme der ersten und zweiten Generation bis 1992,
Quelle: Eigene Darstellung in Anlehnung an die Beschlüsse sowie Müller-Solger et al. (1990, S. 813–819); Smith (1994, S. 67–82); Fechner (1994, S. 21–22 und 37-38); Hölzle (1994, S. 20–87); Bardong (1994, S. 67–73), Hellmann (1997, S. 64–71); Müller-Solger et al. (1997, S. 20–27) sowie Becker (2000)

Programm	Laufzeit	Finanzausstattung
COMETT I	1.1.1987 – 31.12.1989	45 Mio. ECU
COMETT II	1.1.1990 – 31.12.1994	200 Mio. ECU
ERASMUS I	1.7.1987 – 30.6.1990	85 Mio. ECU
ERASMUS II	1.7.1990 – 31.12.1994	192 Mio. ECU
PETRA I	1.1.1988 – 31.12.1991	34,5 Mio. ECU
PETRA II	1.1.1992 – 31.12.1994	177,4 Mio. ECU
JUGEND I	1.7.1988 – 31.12.1991	15 Mio. ECU
JUGEND II	1.1.1992 – 31.12.1994	25 Mio. ECU
LINGUA	1.1.1990 – 31.12.1994	200 Mio. ECU
EUROTECNET	1.1.1990 – 31.12.1994	7,5 Mio. ECU
TEMPUS I	1.7.1990 – 30.6.1990	wird jährlich bestimmt
TEMPUS II	1.7.1990 – 30.6.1994	wird jährlich bestimmt
FORCE	1.1.1990 – 31.12.1994	(keine Angaben)

Anlage 1.2: Finanzausstattung der Bildungsprogramme der ersten und zweiten Generation mit Beginn vor 1992,
Quelle: Eigene Darstellung in Anlehnung an Thiele (1999, S. 282)

Programm Rechtsgrundlage	Inhalt
SOKRATES Beschluss (1995b)	Das Programm fasst alle Aktionen im Bereich der allgemeinen Bildung zusammen. Es vereint die Bildungsprogramme - ERASMUS (Hochschulbildung) - COMENIUS (Schulbildung) - LINGUA (Fremdsprachenerwerb) Es sollen Rahmenbedingungen und Kooperationsmöglichkeiten geschaffen werden, die bislang ungenutzt blieben. Zudem wird ab dem 1. Januar 2000 eine neue Aktion mit dem Titel GRUNDTVIG durchgeführt, in deren Mittelpunkt das lebenslange Lernen steht.
LEONARDO DA VINCI Beschluss (1994)	Das Programm fördert die grenzüberschreitende Zusammenarbeit in der beruflichen Aus- und Weiterbildung und soll die Qualität und Innovationsfähigkeit der nationalen Berufsbildung steigern. Es unterstützt grenzübergreifende Projektpartnerschaften und Pilotprojekte u.a. von Einrichtungen der beruflichen Bildung, Unternehmen und Hochschulen und öffentlichen Stellen und bietet Auslandpraktika für Studierende und junge Arbeitnehmer zwecks Erweiterung der Kenntnisse, des Erfahrungsaustauschs sowie zur Steigerung der europaweiten Zusammenarbeit an.
JUGEND Beschluss (1995a)	Gleich geblieben (vgl. Anlage 1.1)

Anlage 1.3: Die ersten Bildungsprogramme nach der Neustrukturierung Mitte der 90er Jahre,
Quelle: Eigene Darstellung in Anlehnung an die Beschlüsse sowie Maurer (1995, S. 117–124); Pfaff (1996, S. 65–71); Renner-Loquenz (1997, S. 1072–1078); Junker (1997, S. 159–160); Fritsch (1998, S. 106–163); Thiele (1999, S. 280–337) Fabian (2000, S. 34–47) sowie Giering (2004).

Programm	Laufzeit	Finanzausstattung
SOKRATES	1.1.1995 – 31.12.1999	920 Mio. ECU
LEONARDO DA VINCI	1.1.1995 – 31.12.1999	620 Mio. ECU
JUGEND	1.1.1995 – 31.12.1999	126 Mio. ECU

Anlage 1.4: Die Finanzausstattung der Bildungsprogramme nach der Neustrukturierung Mitte der 90er Jahre,
Quelle: Eigene Darstellung in Anlehnung an Thiele (1999, S. 282)

	SOKRATES	**LEONARDO DA VINCI**	**JUGEND**
Allgemein	Aktionsprogramm zur Förderung der allgemeinen Bildung	Aktionsprogramm zur Förderung der beruflichen Bildung	Programm zur Förderung der Zusammenarbeit im Jugendbereich
Budget	1.850 Mio. Euro	1,15 Mrd. Euro	520 Mio. Euro
Ziele	• Verstärkung der europäischen Dimension auf allen Ebenen • Verbesserung der Kenntnisse in den europäischen Sprachen • Förderung der Zusammenarbeit und der Mobilität in allen Bildungsbereichen • Unterstützung der Innovationen im Bereich der allgemeinen Bildung • Förderung der Chancengleichheit	• Erleichterung der beruflichen Eingliederung durch bessere Fähigkeiten und Kompetenzen junger Menschen in der Erstausbildung • Verbesserung der Ausbildungsqualität der Weiterbildung des Zugangs dazu und zum lebenslangen Lernen • Förderung der Innovation, der Wettbewerbsfähigkeit, des Unternehmergeistes und der Beschäftigungsmöglichkeiten und der Zusammenarbeit zwischen Hochschulen und Unternehmen	• Förderung von Austauschmaßnahmen und von europäischem Freiwilligendienst • Beitrag zum Bildungsprozess aller Jugendlichen • Ausbau der Arbeiten auf örtlicher Ebene zugunsten von Jugendlichen • leichter Zugang zu den Aktivitäten des Programms für benachteiligte Jugendliche
Zuständigkeiten	Die Kommission ist zuständig für die Durchführung, unterstützt vom SOKRATES-Ausschuss (Vertreter der Mitgliedstaaten mit dem Vorsitz der Kommission); die Nationalen Agenturen haben Verwaltungs- und Informationsaufgaben.	Die Kommission ist zuständig für die Durchführung. Die Nationalen Agenturen informieren und unterstützen die Interessenten. In Zukunft werden 75% der Mittel auf nationaler Ebene verwaltet.	Die nationalen Agenturen verwalten und wählen die Projekte aus. Die Kommission ist verantwortlich für die allgemeine Durchführung. Die Kommission verwaltet nur außergewöhnliche und innovative Projekte und solche mit bestimmten Drittländern, Aktionen etc.

Aktionen	1. COMENIUS (Schulbildung) 2. ERASMUS (Hochschule) 3. GRUNDTVIG (Erwachse- nenbildung und andere Bildungswege) 4. LINGUA-Sprachenerwerb und -unterricht 5. MINERVA (Informations- und Kommunikationstech- nologien) 6. Beobachtung der Innovati- on der Bildungssysteme 7. gemeinsame Aktionen mit anderen europäischen Bildungssysteme 8. flankierende Maßnahmen	1. Mobilität: Transnationale Vermittlungsprojekte und Austauschprojekte, Studi- enaufenthalte 2. Pilotprojekte 3. Sprachenkompetenz 4. Transnationale Netze 5. Vergleichsmaterial	1. JUGEND 2. Europäischer Freiwilli- gendienst 3. Initiativen im Jugend- bereich 4. gemeinsame Aktionen 5. Vergleichsmaterial 6. flankierende Maßnahmen
Begün- stigte	• Schüler, Studenten und an- dere Personen, die an einem Lernprozess teilnehmen • Lehrkräfte in der Ausbildung oder im Dienst, Bildungs-, Verwaltungs- und Füh- rungspersonal • alle Bildungseinrichtungen • alle Interessierten externer Akteure: kommunale, regio- nale Behörden, Verbände, Unternehmen, Sozialpartner etc.	• Einrichtungen der Berufs- ausbildung auf allen Ebe- nen (auch Hochschulen) • Forschungszentren und -institutionen • Unternehmen • Berufsverbände • Handelskammer, Sozial- partner • Gebietskörperschaften • gemeinnützige Organisa- tionen etc.	• Jugendliche von 15 bis 25 Jahren • Gruppen von Jugendli- chen, die ein Projekt or- ganisieren oder an einem Austausch teilnehmen • die Teilnehmer am eu- ropäischen Freiwilligen- dienst im Alter von 18 bis 25 Jahren • Jugendorganisationen • Jugendbetreuer etc.
Rechts- grundlagen	Artikel 149 und 150 EGV Beschluss (2000a)	Artikel 150 EGV Beschluss (1999)	Artikel 149 EGV Beschluss (2000b)

Anlage 1.5: Die Bildungsprogramme SOKRATES, LEONARDO DA VINCI; JUGEND mit Laufzeit
2000–2006,
Quelle: Eigene Darstellung in Anlehnung an Leitfaden (20003a; b)

Anlage 2: Das Zusammenwirken der Organe im Bildungsbereich

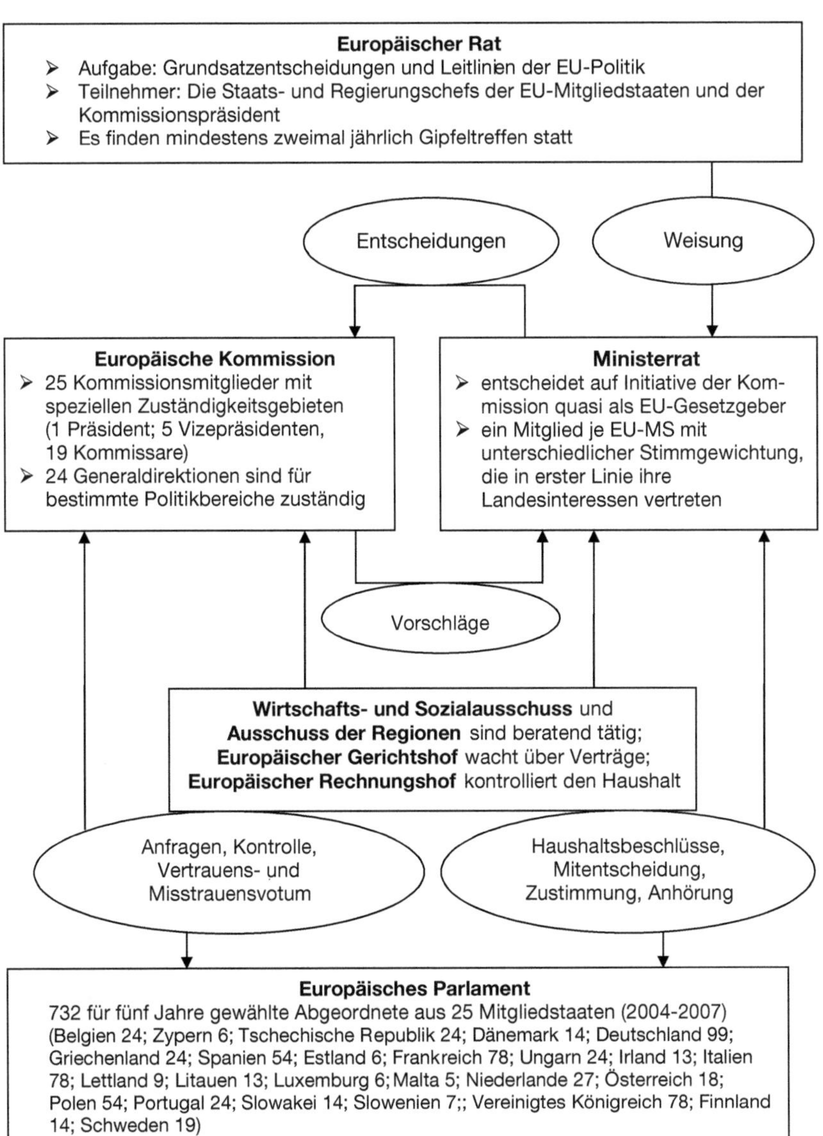

Anlage 2: Das Zusammenwirken der Organe im Bildungsbereich,
Quelle: Eigene Darstellung in Anlehnung an Fabian (2000, S. 13); Kraus (2001, S. 117)

Anlage 3: Die Definitionen zum lebenslangen Lernen

Definitionen der Europäischen Kommission
(1) Lebenslanges Lernen ist „jede zielgerichtete Lerntätigkeit, die einer kontinuierlichen Verbesserung von Kenntnissen, Fähigkeiten und Kompetenzen dient" (Memorandum, 2000, S. 3).
(2) Lebenslanges Lernen ist „alles Lernen während des gesamten Lebens, das der Verbesserung von Wissen, Qualifikationen und Kompetenzen dient und im Rahmen einer persönlichen, bürgergesellschaftlichen, sozialen bzw. beschäftigungsbezogenen Perspektive erfolgt" (Mitteilung, 2001, S. 9).
Der Aspekt des zielgerichteten Lernens der ersten Definition des „Memorandums" (Kap. 3.4.1.2) bezieht sich vor allem auf die für die Messung von lebenslangem Lernen, mit der sich u.a. Gnahs; Ioannidou; Pehl & Seidel (2002) befassen. Die zweite Definition der „Mitteilung" (Kap. 3.4.1.3) nimmt das informelle Lernen explizit mit auf.

Eine Definition des Europäischen Rats
In seiner in Kap. 3.5.1.2 näher beschriebenen Entschließung definiert der Europäische Rat lebenslanges Lernen. Er weist darauf hin, dass ...

„lebensbegleitendes Lernen im Vorschulalter beginnen und bis ins Rentenalter reichen und das gesamte Spektrum formalen, nicht formalen und informellen Lernens umfassen muss. Zudem ist darunter alles Lernen während des gesamten Lebens zu verstehen, das der Verbesserung von Wissen, Fähigkeiten und Kompetenzen dient und im Rahmen einer persönlichen, staatsbürgerlichen, sozialen und/oder beschäftigungsbezogenen Perspektive erfolgt. Das Ganze sollte schließlich auf den Grundsätzen beruhen, dass der Einzelne im Mittelpunkt des Lernens steht, wobei für echte Chancengleichheit gesorgt und auf die Qualität des Lernens geachtet werden muss; wie IT-Kenntnisse, Fremdsprachen, Technologiekultur, Unternehmergeist und soziale Kompetenzen; – Ausbildung, Einstellung und Weiterbildung von Lehrern und Ausbildern zur Förderung des lebensbegleitenden Lernens; – tatsächliche Anerkennung der in anderen Ländern und Bildungssektoren erworbenen formellen Qualifikationen sowie des dort absolvierten nicht formalen und informellen Lernens" (Entschließung, 2002, S. 2).

Eine Definition des Europarats
Der Europarat definiert lebenslanges Lernen wie folgt (Europarat, 2002, S. 2).

„For the purposes of this recommendation, lifelong learning is defined as a continuous learning process enabling all individuals, from early childhood to old age, to acquire and update knowledge, skills and competencies at different stages of their lives and in a variety of learning environments, both formal and informal, for the

Damit stellt der Europarat insbesondere die folgenden wesentlichen Merkmale des lebenslangen Lernens heraus. Lebenslanges Lernen ist

* ein permanenter Lernprozess, der alle Individuen betrifft,
* der mit der frühen Kindheit beginnt und bis ins hohe Alter währt und
* der es ermöglicht, in den unterschiedlichen Lebensphasen und in den verschiedensten Lernumgebungen formal und informal
* Fähigkeiten und Kompetenzen zu erwerben und zu aktualisieren.

Eine Definition der OECD
Die OECD (1996, S. 15) definiert lebenslanges Lernen wie folgt:

„This view of learning embraces individual and social development of all kinds and in all settings – formally, in schools, vocational, tertiary and adult education institutions, and non-formally, at home, at work and in the community. The approach is system-wide; it focuses on the standards of knowledge and skills needed by all, regardless of age. It emphasizes the need to prepare and motivate all children at an early age for learning over a lifetime, and directs efforts to ensure that all adults, employed and unemployed, who need to retrain or upgrade their skills, are provided with opportunities to do so."

Die Definition legt den Umfang des Lernens fest. Lernen umfasst die persönliche und soziale Entwicklung in allen Formen und in allen Lernzusammenhängen, ob formaler Art (in der Schule, in Bildungseinrichtungen der beruflichen, tertiären und der Erwachsenenbildung) oder informeller Art (zu Hause, am Arbeitsplatz und in der Gemeinschaft). Der Ansatz bezieht sich auf das gesamte System; im Mittelpunkt stehen Anforderungen an die Kenntnisse und Fertigkeiten, die jeder Bürger ungeachtet seines Alters erwerben muss. Lebenslanges Lernen impliziert das Erfordernis, bereits jedes Kind vorzubereiten und zu motivieren, das gesamte Leben zu lernen. Jeder Erwachsene – sowohl Erwerbstätiger als auch Erwerbsloser – muss die Möglichkeit erhalten, seine Qualifikationen verbessern oder sich beruflich neu orientieren zu können.

Eine Definition der UNESCO
Im Delors-Bericht (1997, S. 85) wird lebenslangen Lernens wie folgt beschreiben:

„Heute, kurz vor dem Anbruch des 21. Jahrhunderts, sind die Aufgaben und Formen der Bildung so vielfältig, dass sie alle Vorgänge abdeckt, die die Menschen – von der Kindheit bis ins hohe Alter hinein – in die Lage versetzen, eine lebendige Kenntnis der Welt, der anderen Menschen und von sich selbst zu erlangen, in-

dem die grundlegenden Formen des Lernens (formal, nicht formal und informell, Anm. d. Verf.) flexibel miteinander kombiniert werden. Diesen kontinuierlichen Bildungsprozess, dessen Spanne das gesamte Leben umfasst, erweitert um die gesamtgesellschaftliche Dimension, versteht die Kommission (der UNESCO, Anm. d. Verf.) unter dem Begriff des Lebenslangen Lernens. Als Schlüssel für den Eintritt in das 21. Jahrhundert wird das Lebenslange Lernen eine unverzichtbare Voraussetzung sein, damit die Menschen sich nicht nur an die neuen Anforderungen des Arbeitsmarktes anpassen können, sondern weit mehr, nämlich die Rhythmen und die zeitlichen Bedingungen ihres Lebens zunehmend selbst gestalten können.“

Anlage 3: Definitionen zum lebenslangen Lernen,
Quelle: OECD (1996, S. 15); Delors-Bericht (1997, S. 85); Mitteilung (2001, S. 9), Europarat (2002; S. 9); Entschließung (2002, S. 2); Memorandum (2000, S. 3)

Anlage 4: Die Bildungsarbeit der internationalen Organisationen

1. Die Bildungsarbeit des Europarats

Der Europarat ist am 5. Mai 1949 durch zehn Staaten (Großbritannien, Frankreich, Belgien, Niederlande, Luxemburg, Italien, Irland, Dänemark, Norwegen und Schweden) mit Sitz in Straßburg gegründet worden (Schmahl, 1996, S. 9–10). Nach Artikel 1a seiner Satzung soll er „eine engere Verbindung zwischen seinen Mitgliedern zum Schutze und zur Förderung der Ideale und Grundsätze, die ihr gemeinsames Erbe bilden, herstellen und ihren wirtschaftlichen und sozialen Fortschritt fördern." Artikel 1b der Satzung beschreibt, auf welche Weise die allgemein gehaltenen Aufgaben erfüllt werden sollen; und zwar „durch gemeinschaftliches Vorgehen auf wirtschaftlichem, sozialem, kulturellem und wissenschaftlichem Gebiet und auf den Gebieten des Rechts und der Verwaltung sowie durch den Schutz und die Fortentwicklung der Menschenrechte und Grundfreiheiten" (Schöndube, 1972, S. 349). Obwohl der Europarat damit ein breites Aufgabenfeld in den Bereichen Kultur und Bildung abdeckt, bleibt diese Absichtserklärung zu vage formuliert, um daraus konkrete Rechte bzw. Pflichten begründen zu können. Dies gilt insbesondere für den Bildungsbereich. Die Maßnahmen des Europarats können hier in zwei Sachbereiche unterteilt werden. Er fördert zum ersten bestimmte Bildungsaspekte mittels Aktionen und Programmen und zum zweiten verabschiedet er Konventionen zur Regelung bildungsrechtlicher Fragen. Beide Maßnahmen erzielen einen hohen Wirkungsgrad und erreichen ein breites Publikum, insbesondere die EU-Mitgliedstaaten und die europäischen Bürger. So kann Schmahl (1996, S. 10) zugestimmt werden, dass eine wesentliche Funktion des Europarats darin zu sehen ist, dass er als „Forum der Öffentlichkeit" dient. Seine Bedeutung im Bildungsbereich stärkt der Europarat mit der europäischen Kulturkonvention vom 19. Dezember 1954, mit der er eine kulturelle Zusammenarbeit schafft und einen regelmäßig tagenden Bildungsausschuss einrichtet. Zudem trifft sich die Europäische Konferenz der Minister für das Bildungswesen regelmäßig alle zwei Jahre (Müller-Solger, 1993, S. 2).

Anlage 4.1: Die Bildungsarbeit des Europarats,
Quelle: Schöndube (1972; S. 349); Müller-Solger (1993, S. 2) Schmahl (1996, S. 9-10)

2. Die Bildungsarbeit der OECD

Am 1. April 1948 wird die Organisation für Europäische Wirtschaftliche Zusammenarbeit (OEEC) mit der Aufgabe gegründet, angesichts des Ost-West-Konflikts zu einer wirtschaftlichen Stabilität in Westeuropa beizutragen. Mit der finanziellen Hilfe der USA aus dem Marshall-Plan sollen die nach dem Zweiten Weltkrieg zerstörten Wirtschaftssysteme der westeuropäischen Länder wieder hergestellt werden (Könz, 1966; Müller-Solger, 1993, S. 1). Die OEEC ist im Jahre 1961 durch die in

Paris errichtete OECD (Organisation für wirtschaftliche Zusammenarbeit und Entwicklung) abgelöst worden. Gemäß Artikel 1 des am 14. Dezember 1960 in Paris unterzeichneten und am 30. September 1961 in Kraft getretenen Übereinkommens fördert die OECD eine Politik, die darauf gerichtet ist

- in den Mitgliedstaaten unter Wahrung der finanziellen Stabilität eine optimale Wirtschaftsentwicklung und Beschäftigung sowie einen steigenden Lebensstandard zu erreichen und dadurch zur Entwicklung der Weltwirtschaft beizutragen,
- den Mitglied- und Nichtmitgliedstaaten, zu einem gesunden wirtschaftlichen Wachstum beizutragen und
- im Einklang mit internationalen Verpflichtungen auf multilateraler und nicht diskriminierender Grundlage zur Ausweitung des Welthandels beizutragen.

Die Gründungsmitglieder der OECD sind: Belgien, Dänemark, Deutschland, Frankreich, Griechenland, Irland, Island, Italien, Kanada, Luxemburg, Niederlande, Norwegen, Österreich, Portugal, Schweden, Schweiz, Spanien, Türkei, Vereinigtes Königreich und Vereinigte Staaten. Folgende Staaten sind Mitglieder der OECD geworden: Japan am 28. April 1964, Finnland am 28. Januar 1969, Australien am 7. Juni 1971, Neuseeland am 29. Mai 1973, Mexiko am 18. Mai 1994, die Tschechische Republik am 21. Dezember 1995, Ungarn am 7. Mai 1996, Polen am 22. November 1996, Korea am 12. Dezember 1996 und die Slowakische Republik am 14. Dezember 2000. Die Europäische Kommission nimmt an den Tätigkeiten der OECD teil (Artikel 13 des Übereinkommens über die OECD (Schmahl, 1996, S. 8; OECD, 2004, S. 2).

Die OECD hat sich als eines der bedeutendsten internationalen Foren für den bildungspolitischen Meinungs- und Erfahrungsaustausch hervorgetan (Müller-Solger, 1993, S. 1).

3. Die Bildungsarbeit der UNESCO

Am 4. November 1946 wird die UNESCO (Organisation der Vereinten Nationen für Bildung, Wissenschaft, Kultur und Kommunikation) als eine rechtlich eigenständige Sonderorganisation der Vereinten Nationen mit Sitz in Paris gegründet. Sie geht als Kriegsbündnis im Rahmen einer Anti-Hitler-Koalition aus der Weltorganisation der Vereinten Nationen hervor (Kraus & Heinze, 1953, S. 6). In Artikel I legt sie ihre Ziele und Aufgaben fest. Danach bestehen diese darin

„durch Förderung der Zusammenarbeit zwischen den Völkern in Bildung, Wissenschaft und Kultur zur Wahrung des Friedens und der Sicherheit beizutragen, um in

150

*der ganzen Welt die Achtung vor Recht und Gerechtigkeit, vor den Menschenrech-
ten und Grundfreiheiten zu stärken, die den Völkern der Welt ohne Unterschied der
Rasse, des Geschlechts, der Sprache oder Religion durch die Charta der Vereinten
Nationen bestätigt worden sind"* (Deutsche UNESCO Kommission Deutschland,
2005).

Damit ist ihr Ziel die Vertrauensbildung durch friedliche Zusammenarbeit. Ihre Arbeit im Bereich Bildung liegt vor allem in der allgemeinen Volksbildung, der Anhe-
bung des Bildungsniveaus, der Erhaltung des kulturellen Erbes, dem Studien- und
Informationsaustausch sowie der Bildungsplanung einschließlich der dazugehören-
den Bildungsökonomie und -statistik. Die UNESCO hat momentan 191 Mitgliedstaaten. Die bezieht die mit Bildung, Wissenschaft, Kultur und Kommunikation
befassten Organisationen und Institutionen des jeweiligen Landes in die Planung,
Verwirklichung und Evaluierung des breit gefächerten UNESCO-Programms ein
(Bundesamt für Bildung und Wissenschaft, 2002; Deutsche UNESCO Kommission
Deutschland, 2005). Heute ist die UNESCO ein weltweites Forum für intellektuelle Zusammenarbeit und für den Austausch von Informationen, Erfahrungen und
Ideen Deutsche UNESCO Kommission Deutschland, 2005).

Anlage 4.3: Die Bildungsarbeit der UNESCO,
Quelle: Kraus & Heinze (1953, S. 6); Bildung und Wissenschaft (2002); Deutsche UNESCO Kommission
Deutschland (2005)

Anlage 5: Die quantitativen und qualitativen Lissabon-Ziele

Qualitative Ziele	Thematisiert auf folgenden Gipfeln
Leitziel: die Schaffung eines europäischen Wissensraums	dieses Ziel gilt auf allen Gipfeln als das höchste zu erreichende Ziel.
Ziel: Einstellung der Bildungs- und Ausbildungssysteme auf die Wissensgesellschaft Maßnahmen: Humankapitalinvestitionen pro Kopf erheblich erhöhen, Förderung spezieller Grundfertigkeiten durch lebenslanges Lernen, Schaffung eines einheitlichen europäischen Lebenslaufs, Förderung der Mobilität von Schülern, Studenten, Lehrern unter optimaler Nutzung bestehender Gemeinschaftsprogramme (SOKRATES, LEONARDO DA VINCI, JUGEND), größere Transparenz bei der Anerkennung von Abschlüssen sowie Studien- und Ausbildungszeiten.	Lissabon-Gipfel (2000, S. 7-8 Ziffer 24-26); Nizza-Gipfel (2000, S. 4, Ziffer 24); Stockholm-Gipfel (2001, S. 3 Ziffer 10-13); Barcelona-Gipfel (2002, S. 12-13 Ziffer 33-34); S. 18-19 Ziffern 43-45; S. 47 Ziffern 7-8); Brüssel-Gipfel (2003, S. 17-18 Ziffer 40); Thessaloniki-Gipfel (2003, S. 4 Ziffer 11); Brüssel-Gipfel (2004, S. 11 Ziffer 39).
Ziel: Einen europäischen Forschungs- und Innovationsraum schaffen Maßnahmen: Erhöhung der Wissenschaftlermobilität, Förderung der Forschung & Entwicklung, Gewinnung von hochqualifizierten Forschern für Europa, Vernetzung der wissenschaftlichen Zentren, 6. Forschungsrahmenprogramm.	Lissabon-Gipfel (2000, S. 4 Ziffer 12-13); Feira-Gipfel (2000, S. 4 Ziffer 23); Nizza-Gipfel (2000, S. 4 Ziffer 26); Laeken-Gipfel (2001, S. 7 Ziffer 23, S. 9 Ziffer 32); Barcelona-Gipfel (2002, S. 19-20 Ziffern 46-48; S. 43 Ziffer 29, S. 5 Ziffer 21-24); Thessaloniki-Gipfel (2003, Ziffer 45); Thessaloniki-Gipfel (2003, S. 4 Ziffer 11; S. 7 Ziffer 19); Brüssel-Gipfel (2004, S. 5 Ziffer 17-18, S. 7 Ziffern 24-28).
Ziel: Informationsgesellschaft schaffen Maßnahmen: Internet-Zugänge für Schulen, Vermittlung der notwendigen Fähigkeiten für alle Bürger, Vermehrte Bereitstellung von Hochgeschwindigkeits-Internetzugängen.	Lissabon-Gipfel (2000, S. 2 Ziffer 8); Stockholm-Gipfel (2001, S. 8-11 Ziffer 35-44); Barcelona-Gipfel (2002, S. 43 Ziffer 28-29).
Ziel: Aktive Beschäftigungspolitik Maßnahmen: Verbesserung der Beschäftigungsfähigkeit und Reduzierung der Qualifikationsdefizite, Strukturreform der Arbeitsmarktpolitik, Einbeziehung und Verpflichtung der Sozialpartner, bessere Arbeitsplätze sowie gute und flexible Arbeitsgestaltung.	Lissabon-Gipfel (2000, Ziffer 28-30); Feira-Gipfel (2000, S. 6 Ziffer 34); Nizza-Gipfel (2000, S. 3 Ziffer 16); Laeken-Gipfel (2001, S. 7 Ziffer 23); Barcelona-Gipfel (2002, S. 10-12 Ziffer 30-32; S. 41-43 Ziffern 24-27; S. 44-49 Ziffern 1-12); Thessaloniki-Gipfel (2003, Ziffer 45); Thessaloniki-Gipfel (2003, S. 5 Ziffern 14-17); Brüssel-Gipfel (2004, S. 10-11 Ziffern 34-40).
Ziel: Schaffung von effizienten und integrierten Finanzmärkten und Koordinierung der makroökonomischen Politik Maßnahmen: Haushaltskonsolidierung und Nachhaltigkeit der öffentlichen Finanzen.	Lissabon-Gipfel (2000, S. 6-7 Ziffern 20-23); Stockholm-Gipfel (2001, S. 4 Ziffern 18-19); Barcelona-Gipfel (2002, S. 13-14 Ziffern 35; S. 34-35 Ziffern 8-10); Brüssel-Gipfel (2004, S. 4 Ziffer 14).

Ziel: Dynamisierung des europäischen Binnenmarkts Maßnahmen: Dienstleistungsrichtlinie, Steuerpaket, Liberalisierung der netzgebundenen Dienstleistungen (Strom, Gas, Post, Telekommunikation), Aktionsrahmen für Finanzdienstleistungen, Schaffung eines europäischen Luftraums, Modernisierung der Wettbewerbspolitik, Europäisches Gemeinschaftspatent.	Lissabon-Gipfel (2000, S. 5 Ziffern 16-19); Feira-Gipfel (2000, S. 4 Ziffern 25-26); Stockholm-Gipfel (2001, S. 4 Ziffern 16-17); Thessaloniki-Gipfel (2003, S. 6 Ziffern 16-17); Brüssel-Gipfel (2004, S. 5 Ziffer 19); Nizza-Gipfel (2000, S. 3 Ziffer 11).
Ziel: Modernisierung der Sozialsysteme und Konsolidierung des Sozialen Zusammenhalts der EU Maßnahmen: Modernisierung des Sozialmodells auf Basis der europäischen Sozialagenda, Gleichstellung von Männern und Frauen, Beseitigung der sozialen Ausgrenzung, Sicherung der Altersversorgungssysteme	Lissabon-Gipfel (2000, Ziffern 1-14); Feira-Gipfel (2000, Ziffer 31-36); Ziffern 32-36; Nizza-Gipfel (2000, S. 3 Ziffer 16); Stockholm-Gipfel (2001, S. 6, Ziffern 25-33); Laeken-Gipfel (2001, Ziffern 25-30); Barcelona-Gipfel (2002, Ziffern 1-12 und 22-26); Thessaloniki-Gipfel (2003, Ziffern 21-23); Brüssel-Gipfel (2004, Ziffer 29).
Ziel: Schaffung eines günstigen Umfelds für Unternehmen (insbesondere für KMU). Maßnahmen: De-Regulierung, Charta für KMU.	Lissabon-Gipfel (2000, Ziffern 14-15); Feira-Gipfel (2000, Ziffer 24); Barcelona-Gipfel (2002, S. 6-7 Ziffern 15 und 19); Brüssel-Gipfel (2003, S. 8 Ziffern 22-24); Brüssel-Gipfel (2005a), S. 3 Ziffer 13-14, S. 6 Ziffer 25.
Oberziel: Nachhaltige Umweltpolitik Maßnahmen: Einhaltung der Kyoto-Ziele, Schutz der biologischen Artenvielfalt, Nachhaltigkeitspolitik in vier Bereichen: Klimaveränderung, Verkehr, öffentliche Gesundheit und natürliche Ressourcen.	Götteburg-Gipfel (2001, S. 4 Ziffer 20); Stockholm-Gipfel (2001, S. 11-12 Ziffern 50-52); Laeken-Gipfel (2001, S. 10 Ziffer 35); Barcelona-Gipfel (2002, S. 62-70 Ziffern 15-50); Brüssel-Gipfel (2003, S. 3 Ziffer 12; S. 23-25 Ziffern 53-55); Thessaloniki-Gipfel (2003, S. 9 Ziffer 24); Brüssel-Gipfel (2004, S. 8-9 Ziffer 30-33).

Tab. 5.1: Die qualitativen Ziele der Lissabon-Strategie,
Quelle: Eigene Darstellung in Anlehnung an die Ratsdokumente

Quantitative Ziele	Thematisiert auf folgenden Gipfeln
Bis 2010 Halbierung der Zahl der 18- bis 24-Jährigen ohne Abschluss (d.h. ohne Sekundarstufe I Ausbildung bzw. Studium).	Lissabon-Gipfel (2000, S. 8 Ziffer 26).
Stetige Erhöhung der Gesamtausgaben für die Bereiche F & E auf bis zu 3% des BIP bis 2010. Zwei Drittel der Ausgaben soll die Privatwirtschaft aufbringen.	Barcelona-Gipfel (2002, S. 20 Ziffer 47); Brüssel-Gipfel (2003, S. 3 Ziffer 12); Thessaloniki-Gipfel (2003, S. 7 Ziffer 19); Brüssel-Gipfel (2005a, S. 3 Ziffer 11).
wirtschaftliche Wachstumsrate von durchschnittlich 3% jährlich	Lissabon-Gipfel (2000, S. 2 Ziffer 6).
Erhöhung der Beschäftigungsquote bis 2010 auf 70%, bei Frauen auf 60%	Lissabon-Gipfel (2000, Ziffer 30); Laeken-Gipfel (2001, Ziffer 2); Brüssel-Gipfel (2003, Ziffer 12).
Beschäftigungsquote: 67% bei allen Erwerbstätigen und 57% bei Frauen bis 2005; bei älteren Männern und Frauen (zwischen 55 und 64 Jahre) 50% bis 2010	Stockholm-Gipfel (2001, S. 3 Ziffer 9).
Bis 2010 sollen Betreuungsplätze für 90% der Kinder zwischen 3 Jahren und dem Schulpflichtalter sowie für 33% der Kinder unter drei Jahren geschaffen werden.	Barcelona-Gipfel (2002, S. 12-13 Ziffer 32).
Zunächst Umsetzung von 98,5% der Binnenmarktrechtsvorschriften bis zur Tagung des Europäischen Rates in Barcelona, bis 2003 uneingeschränkte Umsetzung.	Barcelona-Gipfel (2002, S. 53 Ziffer 10); Brüssel-Gipfel (2003, S. 10 Ziffer 26).
Verringerung von nicht zielgerichteten staatlichen Beihilfen des BIP	Barcelona-Gipfel (2002, S. 7 Ziffer 18; S. 39 Ziffer 16).
Steigerung des Anteils von erneuerbarer Energie am Primärenergiebedarf auf 12%, am Bruttostromverbrauch auf 22% und im Transportsektor auf 5,75% bis 2010.	Brüssel-Gipfel (2003, S. 24 Ziffer 54).
Steigerung staatlicher Entwicklungshilfe auf zunächst 0,7%, dann auf 0,3% des BIP bis 2006	Barcelona-Gipfel (2002, S. 5 Ziffer 13; S. 51 Ziffer 2, S. 59 Ziffer 5); Brüssel-Gipfel (2003, S. 29 Ziffer 60).

Tab. 5.2: Die quantitativen Ziele der Lissabon-Strategie,
Quelle: Eigene Darstellung in Anlehnung an die Ratsdokumente

Anlage 6: Die Folgekonferenzen zum Bologna-Prozess

Prager Kommuniqué von 2001
Im Prager Kommuniqué von 2001 wird das lebenslange Lernen als „ein wichtiges Element des europäischen Hochschulraums" herausgestellt und es werden Strategien zur effektiven Umsetzung ausdrücklich gefordert (Prager Kommuniqué, 2001). Zudem werden die künftigen Arbeitsfelder konkretisiert, die bisherigen sechs Ziele des Bologna-Prozesses bekräftigt und um drei weitere Ziele ergänzt (Prager Kommuniqué, 2001, S. 6–7):
1) Förderung des lebenslangen Lernens,
2) Förderung der Beteiligung der Studierenden an der Gestaltung des europäischen Hochschulraums,
3) Förderung der Attraktivität des europäischen Hochschulraums.

Berliner Kommuniqué von 2003
Das Berliner Kommuniqué von 2003 identifiziert u.a. die folgenden Ziele
* Förderung der Qualitätssicherung auf institutioneller, nationaler und europäischer Ebene sowie der Mobilität im Hochschulbereich,
* Einführung eines Leistungspunktesystems (ECTS) und einer Bachelor/Master-Studienstruktur,
* Definition eines Rahmens vergleichbarer und kompatibler Hochschulabschlüsse auf nationaler und europäischer Ebene (Qualifikationsrahmen),
* Verbesserung der Anerkennung von Abschlüssen; Beteiligung der Studierenden und der Doktorandenausbildung am Bologna-Prozess,
* Steigerung der Attraktivität des EHR im globalen Maßstab (Berliner Kommuniqué, 2003).

Ferner wird die Einbettung in das Konzept des lebenslangen Lernens gefordert (BMBF, 2005a).

Das Bergen-Communiqué von 2005
Das Bergen-Communiqué stellt die Wichtigkeit des lebenslangen Lernens für den europäischen Hochschulraums heraus. Die Europäische Kommission wird aufgefordert, die laufenden Aktivitäten mit allen am Bologna-Prozess beteiligten Parteien abzustimmen (Bergen Kommuniqué; 2005, Ziffer 8). Hochschulen und andere Einrichtungen müssen künftig verstärkt daran arbeiten, die Anerkennung der Vorbildung einschließlich nicht-formaler und informeller Bildung für den Zugang und als Element der Hochschulbildung zu verbessern. Nur so kann lebenslanges Lernen an den Hochschulen Realität werden.

Anlage 7: Die Strukturindikatoren in allgemeiner Form

Allgemeiner wirtschaftlicher Hintergrund
1.   BIP pro Kopf in KKS
2.   Arbeitsproduktivität je Beschäftigen

Beschäftigung
3.1   Beschäftigungsquote – insgesamt
3.2   Beschäftigungsquote – weibliche Bevölkerung
3.3   Beschäftigungsquote – männliche Bevölkerung
4.1   Beschäftigungsquote älterer Erwerbstätiger – insgesamt
4.2   Beschäftigungsquote älterer Erwerbstätiger – weiblich
4.3   Beschäftigungsquote älterer Erwerbstätiger – männlich

Innovation und Forschung
5.   Bruttoinlandsausgaben für FuE (GERD)
6.1.   Höchster erreichter Bildungsgrad der Jugendlichen – insgesamt
6.2   Höchster erreichter Bildungsgrad der Jugendlichen – weiblich
6.3   Höchster erreichter Bildungsgrad der Jugendlichen – männlich

Wirtschaftsreform
7.   Vergleichende Preisniveaus
8.   Unternehmensinvestitionen

Sozialer Zusammenhalt
9.1.   Armutsgefährdungsquote nach sozialen Transfers – insgesamt
9.2   Armutsgefährdungsquote nach sozialen Transfers – Frauen
9.3   Armutsgefährdungsquote nach sozialen Transfers – Männer
10.1   Streuung der regionalen Beschäftigungsquoten – insgesamt
10.2   Streuung der regionalen Beschäftigungsquoten – weibliche Bevölkerung
10.3   Streuung der regionalen Beschäftigungsquoten – männliche Bevölkerung
11.1   Langzeitarbeitslosenquote – insgesamt
11.2   Langzeitarbeitslosenquote – weibliche Bevölkerung
11.3   Langzeitarbeitslosenquote – männliche Bevölkerung

Umwelt
12.   Gesamtemissionen von Treibhausgasen
13.   Energieintensität der Wirtschaft
14.   Verkehr – Güterverkehrsvolumen im Verhältnis zum BIP

Tab. 3: Prüfung der Lissabon-Ziele anhand von Strukturindikatoren,
Quelle: Kok (2004); Strukturindikatoren (2005, S. 3)

Anlage 8: Der Status quo dargestellt anhand der Strukturindikatoren

(Wirtschaftswachstum, Bruttoinlandsprodukt, Arbeitsproduktivität,
Beschäftigungsquoten Gesamtausgaben für F & E)

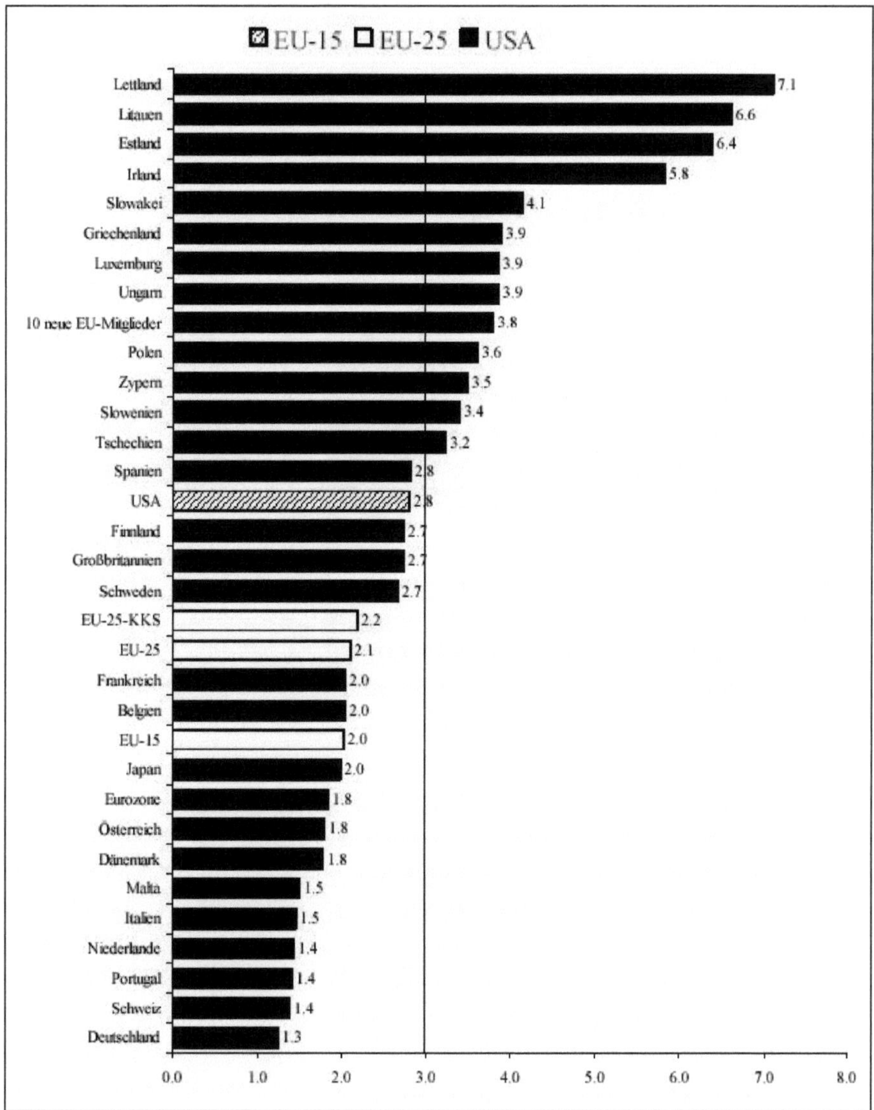

Anlage 8.1: Das Wirtschaftswachstum 2000-2006,
Quelle: Breuss (2005, S. 13)

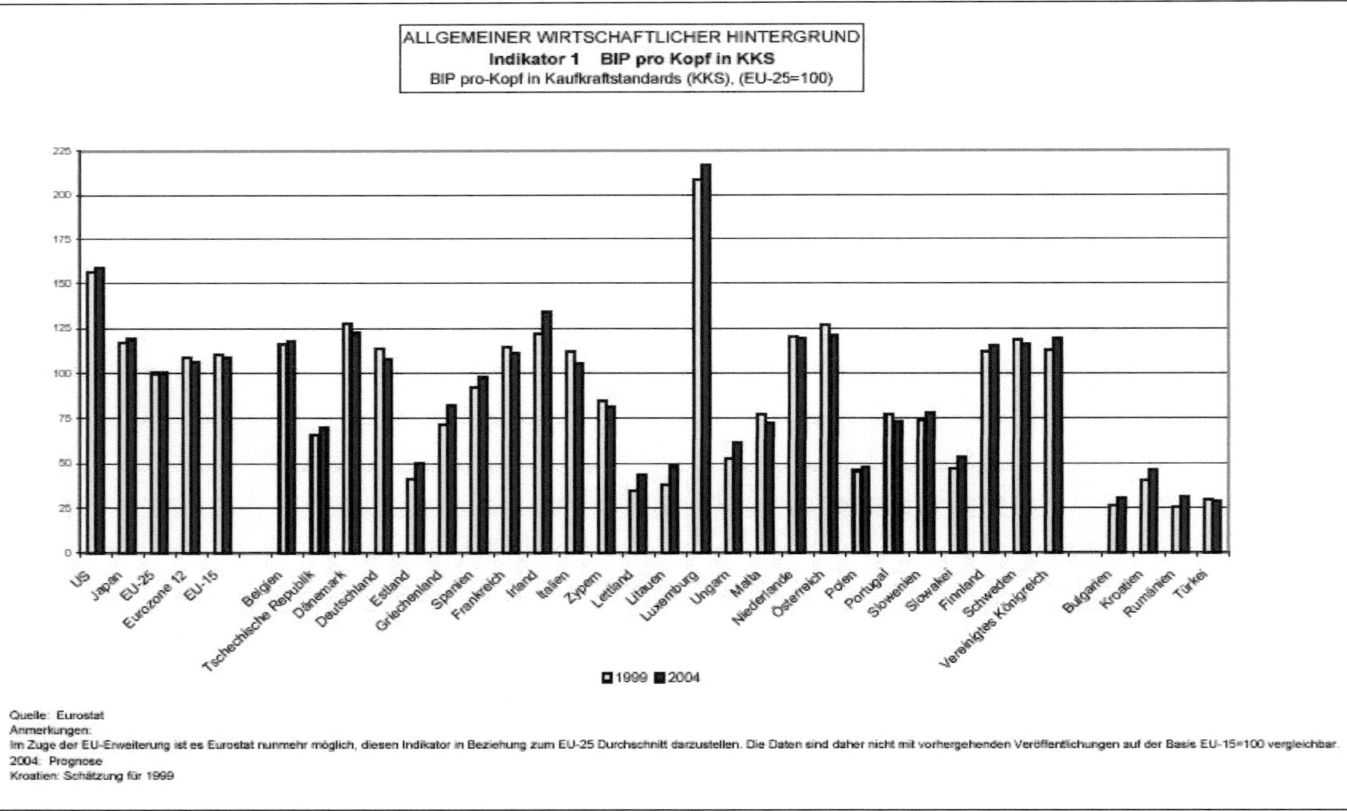

Anlage 8.2: Bruttoinlandsprodukt,
Quelle: Strukturindikatoren (2005, S. 4)

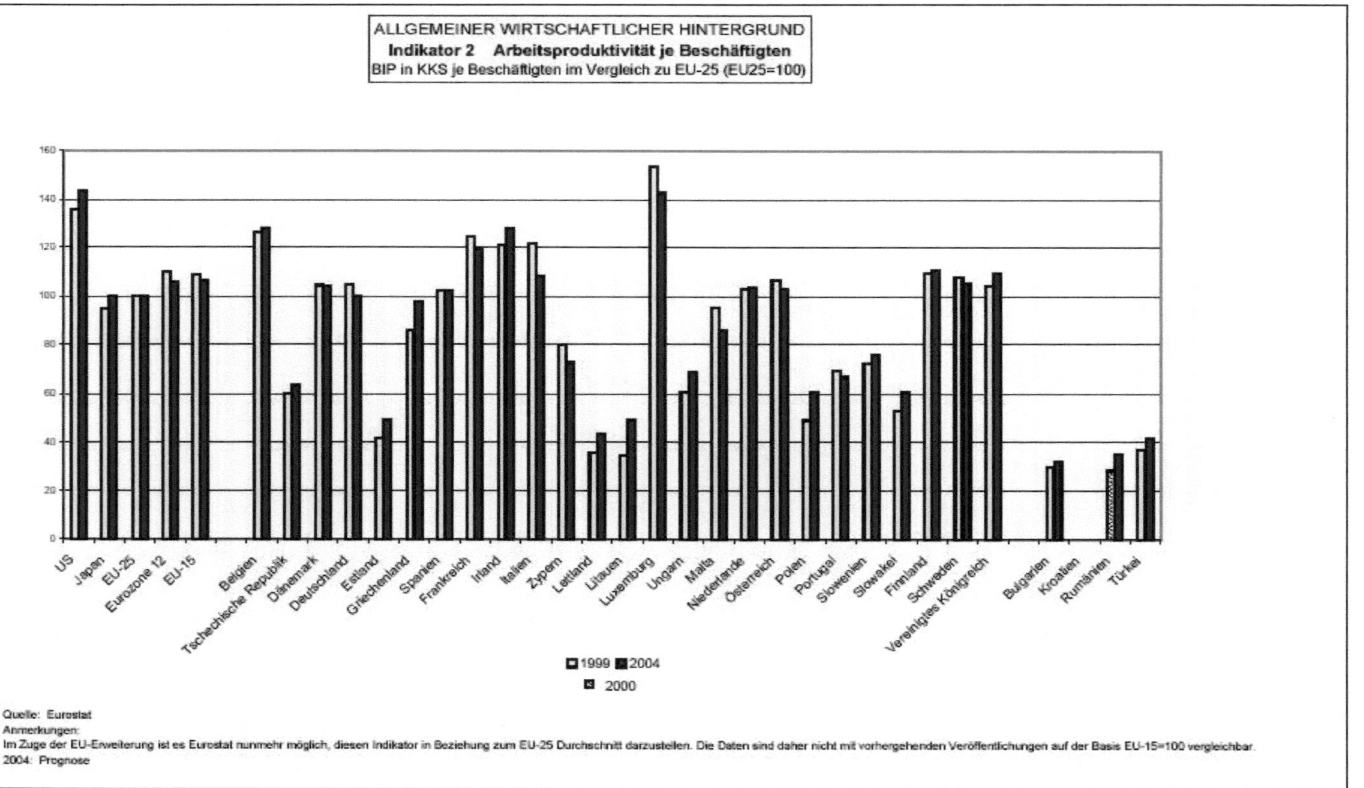

Anlage 8.3: Arbeitsproduktivität je Beschäftigten,
Quelle: Strukturindikatoren (2005, S. 5)

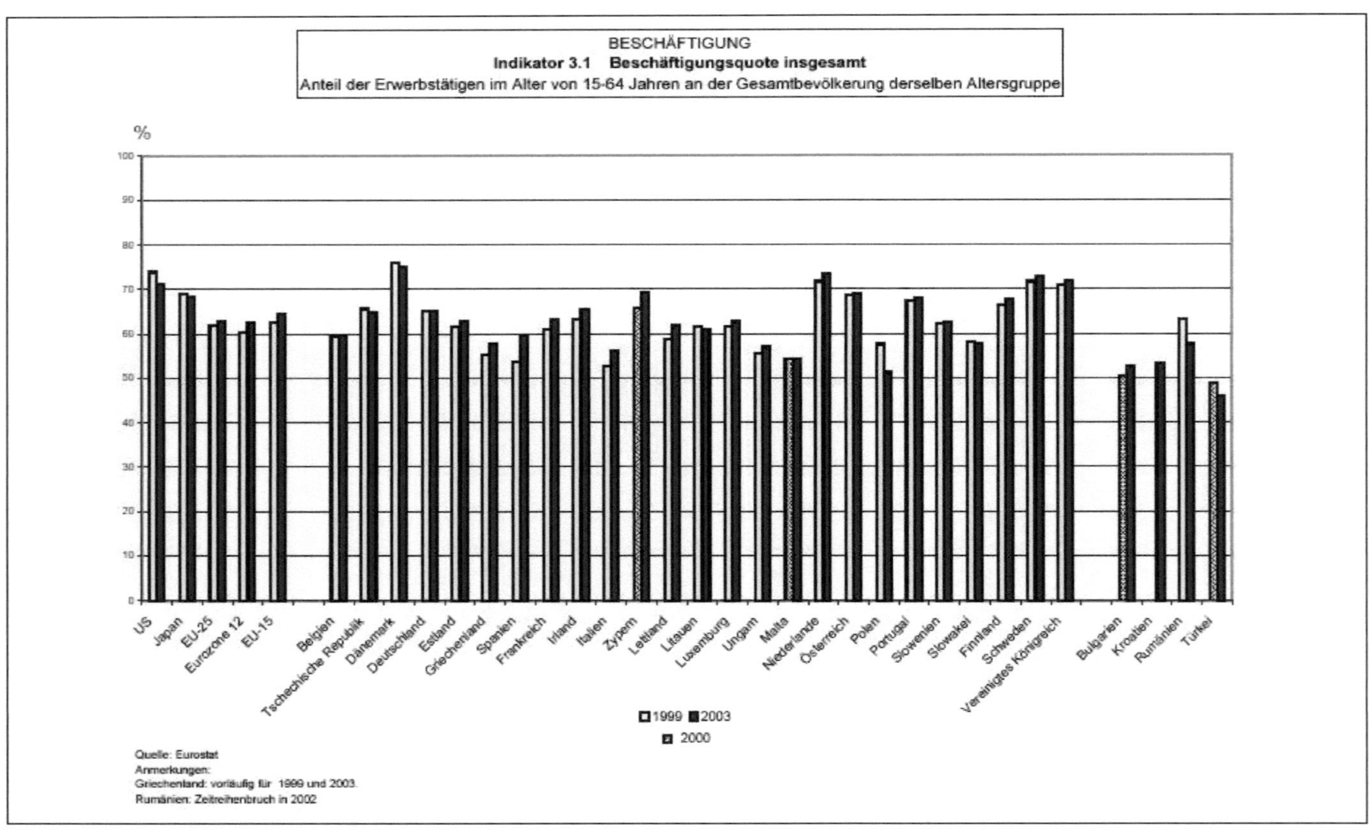

Anlage 8.4: Beschäftigungsquoten insgesamt im Alter von 15–64 Jahren,
Quelle: Strukturindikatoren (2005, S. 6)

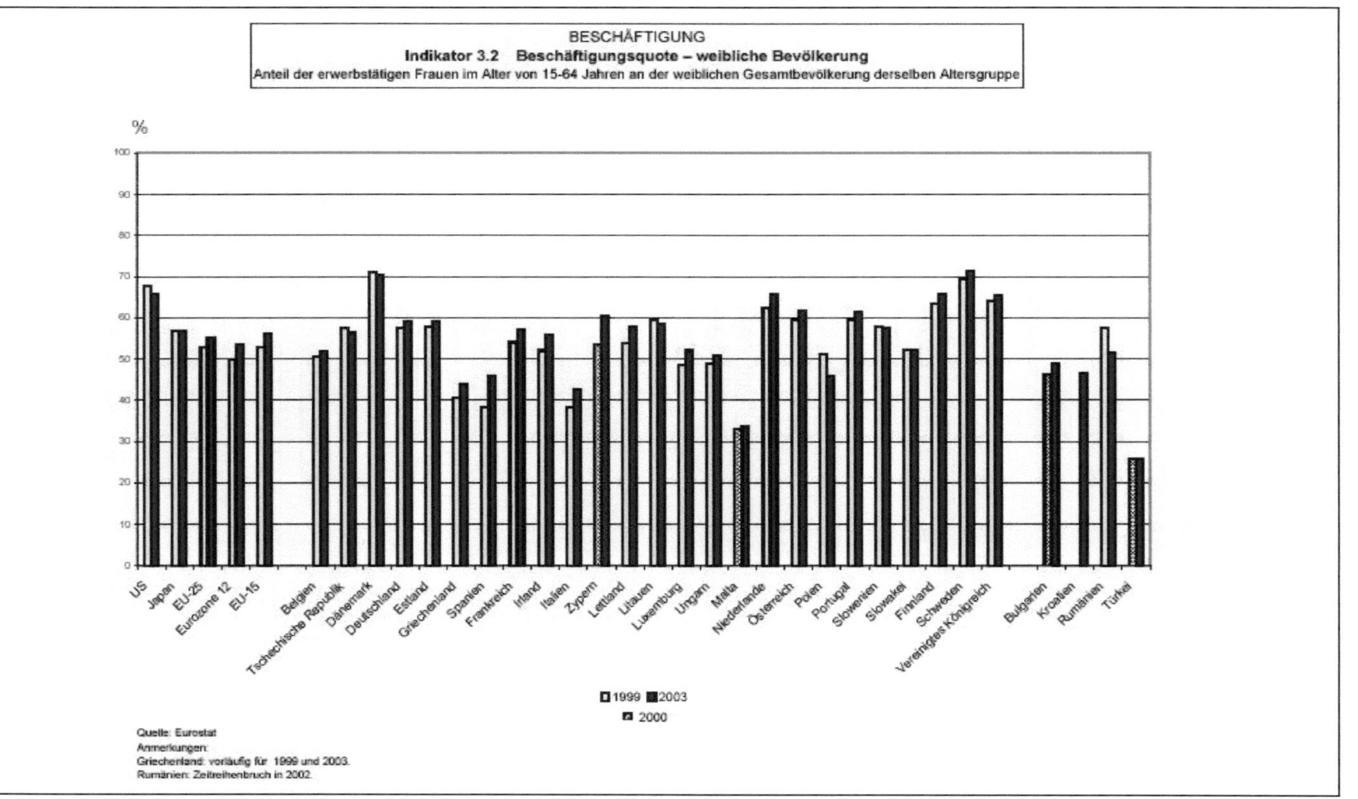

Anlage 8.5: Beschäftigungsquoten Frauen im Alter von 15–64 Jahren,
Quelle: Strukturindikatoren (2005, S. 7)

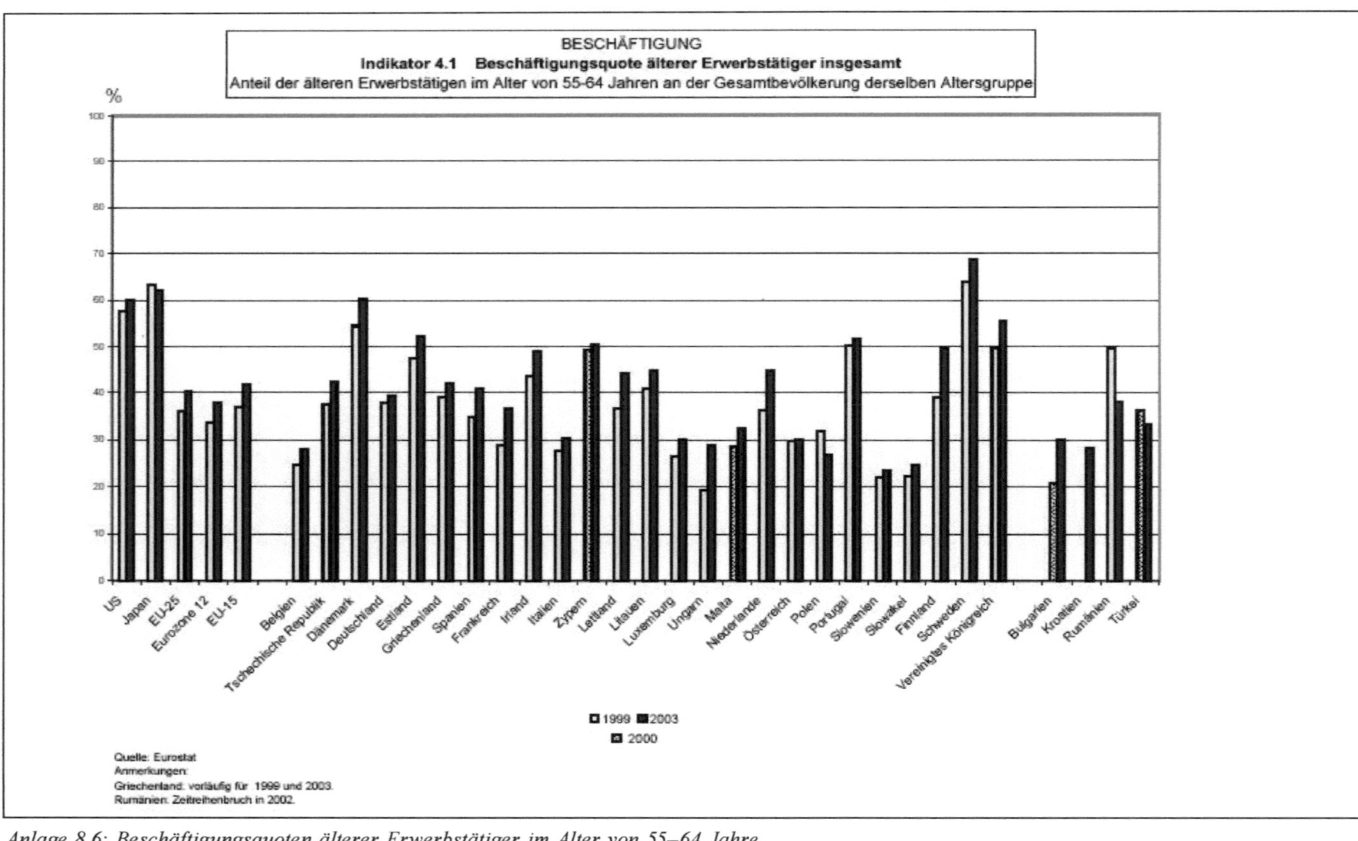

Anlage 8.6: Beschäftigungsquoten älterer Erwerbstätiger im Alter von 55–64 Jahre,
Quelle: Strukturindikatoren (2005, S. 9)

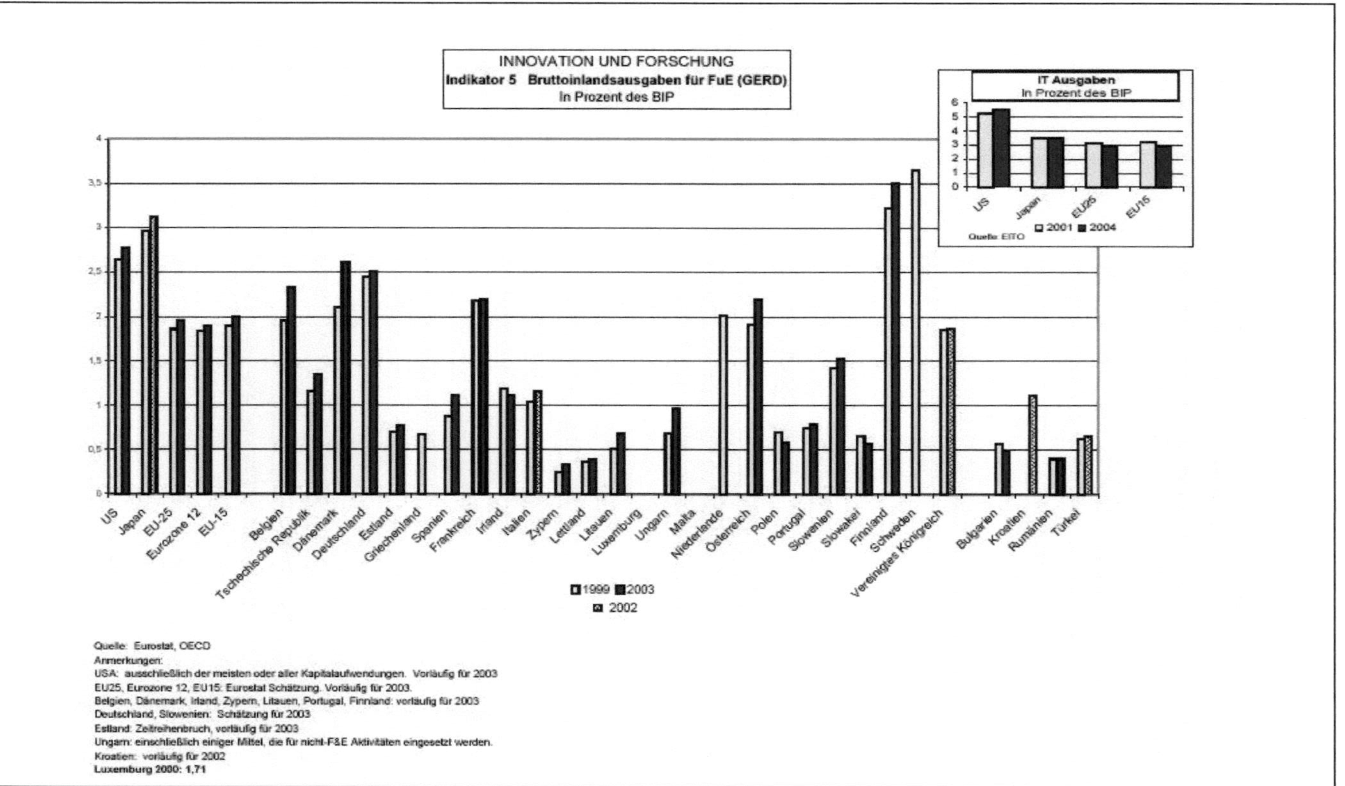

*Anlage 8.7: Bruttoinlandsausgaben für Forschungs- und Entwicklungsausgaben in % des BIP,
Quelle: Strukturindikatoren (2005, S. 12)*

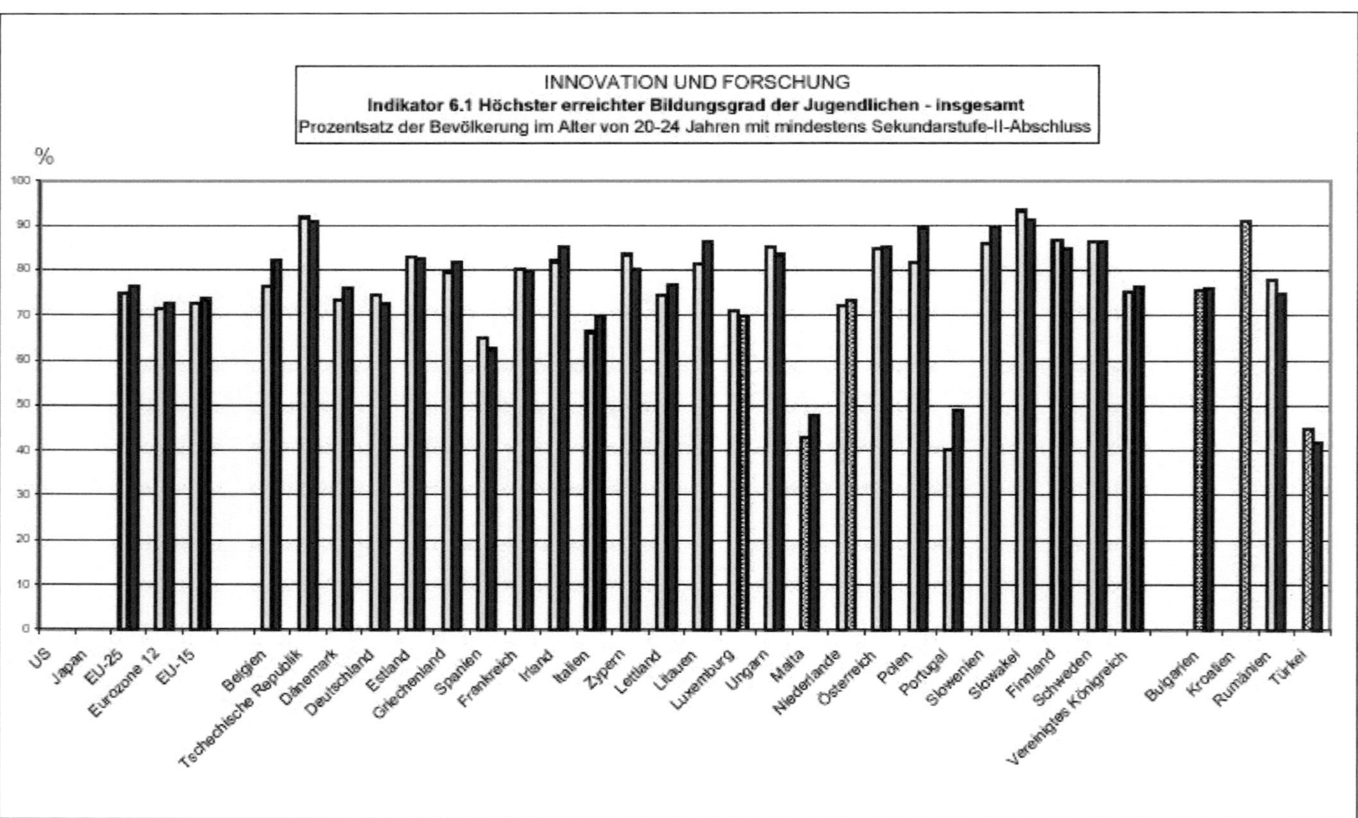

Anlage 8.8: Höchster erreichter Bildungsgrad der Jugendlichen insgesamt (von 20–24 Jahren), Quelle: Strukturindikatoren (2005, S. 13

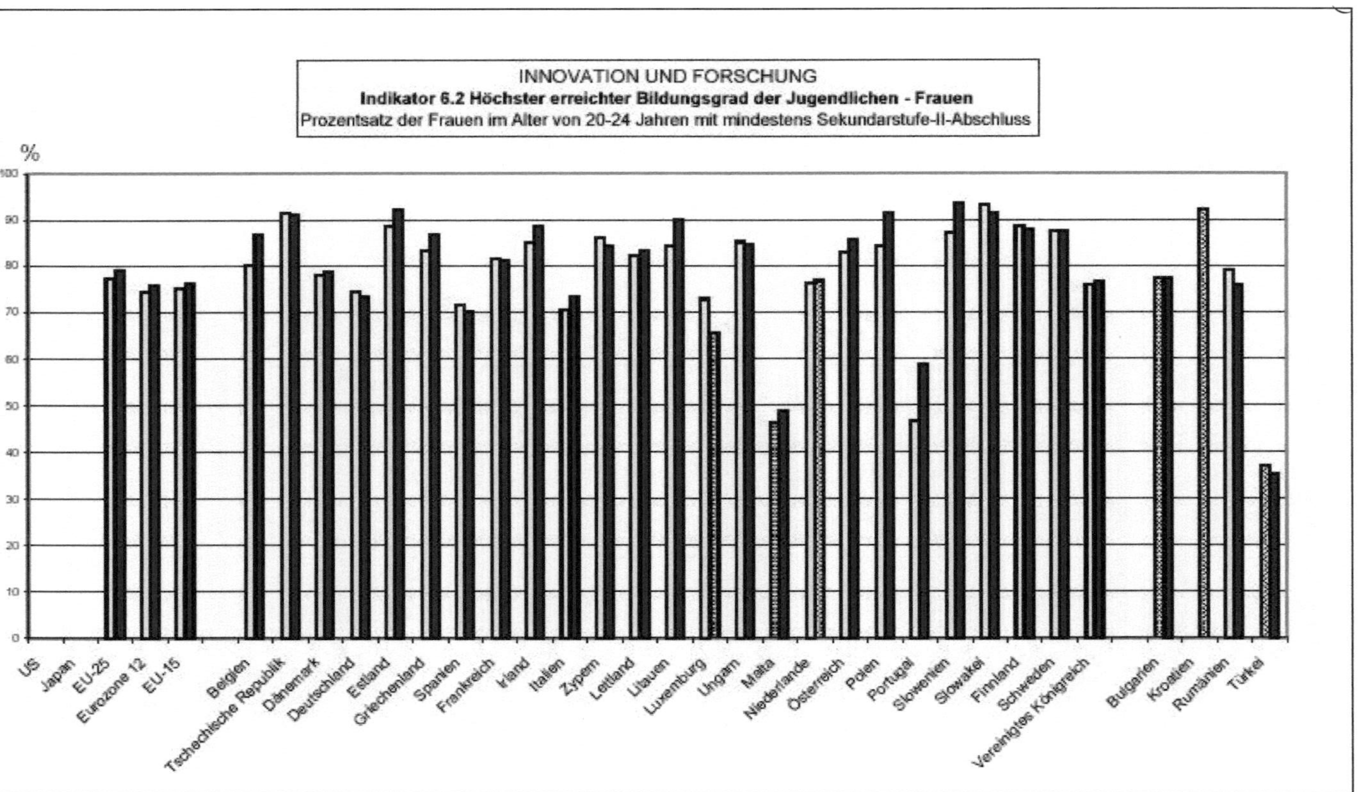

Anlage 8.9: Höchster erreichter Bildungsgrad der Jugendlichen (Frauen von 20–24 Jahren), Quelle: Strukturindikatoren (2005, S. 14)

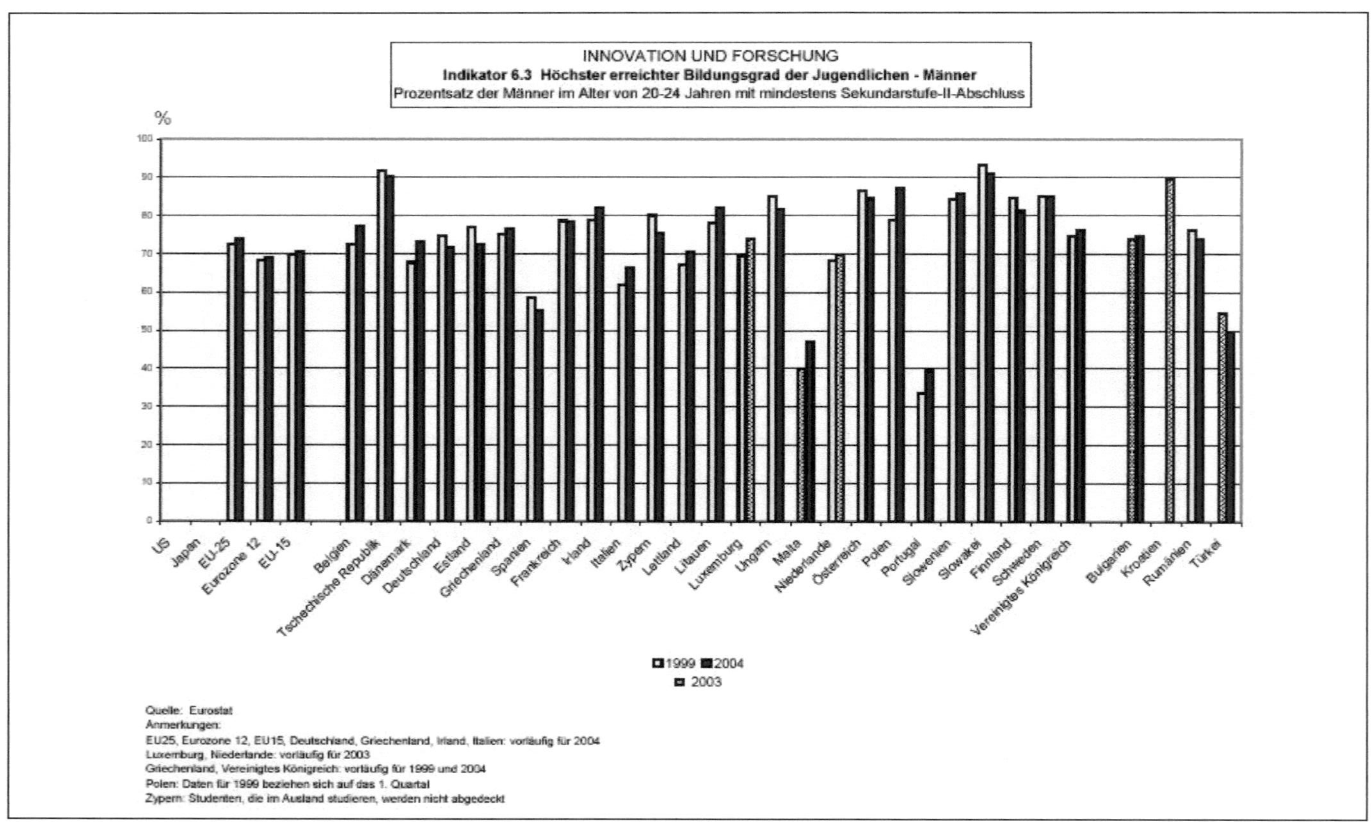

*Anlage 8.10: Höchster erreichter Bildungsgrad der Männer (im Alter von 20–24 Jahren),
Quelle: Strukturindikatoren (2005, S. 15)*

Anlage 9: Die Umsetzung lebenslangen Lernens in Deutschland

Die sechs neuen Erkenntnisse zur Umstellung der beruflichen Weiterbildung

1) Die mit grundlegenden wirtschaftlichen und gesellschaftlichen Transformationsprozessen verbundenen Probleme der Umstellung der Menschen auf neue Anforderungen sind nicht allein mit Hilfe einer Vermittlung neuer Kenntnisse zu bewältigen. Sie machen auch die Entwicklung neuer Werteinstellungen und Kompetenzen notwendig.

2) In der traditionellen beruflichen Weiterbildung können sich die für eine ganzheitliche Kompetenzentwicklung nötigen komplexen dynamischen Lernprozesse nicht zureichend entwickeln. Deshalb müssen Netzwerke mit regionalen Entwicklungszentren aufgebaut werden, in denen vor allem das Lernen im Arbeitsprozess, das selbstgesteuerte Lernen und das Lernen im sozialen Umfeld mit der betrieblichen und außerbetrieblichen Weiterbildung verknüpft werden.

3) Zur notwendigen Kompetenzentwicklung müssen vielfältige Kombinationen von schulischen, betrieblichen, nichtinstitutionalisierten und selbstorganisierten Lernformen von den Lernenden jeweils nach ihren Bedürfnissen und Voraussetzungen aktiv mitgestaltet werden.

4) Durch dieses handelnde Lernen soll nicht nur die Anpassung an wirtschaftliche und gesellschaftliche Wandlungen ermöglicht, sondern die Kompetenzen zur aktiven Umsetzung notwendiger Veränderungen entwickelt werden.

5) Aufgrund der Herausforderungen aus den Wandlungsprozessen wird die Entwicklung allgemeiner Sozial-, Kommunikations-, Organisations- und Methodenkompetenzen für die Bewältigung nicht vertrauter Handlungsanforderungen umso wichtiger sein.

6) Der strukturelle Mangel an (Dauer-)Arbeitsplätzen macht die Erhaltung und Weiterentwicklung des Kompetenzpotenzials der Arbeitslosen durch neue Modelle der Verbindung ihres Weiterlernens mit einem zweiten Arbeitsmarkt (Arbeit in Projekten, Praktika, Vereine, kulturelle Einrichtungen etc.) und durch ihre Teilhabe an gesellschaftlichem Leben und Lernen notwendig.

Anlage 9.1: Die sechs neuen Erkenntnisse zur Umstellung der beruflichen Weiterbildung, Quelle: Dohmen (1997, S. 21)

Maßnahmen zur Förderung der Entwicklung menschlicher Kompetenzen

Eie Entwicklung menschlicher Kompetenzen vor allem vorangebracht werden durch die

- Förderung eines stärker selbstgesteuerten individuellen und sozialen Lernens,
- Unterstützung und Weiterentwicklung des bereits von allen Menschen mehr oder weniger selbstverständlich praktizierten informellen Lernens in der täglichen Arbeits-/Lebenswelt,
- bedarfsgerechte, pädagogisch sinnvolle Einbeziehung moderner IKT,

- kreative lernfördernde Umweltgestaltung in einer modernen Lerngesellschaft, durch die Erweiterung der Aufgaben der bestehenden Bildungseinrichtungen um die beratende Begleitung und Ergänzung der vielfältigen Lernprozesse der Bürgerinnen und Bürger in außerschulischen Lebensbereichen und Praxisphasen,
- die Schaffung eines effektiven Netzwerks, das geeignet ist, um alle Formen menschlichen Lernens (formalen, informellen, selbstgesteuerten, professionell etc.) zu unterstützen

Anlage 9.2: Maßnahmen zur Förderung der Entwicklung menschlicher Kompetenzen,
Quelle: Dohmen (1997, S. 22)

Die Ziele des BMBF-Aktionsprogramms „Lebensbegleitendes Lernen für alles"
Eine Strategie zur Verwirklichung lebenslangen Lernens muss zur Schaffung eines lernförderlichen Umfeldes beitragen, konkrete Zugangsbarrieren zu Bildung verhindern und auch zweite und dritte Chancen bieten, um Tendenzen der Ausgrenzung zu mildern und auch bildungsferne und -benachteiligte Gruppen an kontinuierliches Lernen heranzuführen. Das Aktionsprogramm soll dazu dienen, durch Weiterentwicklung des Bildungssystems die Grundlagen zu schaffen, um alle Menschen am lebenslangen Lernen teilhaben zu lassen. Sie sollen die dafür erforderlichen Kompetenzen erwerben und institutionalisierte, aber auch neue Lernmöglichkeiten im täglichen Lebens- und Arbeitszusammenhang in Anspruch nehmen und nutzen. Die Ziele sind daher:

- die Bereitschaft zu lebenslangem Lernen entwickeln,
- die für lebensbegleitendes Lernen erforderlichen Kompetenzen erwerben und
- institutionalisierte, aber auch neue Lernmöglichkeiten im täglichen Lebens- und Arbeitszusammenhang in Anspruch nehmen und nutzen.

Nur auf diese Weise können eine „lernende Gesellschaft" realisiert, lebensbegleitendes Lernen aller Menschen gefördert und – insbesondere bildungsferner und benachteiligter Gruppen – an zukunftsorientierte Bildungsangebote herangeführt werden.

Bei der Weiterentwicklung des Bildungssystems in Richtung „lernende Gesellschaft" verfolgt das BMBF mit diesem Aktionsprogramm zunächst zwei sich ergänzende Wege:

- Stärkung der Weiterbildung und Integration der allgemeinen, politischen, kulturellen und beruflichen Weiterbildung in das gesamte Bildungssystem
- Stärkung der Bezüge zwischen allen Bildungsbereichen und Bildungswegen auch unter dem Aspekt der Durchlässigkeit, insbesondere Ausbau von Brücken von der Erstausbildung in die Weiterbildung.

Dies bedeutet: Schon im Kindergarten müssen die Weichenstellungen für das „Lernen des Lernens" gelegt werden. Lebenslanges Lernen endet nicht mit dem Abschluss der Berufsausbildung. Weiterbildung ist in allen weiteren Lebensphasen notwendig. In diesem Sinne stellt das Aktionsprogramm einen ersten Schritt zu einer nachhaltigen Förderung lebenslangen Lernens dar. Es ist zudem ein Angebot an alle gesellschaftlichen Gruppen, an der Gestaltung einer „lernenden Gesellschaft" mitzuwirken. Zugleich leistet das BMBF hiermit einen Beitrag zur europäischen Debatte über Strategien zur Verwirklichung des Grundsatzes „lebensbegleitendes Lernen für alle", die mit dem „Memorandum über Lebenslanges Lernen" der Europäischen Kommission vom 30. Oktober 2000 angestoßen wurde.

Anlage 9.3: Die Ziele des BMBF-Aktionsprogramms „Lebensbegleitendes Lernen für alles",
Quelle: BMBF-Aktionsprogramm (2001, S. 3)

Die durch das BMBF-Aktionsprogramm geförderten Projekte
Das Aktionsprogramm des BMBF fördert zukünftig verstärkt Innovationen in folgenden Handlungsfeldern:

- Übergreifende Vernetzung der verschiedenen Bildungsbereiche und Träger auf regionaler und überregionaler Ebene,
- Qualitätssicherung in transparenten und vergleichbaren Verfahren,
- Zertifizierung bzw. Anerkennung von beruflich verwertbaren Qualifikationen und Kompetenzen, auch solchen, die in informellen Lernprozessen, also außerhalb von speziellen Einrichtungen erworben werden,
- Erhöhung der Transparenz der Angebote, Verbesserung der Information und Beratung, Motivierung,
- Förderung neuer Lehr- und Lernkulturen (z. B. informelles, selbstgesteuertes Lernen; Lernberatung und -begleitung),
- Nutzung neuer Medien,
- Förderung der Bildungsbereitschaft für Menschen in speziellen Lebenslagen, auch am Arbeitsplatz; Strategien zum Kompetenzerhalt bei Arbeitslosen,
- Intensivierung des Austauschs und der internationalen Zusammenarbeit, Förderung internationaler Kompetenzen.

Dabei kann das „Aktionsprogramm" auf einer beträchtlichen Zahl von durch die Bundesregierung geförderten oder mitgeförderten Programmen, Maßnahmen und Leitprojekten verweisen, die einen Beitrag zur Förderung lebenslangen Lernens leisten (können), wenn sie in diesem Sinne kontextuiert werden. Es handelt sich dabei um:

- das Programm „Lernende Regionen – Förderung von Netzwerken",
- den „Europäischen Lebenslauf und die Weiterentwicklung des Europasses",
- das BLK-Modellversuchsprogramm „Lebenslanges Lernen",

- die Zukunftsinitiative Hochschulen,
- das Programm „Lernkultur- Kompetenzentwicklung",
- das Rahmenkonzept „Innovative Arbeitsgestaltung – Zukunft der Arbeit",
- die BMBF-Initiative: „Früherkennung von Qualifikationserfordernissen",
- das Berichtssystem Weiterbildung,
- die Offensive „Qualität in der Weiterbildung",
- das Programm „Neue Medien in der Bildung",
- das Förderkonzept „Überbetriebliche Ausbildungsstätten",
- die BMBF-Initiative „Zusatzqualifikationen in der dualen Berufsausbildung",
- das Programm „Schule-Wirtschaft/Arbeitsleben",

Anlage 9.4: Die durch das BMBF-Aktionsprogramm geförderten Projekte.
Quelle: BMBF-Aktionsprogramm (2001, S. 3); Kruse (2003, S. 10, 11)

Eine Beschreibung des Programms „Lernende Regionen"

Primäres Ziel der Vorhaben soll es dabei sein, Bildungsanbieter und -nutzer sowie andere Interessierte zu „Lernenden Regionen" zusammenzuführen, und dabei soll vor allem

- die Motivation und Bildungsbeteiligung der Menschen, insbesondere bisher bildungsferner und benachteiligter Personen, gesteigert sowie
- die Fähigkeit zu selbständigem Lernen gefördert werden,
- qualitative (und quantitative) Verbesserungen in den Angebotsstrukturen im Sinne einer deutlichen Nutzerorientierung erreicht werden.

Selbstorganisiertes Lernen soll dabei ebenso gefördert werden wie bürgernahe Lernzentrenbildung. Netzwerkprojekte werden dann, wenn sie Fortschritte in drei Feldern versprechen:

- bei der Profilbildung im Sinne innovativer und deutlicher Maßnahmen zur Identifikation als eine Region, die lernt,
- bei der Erweiterung der Netzwerke über die jeweils „angestammten" Partner hinaus, also z. B. durch Partnerschaften zwischen „Bildung" und „Wirtschaftsförderung",
- durch die frühzeitige Beschäftigung mit der Frage der Weiterführung nach Auslaufen der Projektförderung bzw. bei deren Degression (Nachhaltigkeit).

Das Rahmenkonzept für „Lernende Regionen" wurde von der Bund-Länder-Kommission für Bildungsplanung und Forschungsförderung gebilligt und mit der konzertierten Aktion Weiterbildung sowie dem Ausschuss Fort- und Weiterbildung der Ständigen Konferenz der Kultusminister der Länder abgestimmt. Ein Lenkungsausschuss aus Vertretern des Bundes und der Länder steuert das Programm und entscheidet über die Projektauswahl. Als beratende Mitglieder gehören ihm Vertreterinnen und Vertreter der konzertierten Aktion Weiterbildung, der Sozialpartner, der Bundesanstalt für Arbeit und der Wissenschaftlichen Begleitung an. Mit dem großen Fördervolumen und 79 über ganz Deutschland verteilt in Förderung befindlicher Projekte (Stand Januar 2003) handelt es sich um ein Programm, das einen massiven Input zur Entwicklung von regionalen Netzwerken für Lebenslanges Lernen leistet. Sein notwendigerweise dezentraler Ansatz wird es allerdings nicht leicht machen, Synergien und „verallgemeinerbare Lehren" aus der Förderung zu ziehen. Deshalb wird ein erhebliches Gewicht auf begleitende Erforschung (wissenschaftliche Begleitung) und Transparenz und Kommunikation gelegt. Um sicherzustellen, dass in den Regionen möglichst viele Bildungsakteure einbezogen werden und die Vorhaben in verlässlicher Weise regional verankert sind, wurde zunächst eine Planungsphase bewilligt, der sich eine insgesamt 4-jährige Durchführungsphase anschließen kann. Von den 54 Regionen, die im Juni 2000 mit einer Planungsphase begannen, traten 2002 40 in die Durchführungsphase ein. 12 weitere Regionen erhielten vom Lenkungsausschuss die Gelegenheit, bis November 2002 ihre Anträge für die Durchführungsphase nachzubessern (nach der Sitzung des Lenkungsausschusses im Dezember 2002 kamen zehn Projekte in die Durchführungsphase und zwei schieden aus). Aus der zweiten Ausschreibungsrunde sind im Verlaufe des Jahres 2002 weitere 29 Vorhaben in ihre Planungsphase eingetreten. Insgesamt befinden sich also im Januar 2003 79 Vorhaben bundesweit in der Förderung. Diese 79 Vorhaben setzen sich aufgrund der hohen Anzahl der jeweiligen Kooperationspartner aus rund 230 Einzelvorhaben zusammen

Anlage 9.5: Beschreibung des Programms „lernende Regionen" als Teil des Aktionsprogramms,
Quelle: Kruse (2003, S. 18-19)

Die BMBF-Initiativen zur Realisierung des Bologna-Prozesses
Wie bereits gesagt, beteiligt sich der Bund im Rahmen des BMBF-Programms „Lernende Regionen – Förderung von Netzwerken" an Projekten zum Auf- und Ausbau bildungsbereichsübergreifender Netzwerke zur Entwicklung und Erprobung innovativer Maßnahmen für lebenslanges Lernen. Dabei sollen die Übergänge zwischen den Bildungsbereichen reibungsloser ablaufen. Zu diesem Zweck werden insbesondere Kooperationen von Hochschulen mit Schulen, Betrieben, Verbänden, der Arbeitsverwaltung und Weiterbildungseinrichtungen gefördert. Zur Erleichterung des Übergangs von der beruflichen Bildung in die Hochschulbildung, haben das BMBF, KMK und Hochschulrektorenkonferenz (HRK) im September 2003 eine gemeinsame Empfehlung an die Hochschulen zur Vergabe von Leistungspunkten in der beruflichen Fortbildung und der Anrechnung auf ein Hochschulstudium formuliert (Bologna-Bericht, 2004, S. 15). Unter bestimmten Umständen können außerhalb des Hochschulwesens erworbene Kenntnisse und Fähigkeiten bis zu 50% eines Hochschulstudiums ersetzen. Beruflich qualifizierten Bewerbern

eröffnet sich auch ohne schulische Hochschulzugangsberechtigung die Möglichkeit für den Hochschulzugang. Voraussetzungen und Verfahren regeln die Länder (Bologna-Bericht, 2004, S. 16). Zu den Aufgaben der Hochschulen gehört auch die Weiterbildung. Mit der Einführung der gestuften Studienstruktur können die Hochschulen stärker und flexibler an den Bedürfnissen der Berufswelt orientierte Masterstudiengänge anbieten, die die Spezialisierung und damit das lebenslange Lernen der Berufstätigen fördern (Bologna-Bericht, 2004, S. 15). Die Studiengänge des gestuften Studiensystems (Bachelor und Master) sind in Deutschland obligatorisch zu modularisieren und mit Leistungspunkten (ECTS) auszustatten. Im Sommersemester 2005 werden in Deutschland 2.925 Bachelor- und Master Studiengänge angeboten, dies entspricht 26,3 % des gesamten Studienangebots. 716 dieser Studiengänge sind akkreditiert; und zwar 315 Bachelor- und 401 Master-Studiengänge. Während sich 2000 1,8% aller Studienanfänger für einen Bachelor-Studiengang entscheiden, sind dies 2003 bereits 7,5%. Die Zahl der Bachelor- bzw. Master-Absolventen ist vom Prüfungsjahr 2000 mit 496 auf 5.500 in 2003 gestiegen. Die Hälfte der 3.000 Masterabschlüsse in 2003 erwerben ausländische Studierende (Bologna-Bericht, 2004, S. 9–10). Für die Leistungsbewertung nach dem ECTS steht die quantitative Bewertung der Gesamtbelastung des Studierenden der für einen erfolgreichen Abschluss des Studiums erforderlichen Studien- und Prüfungsleistungen im Vordergrund. Ein Leistungspunkt beinhaltet eine Arbeitsbelastung des Studierenden im Präsenz- und Selbststudium von 30 Stunden. ECTS wird derzeit in 67,7% der Bachelor-Studiengänge und 62,5 % Master-Studiengänge angewendet (Bologna-Bericht, 2004, S. 9). Die Einführung des ECTS-Modells ist von Bund und Ländern zwischen 2001 bis 2004 im Rahmen eines Modellversuchs mit 3,824 Mio. Euro unterstützt worden. Seit 2005 wird den Hochschulzeugnissen das Diploma Supplement („DS") automatisch beigefügt. Die angestrebte Mobilität von Studierenden und Wissenschaftlern in Europa wird durch das Ausbildungsförderungsreformgesetz unterstützt, da Studierende z.B. während ihres Studiums im Ausland Leistungen nach dem BAföG beziehen können. Seit 1998 werden verstärkt strukturierte, kooperative Formen der Doktorandenausbildung angeboten. Es existieren binationale Promotionsverfahren, die in der gemeinsamen Verantwortung zweier Hochschulen liegen (sogenanntes „Cotutelle-de-thèse-Verfahren"). Daran nehmen ca. 5% der Doktoranden teil (Wissenschaftliche Dienste, 2005, S. 2).

Anlage 9.6: Die BMBF-Initiativen zur Realisierung des Bologna-Prozesses,
Quelle: Bologna-Bericht (2004); Wissenschaftliche Dienste (2005)

Der Weiterbildungspass mit Zertifizierung informellen Lernens
Seit 2002 erfolgt die Umsetzung des Aktionsprogramms des BMBF „Lebensbegleitendes Lernen für alle", unter dem verschiedene Teilprogramme, wie z.B. „Lernende Regionen" und „Schule – Wirtschaft/Arbeitsleben" subsumiert sind. Wichtige Impulse erhält die Zertifizierung informellen Lernens aus den im Jahr

2000 und in den folgenden Jahren gefassten Beschlüssen des Europäischen Rats und der EU-Bildungsminister (Kap. 3.5). Mit dem europäischen „Memorandum über lebenslanges Lernen" wurde der Wirtschaftsraum der EU um den Aspekt des Bildungsraums als Grundlage für die eigene Wettbewerbsfähigkeit im internationalen Maßstab erweitert. Eine der zentralen Botschaften dieses Memorandums ist die Neubewertung des Lernens, im Besonderen die Sichtbarmachung und Zertifizierung von non-formalen und informellen Lernprozessen (Kap. 3.5.1.2). Die Mitteilung der Europäischen Kommission (Kap. 3.5.1.3). Einen europäischen Raum des lebenslangen Lernens schaffen" vom November 2001 bestätigt diese europäische Aktionslinie (BMBF-Weiterbildungspass, 2004, S. 11). Im nationalen Kontext haben neben den europäischen Initiativen das „Bündnis für Arbeit", das „Forum Bildung" sowie die „BLK" mit ihren Beschlüssen zur Dynamisierung des deutschen Diskussionsprozesses über die Ausgestaltung lebenslangen Lernens und die damit verbundene zukünftige Bedeutung der Dokumentation informellen Lernens beigetragen. Sie stellen weitere Beiträge zur Förderung der transnationalen Transparenz erworbener Kompetenzen und zur Unterstützung von Mobilität in einer Zivilgesellschaft dar.

Vom 1. April 2002 bis 31. März 2003 ist vor diesem politischen Diskussionshintergrund die Machbarkeitsstudie „Weiterbildungspass mit Zertifizierung informellen Lernens" als Verbundprojekt der Bund-Länder-Kommission entwickelt worden. Nach einer EU-weiten Ausschreibung begann am 1. April 2002 ein Konsortium aus den Instituten „Deutsches Institut für Erwachsenenbildung" (DIE), „Deutsches Institut für Internationale Pädagogische Forschung" (DIPF) und „Institut für Entwicklungsplanung und Strukturforschung an der Universität Hannover" (IES) mit der Erstellung dieser Machbarkeitsstudie. Finanziert wurde das Verbundprojekt aus Mitteln des Bundesministeriums für Bildung und Forschung sowie des Europäischen Sozialfonds. Die Federführung der elf teilnehmenden Bundesländer Bayern, Berlin, Brandenburg, Bremen, Hamburg, Hessen, Mecklenburg-Vorpommern, Nordrhein-Westfalen, Rheinland-Pfalz, Saarland, Schleswig-Holstein und der von ihnen zur Projektbegleitung gebildeten Gruppe aus Vertretern des Bundes und der Länder übernahm das Saarland. Neben den Vertretern der Länder ist die inhaltliche Arbeit des Konsortiums durch Vertreter des BMBF sowie Experten aus Bildungsforschung und -praxis unterstützt worden (DIE, 2004, S. 4). Gegenstand der Machbarkeitsstudie ist eine wissenschaftlich begründete Bewertung der Möglichkeiten der Einführung eines Weiterbildungspasses unter besonderer Berücksichtigung der Sichtbarmachung und Anerkennung informell erworbener Kompetenzen in Deutschland unterhalb der ordnungspolitischen Ebene.

Anlage 9.7: Der Weiterbildungspass mit Zertifizierung informellen Lernens,
Quelle: BMBF-Weiterbildungspass (2004); DIE (2004, S. 4)

Ein Informationsblatt zum EUROPASS

1 Die EUROPASS-Initiative

1.1 Ziel

Die EUROPASS-Initiative verfolgt das Ziel, die europaweite Mobilität von Personen, die sich in Berufsausbildung befinden, zu fördern. Der EUROPASS trägt zu einer engeren Verbindung zwischen Schulen bzw. Ausbildungszentren und Unternehmen in der Europäischen Union bei. Er ist ein Bildungsausweis, der die Ausbildungsabschnitte und Zusatzqualifikationen eines jeden Europäers personenbezogen und unabhängig von dessen Alter und Ausbildung dokumentiert. Der EUROPASS ist übersichtlich gestaltet, da er die einzelnen Ausbildungsabschnitte und alle Kenntnisse einer Person zusammenfasst. Dazu zählen alle erworbenen Fähigkeiten, also die ausbildungs- oder berufsbezogenen, aber auch die sozialen, kulturellen oder sportlichen Kenntnisse.

1.2 Inhalt

Der EUROPASS umfasst folgende fünf Dokumente, die der Bewerber auch einzeln verwenden kann:

- Lebenslauf („EUROPASS-Lebenslauf"),
- Auslandsaufenthalte („EUROPASS-Mobilitätsnachweis"),
- Studienabschlüsse („EUROPASS-Diplomzusatz"),
- Sprachkenntnisse („EUROPASS- Sprachenportfolio"),
- Ausbildungsinhalte („EUROPASS-Zeugniserläuterung").

Ab 2005 stellt der Europäische Lebenslauf (European CV) das Kernstück des neuen EUROPASS dar. Dabei handelt es sich um eine Vorlage, die einen umfassenden und europaweit standardisierten Überblick über Ausbildung, Arbeitserfahrung und sonstige Fähigkeiten und Kompetenzen sowie über alle ausbildungsbezogenen Auslandsaufenthalte (d.h. neben Praktikums- auch Studienaufenthalte) seines Inhabers gibt. Zudem bietet jede Hochschule in Europa ab 2005 ihren Absolventen einen Diplomzusatz (Diploma Supplement) an, das über den Studienverlauf des Bewerbers an einer bestimmten Hochschule informiert.

2 Vorteile des EUROPASS

Der EUROPASS (auch „Europass-Berufsbildung" genannt)
- ist kostenfrei und wird freiwillig ausgegeben,
- kann für jeden praktischen Aus- oder Weiterbildungsabschnitt eingesetzt werden,

- weist alle im In- und Ausland erworbenen Qualifikationen und Fähigkeiten eines Bewerbers in einer verständlichen und europaweit einheitlichen Form nach,
- ist ein Dokument, das erstmals europaweit einheitlich über Aus- bzw. beruflichen Weiterbildungen eines Bewerbers informiert und ist für Bewerbungen in ganz Europa einsetzbar,
- gibt – auf Wunsch zweisprachig – Auskunft über die Dauer der Auslandsqualifizierung sowie die Ausbildungsergebnisse,
- hat für Studierende und Graduierte den Vorteil, dass diese ein aussagekräftiges und repräsentatives Dokument erhalten, das insbesondere für Arbeitgeber im europäischen Ausland einen hohen Wiedererkennungswert besitzt,
- Praktikanten werden die während des Praktikums ausgeübten Tätigkeiten bescheinigt. Dies kann für diejenigen, die ein freiwilliges Praktikum absolviert haben, wichtig sein. Da in manchen Ländern ein qualifiziertes Praktikumzeugnis nicht üblich ist, steigt die Bedeutung einer aussagekräftigen Dokumentation durch den EUROPASS,
- ist übersichtlich, da er alle wichtigen Informationen auf einer DIN A5-Seite erfasst. Der /die Inhaber/-in haben in kompakter Form den Nachweis ihrer im europäischen Ausland absolvierten Ausbildungsabschnitte,
- dokumentiert durch den Europäischen Lebenslauf alle Fähigkeiten und Kompetenzen des Bewerbers. Dies ist erforderlich, da oftmals die einzelnen Abschluszeugnisse und Zertifikate nicht immer aussagekräftig genug und im Ausland oft schwer verständlich sind,
- steigert durch seine transparente Darstellung der Kompetenzen und Fähigkeiten die Chancen des Bewerbers auf dem nationalen und internationalen Arbeitsmarkt,
- ermöglicht es durch das Diploma Supplement, das betreffende Hochschulsystem zu beschreiben und so die Qualifikationen europaweit vergleichbar zu machen,
- gibt Arbeitgebern im Ausland Informationen über den Kandidaten, die es ihm ermöglichen, den individuellen Werdegang besser nachvollziehen zu können. Gerade für internationale Bewerbungen erweist sich die modern strukturierte Vorlage als ein Vorteil und ist bei Bewerbungen im Bereich der Institutionen der Europäischen Union meist schon unverzichtbar.

4   Ausgabeverfahren

Um den EUROPASS zu erhalten, müssen folgende Voraussetzungen erfüllt werden: Der Ausbildungsträger im Herkunftsland muss sich verbindlich mit der Ausbildungsstätte im Ausland über Inhalt, Dauer und Ablauf der Qualifizierungsmaßnahme einigen.

- Beide Einrichtungen müssen sich bereit erklären, die im Ausland erworbenen Qualifikationen im EUROPASS zu bestätigen.
- Der im Ausland durchgeführte Ausbildungsabschnitt muss eine praxisorientierte Komponente, z.B. in Form eines Betriebspraktikums, beinhalten.
- Die Ausbildungsmaßnahme im Ausland muss durch einen Ausbilder begleitet werden.
- Die im Ausland vorgenommene Qualifizierung muss ein Bestandteil der Berufsbildung sein. Allerdings ist es nicht notwendig, dass der Austausch in der Ausbildungsordnung vorgesehen ist.
- Der EUROPASS wird jedoch nicht nur an Personen in der Berufsausbildung vergeben. In Frage kommen auch:
- Studenten und Hochschulabsolventen, die einen betrieblichen Teil absolvieren,
- berufliche Vollzeitschüler mit Betriebspraktikum im Ausland,
- Einzelpersonen, die an einem Austausch in der Berufsbildung teilnehmen, sofern sie von einer Einrichtung entsandt werden.
- Das Ausgabeverfahren umfasst folgende Schritte:
- Die Hochschule füllt den Anforderungsbogen online aus. Der Anforderungsbogen ist unter der folgenden Internet-Adresse zu finden:
- http://www.europass-berufsbildung.de/fragebogen
- In den Anforderungsbogen werden der Name und die Adresse der anfordernden Hochschule sowie ein Ansprechpartner eingetragen.
- Es muss explizit bestätigt werden, dass folgende Qualitätskriterien erfüllt sind:
- Es handelt sich um einen bestimmten Abschnitt der Ausbildung (z. B. Praktikum)
- Der Fachbereich erkennt das Praktikum als sinnvolle Ergänzung zum Studium an.
- Das Praktikum wird von Seiten des Unternehmens betreut.

1. Das Zielland, Fachgebiet, die voraussichtliche Dauer des Praktikums und das Geschlecht der Person werden eingetragen.
2. Der vollständige Datensatz wird an die zuständige Ausgabestelle abgeschickt. Der ausgefüllte Anforderungsbogen wird ausgedruckt, unterschrieben und gestempelt, und das Original an die Ausgabestelle gesendet. Die Hochschule kann auch mehrere Exemplare des EUROPASS gleichzeitig anfordern. Die für den Hochschulbereich zuständige Ausgabestelle ist der DAAD.
3. Die Ausgabestelle im DAAD prüft die Anforderung und schickt den EUROPASS umgehend per Post an die Hochschule. Ein Infoblatt und eine Anleitung für das Ausfüllen werden mitgeschickt.
4. Die Hochschule nimmt die ersten Einträge vor. Auf der Homepage „http://eu.daad.de/arbeitsstelle_eu/europass/main.html" steht dafür eine elektronische Ausfüllhilfe zur Verfügung.
5. Schließlich wird der EUROPASS seinem Nutzer ausgehändigt.

5   Wo gibt es den EUROPASS?

Die Umsetzung der „Europass-Berufsbildung"-Entscheidung verläuft weitgehend dezentral. Die interessierten Einrichtungen müssen sich an die nationalen Kontaktstellen wenden, die das Projekt eines Europäischen Berufsbildungsabschnitts beurteilen und ihnen die erforderlichen Exemplare des Dokuments Europass ausstellen können, die den Bewerbern auszuhändigen sind. Die Anschriften der nationalen Kontaktstellen sind im Teil „Adressenverzeichnis" des Leitfadens des Ministeriums für Bildung und Forschung veröffentlicht und sind auf nachstehender Website abfragbar:

http://europa.eu.int/comm/education/europass/index-de.html sowie unter
http://www.europass-berufsbildung.de/index2.php?resolution=768

Über Informationen zum Europass verfügt die Generaldirektion Bildung und Kultur der Generaldirektion Bildung und Kultur in Brüssel

Anschrift bei der Kommission:
Direktion B – Berufsbildung
Generaldirektion Bildung und Kultur
Rue de la Loi/Wetstraat 200
B1049 Brüssel

Zudem haben das Bundesministerium für Forschung und der Deutsch Akademische Austauschdienst (DAAD) einen Leitfaden zum Europass herausgeben. Diese können im Internet unter „http://www.eu.daad.de/arbeitsstelle_eu/europass/download/europass.pdf" sowie „http://www.bmbf.de/pub/europass.pdf" abgerufen werden.

In Deutschland gibt es eine Reihe von Ausgabestellen, die das Dokument im Auftrag des Bundesministeriums für Bildung und Forschung vergeben. Hier ein Überblick einiger Stellen:

Internationale Weiterbildung u. Entwicklung (InWEnt)
Weyerstr. 79–83, 50676 Köln
Tel.: (02 21) 2 09 81 49
Fax: (02 21) 2 09 81 14
E-mail: EUROPASS@inwent.org
Internet: www.europass-berufsbildung.de
Internet: www.europa.inwent.org

Deutsch-Französisches Sekretariat
für den Austausch in der beruflichen

Bildung (DFS/SFA)
Am Ludwigsplatz 6, 66117 Saarbrücken
Tel.: 06 81/ 5 01 11 80
Fax: 06 81/5 01 12 13
E-Mail: info@dfs-sfa.org
Internet: www.dfs-sfa.org

Akademischen Austauschdienst
Kennedyallee 50, 53175 Bonn
Bundesrepublik Deutschland
Tel.: 02 28/ 88 26 15
Fax: 02 28/ 88 25 51
E-Mail: europass@daad.de
Internet: eu.daad.de
Fax: 02 28/ 50 14 20

Arbeitsstelle EU im Deutschen Sekretariat der Ständigen Konferenz der Kultusmi-
nister der Länder in der Pädagogischer Austauschdienst, Nationale Agentur für das
SOKRATES Programm im Schulbereich
Lennéstraße 6, 53113 Bonn
Tel. 02 28/50 12 91/0
E-Mail: pad.comenius@kmk.org
Internet: www.kmk.org/pad/sokrates2

Deutscher Gewerkschaftsbund
Bundesvorstand
Henriette-Herz-Platz 2, 10178 Berlin
Tel.: 0 30/24 06 03 82

Zentralstelle für Arbeitsvermittlung
Villemombler Str. 76, 53123 Bonn
Tel.: 02 28/ 7 13 13 20
Fax: 02 28/ 7 13 14 99
E-Mail: bonn-zav.leonardo@arbeitsamt.de
Internet: www.arbeitsamt.de/zav

3 Muster

Europäisches Lebenslauf-Muster

Angaben zur Person

Name	[Nachname, Vorname(n)]
Adresse	[Straße, Hausnummer, Postleitzahl, Ort, Staat]
Telefon	…
Fax	…
E-Mail	…
Staatsangehörigkeit	…
Geburtsdatum	[Tag, Monat, Jahr]

Berufserfahrung

- Datum (von – bis)   [Mit der am kürzesten zurückliegenden Berufserfahrung beginnen und für jeden relevanten Arbeitsplatz separate Eintragungen vornehmen.]
- Name und Adresse des Arbeitgebers   …
- Tätigkeitsbereich oder Branche   …
- Beruf oder Funktion   …
- Wichtigste Tätigkeiten und Zuständigkeiten   …

Schul- und Berufsbildung

- Datum (von – bis)   [Mit der am kürzesten zurückliegenden Maßnahme beginnen und für jeden abgeschlossenen Bildungs- und Ausbildungsgang separate Eintragungen vornehmen.]
- Name und Art der Bildungs- oder Ausbildungseinrichtung   …
- Hauptfächer/berufliche Fähigkeiten   …
- Bezeichnung der erworbenen Qualifikation   …
- (gegebenenfalls) Stufe der nationalen Klassifikation   …

Persönliche Fähigkeiten und Kompetenzen   …
Im Laufe des Lebens/Berufslebens erworben, jedoch nicht unbedingt Gegenstand von formalen Zeugnissen und Diplomen..

Muttersprache   [Muttersprache angeben]

Sonstige Sprachen

                                                     [Sprache angeben]
                        Lesen   [Kenntnisstand angeben:
                                                     ausgezeichnet, gut, Grundkenntnisse]
                    Schreiben   [Kenntnisstand angeben:
                                                     ausgezeichnet, gut, Grundkenntnisse]
                    Sprechen   [Kenntnisstand angeben:
                                                     ausgezeichnet, gut, Grundkenntnisse]

Soziale Fähigkeiten und Kompetenzen   [Diese Kompetenzen beschreiben und angeben, wo sie
Leben und arbeiten mit anderen   erworben wurden]
Menschen, in einem multikulturellen
Umfeld, in Funktionen, für die Kommunikation wichtig ist, und in Situationen,
in denen Teamwork wesentlich ist
(z. B. Kultur und Sport) usw.

Organisatorische Fähigkeiten und   [Diese Kompetenzen beschreiben und angeben, wo sie
Kompetenzen   erworben wurden.]
Beispielsweise Koordinierung und
Verwaltung von Personal, Projekten,
Haushaltsmitteln; bei der Arbeit, einer
gemeinnützigen Tätigkeit (z. B. Kultur
und Sport) und zu Hause usw.

Technische Fähigkeiten und Kompetenzen   [Diese Kompetenzen beschreiben und angeben, wo sie
Im Bereich Computer, spezielle Arten   erworben wurden.]
von Geräten und Maschinen usw.

Künstlerische Fähigkeiten und   [Diese Kompetenzen beschreiben und angeben, wo sie
Kompetenzen   erworben wurden.]
Musik, Schriftstellerei, Design usw.

Sonstige Fähigkeiten und Kompetenzen   [Diese Kompetenzen beschreiben und angeben, wo sie
Kompetenzen, die bisher nicht   erworben wurden.]
genannt wurden.

Führerschein(e)   ...

Zusätzliche Angaben   [Hier weitere Angaben machen, die relevant sein kön-
                                                     nen, z. B. zu Kontaktpersonen, Referenzen usw.]

Anlagen   [Gegebenenfalls Anlagen auflisten.]

Anlage 9.8: Ein Informationsblatt zum EUROPASS,
Quelle: Hieronymi (2005)